余光中传

永远的乡愁

古远清 著

长江出版传媒 长江文艺出版社

图书在版编目（ＣＩＰ）数据

余光中传：永远的乡愁 / 古远清著. -- 武汉 ：长
江文艺出版社，2019.11
ISBN 978-7-5702-1140-1

Ⅰ. ①余… Ⅱ. ①古… Ⅲ. ①余光中（1928-2017）
—传记 Ⅳ. ①K825.6

中国版本图书馆 CIP 数据核字(2019)第 107374 号

责任编辑：李婉莹 　　　　　　　　责任校对：毛　娟

封面设计：周　佳 　　　　　　　　责任印制：邱　莉　杨　帆

出版：长江出版传媒 | 长江文艺出版社

地址：武汉市雄楚大街 268 号 　　　　邮编：430070

发行：长江文艺出版社

http://www.cjlap.com

印刷：中印南方印刷有限公司

开本：640 毫米×970 毫米 　　　1/16 　印张：19.25 　插页：2 页

版次：2019 年 11 月第 1 版 　　　2019 年 11 月第 1 次印刷

字数：267 千字

定价：36.00 元

左手写散文，右手写诗，

成就之高，一时无两

——梁实秋

序　葬他，在长江与黄河之间

我第一次见到银丝半垂、眼神幽淡的余光中，是在1993年香港中文大学召开的两岸暨港澳文学交流研讨会上。在欢迎晚宴上，我和他坐在一起聊天、碰杯，他忽然慨叹台湾政坛投机分子何其多，文坛知音何其少，因而顺口将宋代欧阳修的两句诗"酒逢知己千杯少，话不投机半句多"颠倒过来："酒逢千杯知己少，话不半句投机多！"他的机智和幽默，顿时给我留下难以磨灭的印象。以后我和他鱼雁往来，其中第一封信云：

远清先生：

先后承赠大作《台港朦胧诗赏析》《诗歌分类学》《中国当代诗论五十家》等多种，十分感谢。尊著对拙诗屡加谬奖，很不敢当。曾请香港中文大学的黄维樑博士从香港寄上我的专集数种，不知可有收到？请示知尊处有哪些拙作，俾将所缺之书陆续寄上。

我在台湾办了一份诗季刊《蓝星》，已出版多年，不知曾见过否？最近我主编了十五册《中国现代文学大系：台湾，1979—1989》，为20年来台湾在诗、散文、小说、戏剧、评论五方面的选集。另外还出了一本散文集，以游记为主，叫《隔水呼渡》，当再奉寄。至于诗集，不久也会再出一册，所收均为1985年自香港迁来高雄以后的作品。约于今年三月出版。匆此，即颂马年腾达。

余光中拜上1990年1月29日

又及：另邮当寄奉《中国现代文学大系》之总目。

过了四年，余光中又来信云：

远清教授：

　　苏州之会，得晤海内外学者，畅三日之谈，兼游名园，望太湖，值得珍忆。惜回台后即忙于他事，尚未"有诗为证"。近接维樑信，附来《文汇报》上大作《四海学者聚苏州》，图文并茂，记事亦详，姑苏种种，历历似在昨日。

　　附上近作《作者·学者·译者》，乃七月八日在"外国文学中译国际研讨会"上之专题演讲词。现正忙于为八月底在台北举行之"世界诗人大会"撰写之专题演讲《缪思未亡》。匆此即颂暑安。

余光中 1994 年 7 月 20 日

　　1997 年在高雄拜访他时，余老赠我手稿和多部他的签名本大作，我后来则编著有《余光中评说五十年》等。

　　在余光中文学史上——如果真有这部文学史的话，那其中充满了论争、论辩和论战。余光中自己说过，作家并不是靠论战乃至混战成名的。但一位在文学史上占有重要地位的作家，要逃避论战很难做到。在社会变革和文学思潮更替的年代，有责任感的作家不应回避大是大非的问题，他应该入世而不应该遁世，应该发言，应该亮出自己的立场和观点。在 20 世纪 60 年代保卫现代诗的论战中，余光中正是这样做的。但在乡土文学大论战中，余光中的表态和发言对乡土作家造成了极为严重的精神压迫，呼应了国民党整肃不同文艺声音的铁腕政策，余光中的正面形象由此受到挑战，他在台湾文坛的伟岸身影由此打了不小的折扣，少数青年诗人甚至做出了"告别余光中"的痛苦抉择。

　　晚年的余光中，已由热血的青年诗人变为冷眼阅世的老教授，其诗风不再激烈而趋向平和，对诗坛论争也不再像过去那样有"巩固国防"的兴致。他认为，自己"与世无争，因为没有人值得我争吵"，并自负地认为"和这世界的不快已经吵完"。可只要还在写作,还未告别文坛,要完全躲避论争是不可能的。这就难怪在海峡两岸部分学者、作家质疑"余光中神话"时,他不得不著文答辩,十分不情愿地再扬论战的烽烟。

经历过一系列论战的洗礼和考验,余光中在两岸三地读者的心目中,还能傲视文坛、屹立不倒,像一座颇富宫室殿堂之美的名城屹立在中国当代文学史上吗?

答案仍然是肯定的。

一是从创作的数量和质量看,余光中半个世纪来已出版了多本诗集、散文集、评论集,另还有多本译书。百花文艺出版社多年前为其出版的九卷本《余光中集》,更是洋洋大观,全面地反映了他创作和评论等方面的成就。当然,光有数量还不行,还要有质量。余光中虽然也有失手的时候,写过平庸之作乃至社会效果极坏的文章,但精品毕竟占多数,尤其是传唱不衰、脍炙人口的《乡愁》,已足以使余光中在当代文学史上留名和不朽。

二是从文体创新看,余光中右手写诗,左手写散文,做到了"诗文双绝",乃至有人认为他的散文比诗写得还好。这还表现在他那纵贯中西、兼及古今的散文,为建构中华散文创造了新形态、新秩序。他还"以现代人的目光、意识和艺术手法,描写现代社会的独特景观和现代生活的深层体验,努力成就散文一体的现代风范"[①],这是余光中为当代华语散文所做的又一贡献。

三是理论与创作互补,创作与翻译并重。以评论而言,他较早地提出了"改写新文学史"的口号,并在重评戴望舒的诗、朱自清的散文等方面做出了示范。在翻译方面,他无论是中译英,还是英译中,既不"重意轻形",也不"得意忘形",在理解、用字、用韵以及节奏安排上,都比同行有所超越。他既是一位有理论建树的文学评论家,同时也是一位出色的翻译家:从翻译的经验与幅度,翻译的态度与见解,译作的特色与风格,译事的倡导与推动等各方面,余氏的翻译成就均"展现出'作者、学者、译者'三者合一的翻译大家所特有的气

---

① 古耜:《余光中为当代华语散文贡献了什么?》,《写作》2004 年第 5 期。

魄与风范”①。

四是在影响后世方面，张爱玲有“张派”，余光中在香港也有“余群”“余派”乃至“沙田帮”。在台湾虽然还没有出现自命“余派”的诗人，但至少是“余风”劲吹。在内地，“余迷”更是不计其数，不少青年作家均把余氏作品当作范本临摹与学习。他的作品进入内地中学、大学课堂，许多研究生均乐于把余光中的文本研究作为学位论文的题目。

五是在对待别人的批评方面，有大家风度。如“我骂人人、人人骂我”的李敖，直斥余光中“文高于学，学高于诗，诗高于品”，定性为“一软骨文人耳，吟风弄月、咏表妹、拉朋党、媚权贵、抢交椅、争职位、无狼心，有狗肺者也”②。可余光中对这种大粪浇头的辱骂，不气急败坏，不暴跳如雷，更不对簿公堂。这种不还手的做法，是一种极高的境界。如不是大家，必然申辩和反击，就不可能坚守古典儒家的准则：“君子绝交，不出恶声”。正如王开林所说，余光中“诚不愧为梁实秋的入室弟子”③。

2017年12月14日，死神终于召唤余光中的消息传来，使我想起他当年在美国密执安州立大学作为离乡背井、郁郁寡欢、思念着遥远祖国的游子，在寒夜中临窗西望时欣然命笔，写下有名的《当我死时》：

> 当我死时，葬我，在长江与黄河之间
>
> 枕我的头颅，白发盖着黑土
>
> 在中国，最美最母亲的国度
>
> 我便坦然睡去，睡整张大陆
>
> 听两侧，安魂曲起自长江，黄河
>
> 两管永生的音乐，滔滔，朝东
>
> 这是最纵容最宽阔的床

---

① 金圣华：《余光中：三“者”合一的翻译家》，载苏其康主编：《结网与诗风：余光中先生七十寿庆论文集》，九歌出版社，1999年6月。
② 言论发表于凤凰卫视“李敖有话说”节目，2004年。
③ 王开林：《从余勇可贾到余音绕梁》，《书屋》2000年第2期。

让一颗心满足地睡去，满足地想

……

余光中这时只不过 37 岁，就有了浓郁的乡愁。他由此想到了人生的大限，希望自己死后葬身祖国大陆，"在长江与黄河之间"的"最美最母亲的国度"。可见，他对祖国感情之深。

我不久前在台南"台湾文学馆"演讲时，认为如果有台湾作家得诺奖，他应是呼声最高的一个，可惜生前他未能得到。老天对他不公，这次又让阎罗王的铁锤击中他垂老的病躯，使他不能实现自己 90 岁制订出的"五年规划"，他已无法做到比佛洛斯特更长寿。可以告慰的是，余光中为后人留下的情深意长、音调动人的不朽之作，是死神再使大力气也无法偷走的。用余光中自己的话来说，"就算大索三日，秦始皇也未必能逮到张良"。如今斯人远行，我们在外头，他在里头。事实上，余光中已葬在长江与黄河之间，永远值得我们怀念。

目 录

第一章

并非童话般的童年

不饮菊花，不佩茱萸，母亲
你不曾给我兄弟
分我的哀恸和记忆，母亲

茱萸的孩子

"每个人的童年未必都像童话，但是至少该像是童年。"①

余光中的童年，虽然不像童话那样充满神奇幻想的色彩，但也有过美好的记忆。后来他把阅读和回顾童年生活当作一种乐趣时，发现童年是舅舅手上的风筝，小狗和蟋蟀，用石片漂水花，还有垂柳依依的江南，表妹很多的江南。他曾在一首题为《春天，遂想起》的诗中，这样歌咏江南：

> 春天，遂想起
> 江南，唐诗里的江南，九岁时
> 采桑叶于其中，捉蜻蜓于其中
> （可以从基隆港回去的）
> 江南
> 　　小杜的江南
> 　　苏小小的江南
> 遂想起多莲的湖，多菱的湖
> 多螃蟹的湖，多湖的江南
> ……
>
> 春天，遂想起遍地垂柳
> 　　的江南，想起
> 太湖滨一渔港，想起
> 那么多的表妹，走过柳堤

_____
① 《余光中集》第六卷，百花文艺出版社 2004 年版，第 587 页。

002

……

复活节，不复活的是我的母亲
一个江南小女孩变成的母亲
清明节，母亲在喊我，在圆通寺

喊我，在海峡这边
喊我，在海峡那边
喊，在江南，在江南
　　多寺的江南，多亭的
　　江南，多风筝的
　　江南啊，钟声里
　　的江南
（站在基隆港，想——想
想回也回不去的）
　　多燕子的江南

　　由于童年大半在柳绿花红、莺声燕语的江南水乡度过，因而余光中自称是"半个江南人"。

　　余光中其实并不是江南人，准确的说法应该是闽南人。在他六岁那年，父母曾带他回老家：群山环抱里的永春县桃城镇洋上村。余氏祖籍福建永春，由于父亲余超英在国民政府海外部做侨务工作，余光中便出生在南京，那是 1928 年重阳节，"这是个诗和酒的日子，菊花的日子，茱萸的日子"。重九节那天，江苏武进人孙秀君挺着大肚子随家人一起登高，第二天便生下了余光中。

　　余光中对陶令赏菊、孟嘉落帽的重阳节情有独钟。他怎么也不会忘记"遥知兄弟登高处，遍插茱萸少一人""明年此会知谁健，醉把茱萸仔细看"这些佳句，同样不会忘记与重阳节有关的动人传说。南朝梁人吴均在志怪小说《续齐谐记》中写道："汝南桓景随费长房游学累年，长房谓之曰：'九月九日，汝家中当有灾。宜急去，令家人各作绛

余光中肖像

囊，盛茱萸以系臂，登高饮菊花酒，此祸可除。'景如言，齐家登山。夕还，见鸡犬牛羊一时暴死。长房闻之曰：'此可代也。'今世人登高饮酒，妇人戴茱萸囊，盖始于此。"

台湾出版的傅孟丽所著的《余光中传》，正标题用的就是"茱萸的孩子"。余光中在七十寿辰时，解释重阳节对他的意义，提到"重九之为清秋佳节，含有辟邪避难的象征。然则茱萸佩囊，菊酒登高，也无非象征的意思。诗能浩然，自可辟邪，能超然，自可避难。茱萸的孩子说，这便是我的菊酒登高"。

茱萸的隐喻，笼罩着余光中一生。他说："每年到了重九，都不由我不想起这美丽而哀愁的传说，更不敢忘记，母难日正是我的民族灵魂深处惴惴不安的逃难日。"把母难日与民族的苦难联系起来，这正是余光中的过人之处。在三十四岁生日那一天，他写下这样的诗句：

不饮菊花，不佩茱萸，母亲
你不曾给我兄弟
分我的哀恸和记忆，母亲

不必登高，中年的我，即使能作
赤子的第一声啼
你在更高处可能谛听？

永不忘记，这是你流血的日子

你在血管中呼我
你输血，你给我血型

你置我于此。灾厄正开始
未来的大劫
非鸡犬能代替，我非桓景

孙秀君经常带小光中返回常州漕桥，去看亲戚朋友。舅舅家人丁兴旺，近房再加远房的表兄弟姐妹凑在一起，竟有三四十人之众。他们均对远来的客人分外尊敬。那些表姐妹们更喜欢浓眉大眼留着平头的小光中。当她们得知小光中有绘画的天分时，都请求这个表兄弟为她们画马，到春节来临时则请他画门神之类。

余光中小时候并不是一位安分守己的乖男孩。据他的一位表姐回忆：有一次，余光中和几位表兄弟模仿武侠小说中的故事情节玩游戏，在没有道具的情况下，调皮的余光中竟把孙秀君的一件皮大衣的狐皮做的领子剪下来捆在头上，看起来像神气活现的山大王。玩伴们哈哈大笑，母亲看到自己的衣服被破坏，气愤得要打自己心爱的儿子，表姐们连忙出来保护，把小光中藏在房间里面，等他母亲气消时，才让其恢复"自由"。

在又温柔又漂亮的众多表姐妹面前，小光中显得一枝独秀。余家和孙家的长辈均希望余光中长大后能找个表妹同结秦晋之好。后来，余光中的配偶果然是一位表妹，只不过不是当年的那一群中的一员罢了。

余光中曾有一位同父异母的哥哥余光亚，在最好的青春年华病故。后来，孙秀君再没有生育。由于余家人丁不旺，小光中没有兄弟姐妹做伴，故儿时的生活比较沉闷。好在舅父家人多热闹，且有一定的文化品位，便弥补了这一不足。

在太阳旗的阴影下

就在余光中三岁的时候，即1931年，日本军国主义者制造了"九一八"事变，发动了侵华战争，占领了东北。1937年12月13日，举着太阳旗的日军占领南京，此后大开杀戒，实行抢光、烧光、杀光的"三光"政策，受难者达三十多万人，酿成震惊中外的南京大屠杀事件。幸好余超英已随中央政府撤至江城武汉。在这之前，孙秀君念念不忘风景秀丽的常州，带着余光中到那里小住，才躲过了这一劫。

大概是吹了过多的腥风血雨的缘故，余光中这时得了重感冒，说几句话就伴随着一阵阵的咳嗽声。后来常州也不安全，孙秀君只好把九岁的小光中装在箩筐里挑着，开始了逃亡生活。正当孙家一行人在江苏、安徽一带东躲西藏时，突然在高淳县与日军狭路相逢，孙家无奈之下只好躲进佛寺内。冤家路窄，日军后来也在此安营扎寨，孙秀君只好抱着小光中连忙钻进佛像的香案下藏起来。虽然躲在暗处，但眼睛总不能老闭着，只要一抬头便可看到鬼影拂拂，穿着大皮靴的日本兵在眼前晃来晃去，喊声骂声还有马蹄声吵得人无法安睡。孙秀君蒙眬中只见日本兵直奔香案而来，以为是抓他们来了，却发现是虚惊一场：日本兵在向佛爷行礼。可这些慈善动作丝毫掩盖不了他们屠杀生灵的罪行。

在这样恐怖的气氛中过日子，时间过得很慢，真是苦海难熬。余光中有一位表姐妹，由于白天受惊吓，到晚上便做噩梦，梦中还喊着救命。这下可把守夜的日军惊动了，但他们只是例行公事看了一下，没有深究，有惊无险。

后来日军接到上级命令西进，便离开了古刹。余光中回忆起那个恐怖的夜晚，至今仍历历在目。从噩梦中醒过来的孙秀君，带着儿子到太湖附近藏了好几个月，最后乘麦船去苏州，再由苏州经过曲折的道路抵达上海。这时，初尝亡国奴滋味的余光中，在其幼小的心灵中种下了仇恨的种子。短短几天的逃难，他看到了诗情画意的江南被蹂躏，放眼所见满地是难民和旷野中的死尸，这更加速了他的早熟。他在一篇散文中记下了当年仓皇逃难的经历：

> 在太阳旗的阴影下咳嗽的孩子，咳嗽，而且营养不良。南京大屠城的日子，樱花武士的军刀，把诗的江南词的江南砍成血腥的屠场。记忆里，他的幼年很少玩具。只记得，随母亲逃亡，在高淳，被日军的先遣部队追上。佛寺大殿的香案下，母子相倚无寐，枪声和哭声中，挨过最长的一夜和一个上午，直到殿前，太阳徽的骑兵队从古刹中挥旗前进。到现在他仍清晰记得，火光中，凹凸分明，阴影森森，庄严中透出狞怒的佛像。火光抖动，每次都牵动眉间和鼻沟的黑影，于是他的下颚向母亲臂间陷得更深。其后几个月，一直和占领军捉迷藏，回溯来时的路，向上海，记不清走过多少阡陌，越过多少公路，只记得太湖里沉过船，在苏州发高烧，劫后和桥的街上，踩满地的瓦砾，尸体，和死寂得狗都不叫的月光。[①]

在另一篇散文中又说：

> 舟沉太湖，母与子抱宝丹桥础始免于溺死。然后是上海的法租界。然后是香港海上的新年。滇越路的火车上，览富良江岸的桃花。高亢的昆明。险峻的山路。母子颠簸成两只黄鱼。然后是海棠溪的渡船，重庆的团圆。月圆时的空袭，迫人疏散。于是六年的中学生活开始，草鞋磨穿，在悦来场的青石板路。令人涕下

---

① 《余光中集》第五卷，百花文艺出版社 2004 年版，第 7 页。

的抗战歌谣。令人近视的教科书和油灯。桐油灯的昏焰下，背新诵的古文，向鬓犹未斑的父亲，向扎鞋底的母亲，伴着瓦上急骤的秋雨急骤地灌肥巴山的秋池……

这里有家愁，有国恨，对灾难岁月的回忆就像从眼前伸展到天际的铁轨一样长。

正因为余光中经历过抗战的灾难岁月，尝过当亡国奴的滋味，所以他对抗战文学特别有兴趣。他认为，台湾文坛阴柔已久，诗情日深，民族大义的阳刚之声几成绝响。小说家们应接受抗战文学的挑战，去写南京大屠杀、重庆大轰炸，去再现以长城为墙的大壁画，以长江为弦的大悲歌，为一整个民族的八年噩梦，勾出难忘的轮廓。①

坐火车的快感

在人生地不熟的上海，孙秀君唯一的亲友是丈夫的老师宋渊源。宋氏后来不再教书，从教坛走向政坛，担任国民政府委员。他热情地接待投奔自己的孙氏母子，并做了周到的安排。

这是法租界，比外面安全得多。在中国的国土上，中国人居然要靠外国人去保护，这自然是莫大的讽刺，但这是日本人进攻中国的岁月，不这样做就无法安身，因而孙秀君也就顾不上这么多了。

颠沛流离的逃亡生活告一段落后，孙秀君想和丈夫联系，可在"烽火连三月，家书抵万金"的年代，这不是容易办到的事，因而孙秀君只好把小光中先送进小学学习。孙氏原先学的是师范，她深知如果孩子失学，将意味着什么。

灯红酒绿的上海，比南京显得更洋气，因而余光中对上海最深的印象是这里西化之风劲吹。正因为西化，所以英语在十里洋场的上海

① 余光中：《凭一张地图》，九歌出版社 1992 年版，第 191 页。

很吃得开，因而余光中刚上四年级，课表上就出现了英语。头一次看到外国文字，余光中觉得像五线谱那样生动，那样好玩。为了使半路插班的儿子学习不致滞后，孙秀君从字母教起，26个字母一个个教余光中。金陵大学外文系出身的英文老师孙良

10岁的余光中与母亲合影，上海，1938年

骧，也整整教了余光中六年。少年余光中从发音、文法到修辞，都得益于他。到了高二，余光中已能自学像兰姆的《莎氏乐府本事》这样的英文原版书。就这样，天生好奇的余光中，对这些豆芽般的文字越学劲越大，这便为他后来入外文系打下了初步的基础。

尽管宋渊源对孙氏母子照顾得很好，但寄人篱下毕竟不是长远之计。历经漫长的等待，孙秀君终于有了丈夫的信息：1939年初，余超英从重庆发信要他们母子俩马上动身，以便全家团聚，并告诉她走陆路太辛苦，说不定还会碰上车匪路霸，改走水路就要安全多了。这样一来，要绕很大的圈子，从香港到越南，再到昆明、贵阳，最后才抵达重庆，但这样做毕竟没有危险。

绕道虽然花费了很多时间，但对年幼的余光中来说，也有好处，甚至可以说是求之不得：一来途经香港时可以开阔眼界，尤其是坐海船，可以一路欣赏蔚蓝色的波涛；二来从越南到昆明，可以坐火车。后来少坐火车多坐飞机的余光中，对这生平第一次坐火车的感受终生难忘："坐火车的最早记忆是在十岁……滇越铁路与富良江平行，依着横断山脉蹲踞的余势，江水滚滚向南，车轮铿铿向北。也不知越过多少桥，穿过多少山洞。我靠在窗口，看了几百里的桃花映水，直把人看得眼红、眼花。""后来远去外国，越洋过海，坐的却常是飞机，而

非火车。飞机虽可想成庄子的逍遥之游，列子的御风之旅，但是出没云间，游行虚碧，变化不多，机窗也太狭小，久之并不耐看。哪像火车的长途，催眠的节奏，多变的风景，从阔窗里看出去，又像是在人间，又像驶出了世外。所以在国外旅行，凡铿铿的双轨能到之处，我总是站在月台——名副其实的'长亭'——上面，等那阳刚之美的火车轰轰隆隆其势不断地踹进站来，来载我去远方。"

1974 年 8 月，余光中到香港中文大学教书，从投稿的"新秀"变为替人写序的"前辈"。这位由乌丝到白发的教授，他的一个重要的交通工具变为从不担心堵车之苦的电气火车。可余光中觉得现代化的火车仍无法取代童年时乘坐的旧式火车的韵味。他在《火车怀古》中云：

我却更怀念古老的车头

火性子那一尊黑彪彪的悍兽

总是气冲冲犁着地来，锄着地去

顽硕的阴影压歪了大半个月台

吐不尽满腔满膛的浓烟

旧世界的旷野我怀念

它奔时铁蹄重重地踹踏

铮钬的筋骨错磨有声

加速成金属刚烈的拍子

把铿锵拍成慷慨的调子

风来时更扬起狂放的长发

黑飘飘一直拂到腰际

最难忘是出站的时候

车上和站上依依的挥手

要不是它仰天长啸那一声悲怆

一出离情怎会到高潮？

火车的记忆，据《火中龙吟：余光中评传》的作者徐学"考证"，这对余光中是一种触媒。"正是这种童年的快感，使余光中有了旅行的观念，也早早对地图产生了一般儿童无法企及的兴趣。更重要的是，大约就是从那时起，旅游成为他生命中的一个兴奋点，而速度成为他生命中的一种不可抑制的律动。后来，他一系列脍炙人口的诗文，如《咦呵西部》《登楼赋》《逍遥游》《西螺大桥》《敲打乐》《高速的联想》都回荡着高速铿锵的律动。

"再后来，在台湾疾驶的火车中，未来的诗人侯吉谅读了余光中《高速的联想》觉得'意外的惊喜'，他把这感受写信告诉远在香港的余光中，触动了这位五十岁的教授心中永不衰竭的敲打乐，灵感大发，写下《超马》一诗，赠一切喜欢高速的摩托车骑士。

"余光中崇拜速度，他非常欣赏阿拉伯的劳伦斯的传奇人生，欣赏劳伦斯的名言，'速度是人性中第二种古老的兽欲'。余光中说，'可怜的凡人，奔腾不如虎豹，跳跃不如跳蚤，游泳不如旗鱼，负重不如蚂蚁，但是人会创造并驾驭高速的机器，以逸待劳，不但突破自己体能的局限，甚至超越飞禽走兽。'他在《轮转天下》《记忆像铁轨一样长》《高速的联想》中，更就速度与他的人生历程、文学创作的密切关系详加说明。

"人们追求高速，不仅满足生理上的快感，更是对自然法则的反抗。追求速度的运动员，每打破一项世界纪录，就标志着人的体能前进一步，神（自然法则）退后一步。余光中那些标举高速的诗文，是对超凡激扬的生命律动的礼赞。"[1]

国文启蒙

北有剑阁、南有巫峡的四川，孕育了一个未来蜚声两岸三地的著名诗人和学者。余光中永远也忘不了在四川的岁月，他深情地回忆道："丰硕而慈祥的四川，山如摇篮水如奶，取之不尽，用之不竭。那时他当然不至于那么小，只是在记忆中，总有那种感觉。那是二次大战期间，

---

① 徐学：《火中龙吟：余光中评传》，花城出版社 2002 年版，第 18 页。

西半球的天空，东半球的天空，机群比鸟群更多，他在高高的山国上，在宽阔的战争之边缘仍有足够的空间，做一个孩子爱做的梦……"余光中在诗作中还有"是枕是床？筑温暖一如四川"的句子。

由于武汉失守，1937年底，国民政府由武汉迁入重庆，重庆便有战时大后方首都之称。它位于长江与嘉陵江之间，是游三峡的始发站。鉴于重庆地位的重要，日军恨不得炸平它，但重庆巍然屹立。就在这座山城，余光中总共住了六年，一直到日军投降才离去。

1939年夏天，余光中正好十一岁，他这时进入位于四川江北悦来场的南京青年会中学。这是一所从外地搬迁而来的教会学校，因而只好借用民房当教室。余光中的父亲离此地不远，住在十里外的朱氏祠堂中。余光中平时不回家，就委身在简陋的校舍里，遇到星期天才回去。

青年会中学虽然没有高大的楼房，但周围是青翠的树林和连绵起伏的山脉，那里空气清新。余光中曾在一篇散文中，这样描绘母校的风光："校园在悦来场的东南，附近地势平旷。大门朝西，对着嘉陵江的方向，门前水光映天，是大片的稻田。农忙季节，村人弯腰插秧，曼声忘情唱起歌谣，此呼彼应，十分热闹。阴雨天远处会传来布谷咕咕，时起时歇，那喉音柔婉，低沉而带诱惑，令人分心，像情人在远方轻喊着谁。"

接着，余光中绘声绘色地描绘了他的乡愁画面：

他永远记得那山国高高的春天，嘉陵江在千嶂万嶂里寻路向南，好听的水声日夜流着，吵得好静好好听，像在说："我好忙，扬子江在山那边等我，猿鸟在三峡，风帆在武昌，运橘柑的船在洞庭，等我，海在远方。"春天来时总那样冒失而猛烈，使人大吃一惊，怎么一下子田里喷出那许多菜花，黄得好放肆，香得好恼人，满田的蜂蝶忙得像加班。邻村的野狗成群结党跑来追求他们的阿花，害得又羞又气的大人挥舞扫帚去打散它们。细雨霏霏的日子，雨气幻成白雾，从林木蓊郁的谷中冉冉蒸起。杜鹃的啼声里有凉凉的湿意，一声比一声急，连少年的心都给它拧得紧紧的好难受。

在布谷声声和春雨霏霏的交织中，余光中首先不会忘记的是余超英及其他亲戚朋友对他的国文启蒙。余超英有一定的古文根底，他所扮演的是严父角色，给余光中阅读的均是教他如何做人和待人接物的说理文章，较为枯燥。余光中对《东莱博议》及收历代古文222篇的《古文观止》中的正襟危坐的文章，虽不反感，但毕竟更喜欢读文辞优美的作品。这一不足，由余超英用闽南腔哦哦吟诵的悦耳声得到了弥补。出身在书香门第，父亲是省立中学教师的孙秀君，有时也用常州腔帮忙吟诵。做过小学校长，家中有大批藏书的二舅孙有孚的吟诵近于吴侬软语，纤秀中透出儒雅。

乡音虽然没有国语标准，但其亲切感使少年余光中得到极大的满足。他后来回忆自己的国文启蒙时说："我的幸运在于中学时代是在纯朴的乡间度过，而家庭背景和学校教育也宜于学习中文。"那时条件艰苦，只好在昏暗的桐油灯下学习古代诗文。他这时学得最多的是古典诗词。余光中从上初中就喜欢唐诗，"床前明月光，疑是地上霜""慈母手中线，游子身上衣""谁知盘中餐，粒粒皆辛苦"，早已背得滚瓜烂熟。

上初三时，国文老师换成戴伯琼。他是前清拔贡，学识渊博，乳臭未干的学生写的作文他自然觉得稚嫩，不在他的眼下。他布置的作文分两种：一种是文言文，写得再好他也只给六十分；白话文也无满分，最高是七八十分。余光中为了磨炼自己的文言修养，每次作文均不用白话写。虽然得分不高，但他屡败屡战，这在一定程度上奠定了他的文言基础。由于有这种古文训练，余光中到了高中又迷上了源于隋唐而盛于宋这种别具风姿的诗体——词。一千多年来，词坛上名家辈出，异军突起，流派纷呈，余光中最爱的是苏轼、辛弃疾等人的作品。

古代散文也是余光中喜爱的一种文类，其中以知性为主的议论文，余光中从中学到了做人的准则，明白了中国文化精华之所在，同时增强了思辨能力。至于《滕王阁序》、前后"赤壁赋"等以感性为主的美文，不仅陶冶了性情，而且提高了余光中的文学修养，这是他更喜爱读的一类文章。

当时四川由于交通便利，流传到坊间的不仅有古典韵文，还有以帝俄小说为主的翻译作品，另有《三侠五义》之类的旧小说，这也是余光中的一项重要精神食粮。在少年时期，余光中读过的古典小说有《三国演义》《水浒传》《西游记》《聊斋志异》《封神榜》《七侠五义》《西厢记》……余光中有时还偷偷读描写武则天宫闱秽史的禁书。他认为："读中国旧小说，至少有两大好处，一是可以认识旧社会的民情风土、市井江湖，为儒道释俗化的三教文化作一注脚；二是在文言与白话之间搭一桥梁，俾在两岸自由来往。""旧小说和民谣、地方戏之类，却为市井与江湖的文化所寄，上至骚人墨客，下至走卒贩夫，广为雅俗共赏。身为中国人而不识关公、包公、武松、薛仁贵、孙悟空、林黛玉，是不可思议的。如果说，庄、骚、李、杜、韩、柳、欧、苏是古典之范，则西游、水浒、三国、红楼正是民俗之根，有如圆规，缺一脚必难成其圆。"在这些作品中，《红楼梦》因内容太丰富太复杂，少年余光中一时读不太懂，便半途而废。他最欣赏的是罗贯中的《三国演义》。他读得极入神且仔细，《草船借箭》那一回读了好几遍。作品中诸葛亮那"鞠躬尽瘁，死而后已"的精神，还有杜子美《蜀相》诗作对孔明"三顾频烦天下计，两朝开济老臣心"的歌吟，均深深地感动了脚踏芒鞋的余光中。当时，他的经历也有点像杜甫：在四川没有美味佳肴，没有漂亮的衣服，坐的是漏雨的教室，睡的是稻草当床垫的通铺。

在大型的中国地图册里，无法找到四川江北县的一个芥末小镇悦来场。这地方小得可怜——不，小得可爱，有可敬的老师和可爱的同学，如教英语的孙良骥、学长袁可嘉、富家子弟吴显恕。后者家中有丰富的藏书，余光中常找他借阅。吴显恕有一次还搬来《英汉大辞典》，使余光中大饱眼福。余氏回忆道："我当众考问班上几位高才生，'英文最长的字是什么？'大家搜尽枯肠，有人大叫了一声，'有了，extraterritoriality'，我慢吞吞摇了摇头说：'不对，floccinaucinihilipilification!'说罢便摆开那本《英汉大辞典》，郑重指正。从此我挟洋自重，无事端端会把那部番邦秘笈夹在腋下，施施然走过校园，幻觉自己博学颇有分量。"

余光中的学友中年纪最小的要算罗二娃子，他是余光中上课同桌、睡觉同床、学校记过时在同一张布告的挚友。1972年，余光中写有回忆童年的《罗二娃子》，其中有这么几段：

> 罗二娃子他家就在牛角溪的对岸
> 那年夏天涨大水，断了木桥
> 我跟罗二娃子
> 只好隔水大喊，站在南岸
> ……
> 罗二娃子喊，他家的花娘娘
> 上星期生了一窝小狗
> 我喊，我那只宝贝蟋蟀死了
> 什么时候你再帮我捉一只？
> "水一退我就过来！
> 我送你一只小花狗！"
> ……
> "再见！再见！"
> 罗二娃子一阵子挥手
> 就变成夜的一部分了
> 后来再没有见到罗二娃子
> 我跟家里就离开了四川
> 童年，就锁进那盆地里
> 在最生动最强烈的梦里，现在
> 仍然看见他，罗二娃子
> 浮浮沉沉向我游过来，挥动双臂
> ……

　　作品极富生活气息，质朴如童年之木刻。由于"是一帧不朽的泛黄旧照"[1]，所以不用丽词艳语，却流露出一片真挚的情感。现在时兴大学同学、中学同学聚会，就是没听说有小学同窗开校友会。如有，余

---

[1]　陈幸蕙：《悦读余光中——诗卷》，尔雅出版社 2002 年版，第 384 页。

光中一定会选这个质朴憨厚的罗二娃子当会长。

2005 年 10 月，余光中终于回到魂牵梦萦六十年的第二故乡重庆。他回想起中学六年就在这脚下茫茫的嘉陵江水投怀于母水的三角地带，涛声盈耳地度过。重返少年时的生活场景，见到当年青年会中学的老同学时，"惊喜里有错愕，亲切中有陌生，忘我的天真之中又有些尴尬"。这跨世纪的重逢，引来满街镇民的围看。当他见到最后一位老同学石大周时，"将大周紧紧抱住，像抱住抱不住的岁月，一秒，一秒，又一秒，直到两人都流下了泪来"①。

多年以后，诗人重返四川，于乐山大佛前

---

① 余光中：《片瓦渡海——跨世纪的重逢》，《联合文学》2006 年 5 月号，第 38 页。

凭一张地图

漂泊的逃难生活，引发了余光中对天文地理的兴趣。

出远门需要地图做拐棍。据傅孟丽介绍：开始时也许是逃难的经验使然，余光中一接触地图，就十分入迷。开始只是想从浓缩的中国版图中研究自己从哪里来，现在身居何处。逃难的路线一经与地图对照，马上清晰起来。俯视着地图，他觉得自己像神一样，整个世界都展现在他的脚下。又因为喜欢英文，他由此向往西方世界，端详西方各国的地图。在《塔》一文中，余光中这样记下对地理的深情：

> 十九岁的男孩，厌倦古国的破落与苍老。外国地理是他最喜欢的一门课。暑假的下午，半亩的黄桷树阴下，他会对着诱人的地图出神……从一本日历上，他看到一张风景照片，一列火车，盘旋而上庞伟的落基山，袅袅的黑烟曳在空中。他幻想自己坐在这车上，向芝加哥，向纽约，一路阅览雪峰和连嶂。去异国。去异国。去遥远的异国，永远离开平凡的中国。

从小就喜欢绘画的余光中，画起地图来非常顺手，故每上地理课交地图作业，都成了他的拿手好戏。他不像一些女生那样一旦画地图打格子，线就收不回。余光中这时便乐意帮助他人，充当小老师帮她们修改。据傅孟丽说：狡黠的余光中，有时会故意在不显著之处把一两处画得不标准，如把青海的一个湖泊朝北移100公里，考考老师批改作业是否一丝不苟。正因为对地图入迷，有一次他还突发奇想，想像上海小说家张资平那样去攻读地质学。

比起中国地图来，余光中最有兴趣的是画陌生而带点神秘感的外国地图。"国界最纷繁、海岸最弯曲的欧洲，他百览不厌。多湖的芬兰，多岛的希腊，多雪多峰的瑞士，多花多牛多运河的荷兰，这些他全喜欢。但最使他沉迷的，是意大利，因为它优雅的海岸线和音乐一样的地名，因为威尼斯和罗马，恺撒和朱丽叶，那颇利，墨西拿，萨地尼亚。一有空他就端详地图，他的心境，是企慕，是向往，是对于一种不可名状的新经验的追求。那种向往之情是纯粹的，为向往而向往。"

余光中在嗜书的同时嗜地图，这为他后来的游记写作打下了良好的基础。他在回忆中有这么一个片段：初三那年，校园里来了一个卖旧书刊的小贩，同学们围上前去，"有的买《聊斋志异》《七侠五义》《包公案》，或是当时颇为流行的《婉容词》。喜欢新文学的掏钱买什么《蚀》《子夜》《激流》之流，或是中译本的帝俄小说"。和这些学友不同，余光中没有去争购作品，他用平时积蓄的零用钱买了一张又土又旧的土耳其地图。他"直觉那是智慧的符号、美丽的密码、大千世界的高额支票，只要他努力，有一天他必能破符解码，把那张远期支票兑现成壮丽的山川城镇"。

余光中非常固执，一旦认定目标连头也不回。作为一位学者和作家，他固然喜欢书香做伴，同时也喜好搜集、收藏各地乃至各国出版的不同地图，现藏三百余张。1997年秋天，香港一家电视台要拍一个以地图为主的专题节目，他们便从香港飞到高雄，其节目名就用余光中在九歌出版社出的《凭一张地图》的书名。

余光中直到老年仍离不开地图，以至于在为文

《凭一张地图》书影，台北九歌出版社

作序时，竟用地图去说明写游记的好处。如他在 20 世纪 90 年代中期为内地诗评家李元洛的散文集《凤凰游》作序时，因"书中游记多篇，其名胜古迹之地理方位，在一般地图上不易逐一指认"，便自画一幅跟书描写的有关地图置于其中。像这样图文并茂的写序方法，在别的作家中很难见到。这种别开生面的书写，属诚恳的书评，远胜于一篇敷衍的序文。所有这些均来源于逃难岁月的熏陶，尤其是四川六年的中学生活的启蒙。

地图为余光中的生活增添了全新的内容，如读到《三国演义》的赤壁之战，就想查一下这赤壁是在湖北的蒲圻，还是湖北的黄州，这一"武"一"文"的赤壁都有来历，查阅地图后无疑增长了不少文史知识。后来一个人在国外旅行，地图便成了余光中的必读"文件"。直到古稀之年，他还改不了观摩地图的嗜好。他甚至能从地图中判断出该地的人口分布和基本面积。别看他的专业是文学，可他的地理知识并不差，有时在观摩中还会发现地图的不精确之处。一旦发现，惊喜不亚于他在地图上发现新城市。在余光中的散文中很难找到史地方面的差错，其功夫正来源于他对地图乃至天文的喜好和熟谙。正如徐学所说："少年余光中宽广而包容的知识基础，和谐健康而丰富多样的心理结构和卓越不俗的艺术个性，在显示着这是一个未来文学大师的艺术胚芽，只要有适合的土壤和气候，它就会长成一棵参天大树；而悦来场，这个现今地图上也难觅的偏僻古镇，也将因此进入并长存于文学史那不可磨灭的版图中，近者悦远者来。"[1]

---

① 徐学:《火中龙吟：余光中评传》，花城出版社 2002 年版，第 47 页。

第二章

承继诗骚，浸唐风宋韵

那浅浅的一湾汨罗江水
灌溉着天下诗人的骄傲

常读常新的《诗经》

　　《诗经》是中国文化的元典，是我国最早的一部诗歌总集，收录周初至春秋中叶的诗歌 305 篇。《诗经》重在反映与表现现实社会生活的创作传统，以及赋、比、兴等艺术表现手法的灵活交叉运用，对后世文学艺术产生了深远的影响。

　　通常认为，《诗经》是孔子整理、删改而成。余光中认为此说难以成立。但儒家推行诗教，以《诗经》为范本，则是定论。"诗，可以兴，可以观，可以群，可以怨。"《论语》所载孔子的这种诗观，即使在两千多年后，仍圆通可取。兴和怨，照顾到别人的感情，观和群，则强调社会的意义——合而论之，则言志和载道，浪漫和写实，似乎都兼顾到了。朱熹《诗经集注》一开卷便说明："诸侯采之以贡于天子，天子受之而列于乐官，于以考其俗尚之美恶而知其政治之得失焉。"这种做法，多少具有寻求客观真相的企图，和纯由主观出发的政治宣传有一定的距离。

　　余光中不仅谙熟朱熹等人对《诗经》的评价，而且还努力从《诗经》中吸取创作灵感，化《诗经》的诗意于现代散文之中。

　　余光中有两篇散文的题目直接来自《诗经》的名句:《在水之湄》《宛在水中央》。后者写的是结交近二十年仍友谊长青的"文坛兄弟"夏菁。20 世纪 60 年代的台湾文坛，不少齐名的至交为了在文坛争霸终于刘席分手、形同路人的情况经常可以看见。余光中由此感叹:寻找一对二十载不渝的同伴，不会比在好莱坞寻找一对二十载尚未离婚的星侣更容易吧?

　　余光中与夏菁性格并不完全一致:"我风雨如晦，他水波不兴。我怒目作金刚,他低眉成菩萨。"①余光中的论敌给余氏的评语为"无霸才而有霸气"。其实,比起夏菁来,余光中的才气要高得多,"霸气"也不是完全没有。但夏菁有容且无欲,故两人不会由此产生矛盾。对这位谦谦君子,余光中套用《诗经》的话赞扬他:

> 在西方,他是一位处处可以为家但时时不忘忧国的世界公民。宛在水中央,在异国的一小岛屿上,他是一洒自给自足的喷水池。

另一篇《在水之湄》写的是杨牧。杨牧于20世纪60年代初用"叶珊"的笔名出过一本《水之湄》,这是他诗生命中的第一块里程碑,并由此获得了"婉约派"的称号,故余光中在文中开头称叶为"水湄的诗人":

> 惜乎水湄的诗人始终在水湄,不是醉卧太平洋畔,便是行吟大西洋滨,而我,一直山隐在丹佛;波上,石下,握手言欢的机会依然恨少。

作为余光中挚友的叶珊,和余光中相同之处不少:两人都右手为诗,左手成文,都有一只可疑的第三手,伸向翻译和批评;都向艾奥瓦河饮过洋水,都成了白笔化雨以滋青青子衿的人师,一句话,都属于"学院派";他们还有一个共同爱好是喜欢摇滚乐,心仪异国披发朗吟的诗人。两人相远之点亦复不少,余光中如是说:"譬如挥笔行文,他绝少泄露原名,我绝少遁迹笔名。他豪饮如长鲸吞海,我酒量十分迷你。他顾盼之间,富于名士风味,虽未深入希癖之境,对于理发业的生意,亦殊少贡献;我的生活,相形之下,就斯巴达得多。"

晚年余光中与叶珊虽然还有往来,但总不能像在美国丹佛那样靠舌灿莲花让叶珊留下来陪他,更不可能像早期那样"一日不见如隔三秋"。在1999年评选"台湾文学经典"时,杨牧的散文与诗同时入选,而余光中只入选了诗集。这样对余光中显然不公正,但至少可以说明,

---

① 《余光中集》第五卷,百花文艺出版社2004年版,第124页。

两人的文学成就可比一高低。如果有人做杨牧与余光中比较论，《在水之湄》是非读不可的。早期的余光中与叶珊不仅在美国任教时频频约会，而且因为同在蓝星星座出没，诗来诗往甚多，因而余光中对叶珊的为人和诗风甚了解。他这样一语中的评价叶珊的诗："落笔便作满纸云烟，不让杜步西独步西方。他的句子纯以曲线构成，很难拉直成散文。他的散文自成一家，闲闲运笔，轻轻着墨，'内功'颇深。"

余光中这篇以《诗经》句子作题的散文，虽然没有像《催魂铃》《我的四个假想敌》那样脍炙人口，但作为微型的作家论，还是非常精彩的。

蓝墨水的上游

余光中在《从母亲到外遇》中，曾用风趣的比喻形容自己的经历："大陆是母亲，台湾是妻子，香港是情人，欧洲是外遇。"关于头一句，他这样解释："烧我成灰，我的汉魂唐魄仍然萦绕着那一片后土。那无穷无尽的故国，四海漂泊的龙族叫她做大陆，壮士登高叫她做九州，英雄落难叫她做江湖。还有那上面正走着的、那下面歇着的，所有龙族。还有几千年下来还没有演完的历史，和用了几千年似乎要不够用了的文化。……这许多年来，我所以在诗中狂呼着、低吟着中国，无非是一念耿耿为自己喊魂。不然我真会魂飞魂散，被西潮淘空。"其中屈原之魂，他就多次在自己的诗文中低吟过、狂呼过。

1993 年，笔者和余光中一起出席在香港中文大学举办的两岸暨港澳文学交流研讨会。在会上，他做了一个主题演讲：《蓝墨水的上游是汨罗江》。他说：人们现在用原子笔不用毛笔了，因而这个题目只是个象征。"中国的作家，无论哪个地区的，如果都能回溯上游，那个源头就是汨罗江了。屈原是我们中国最早最伟大的作家、诗人。我们溯本追源，都回到屈原的面前。"

由于纪弦倡导的现代诗运动有"横的移植"之说，因而有人认为台湾现代诗与中国古典诗断了根。一度作为英国殖民地的香港，其西化之风也和台湾一样劲吹。余光中不同意这个看法。他在《诗魂在南方》中说："屈原一死，诗人有节。诗人无节，愧对灵均。滔滔孟夏，汨徂南土，今日在台湾、香港一带的中国诗人，即使处境不尽相同，至少在情绪上与当日远放的屈原是相通的。"

之所以"在情绪上与当日远放的屈原是相通的"，是因为余光中与屈原在文化身份、心境上是契合的，正如杨景龙所说：屈原遭受流放、行吟泽畔的经历，"国无人莫我知兮"的孤臣孽子的被遗弃感，和他对祖国、故乡的"虽九死其犹未悔"的无限热爱之情，都让余光中产生共鸣。……余光中的大半生都是在颠沛流离中度过的，漂泊感、异乡感始终如影随形，四川对出生在南京的少年余光中来说是异乡，台湾对家在祖国大陆的余光中来说也是异乡，香港对定居台湾的余光中来说还是异乡，而美国新大陆对华人余光中来说更是异乡。故乡和祖国不仅是地域的，而且是文化的，对从小谙熟经典的诗人余光中来说，

首届香港文学节主讲嘉宾——笔者与余光中，1992 年

故乡和祖国在很大程度上是历史文化和诗词文化的，"月光还是少年的月光 / 九州一色还是李白的霜"（《独白》）。迫于时势离乡去国的余光中，置身满目异俗的异国他乡，常有一种文化放逐感，他无法割舍对家乡祖国的真挚情恋，所以他无法不想到屈原并自比屈原。余光中回顾数度旅居美国的经历时曾说："远适异国，就算是待遇不薄，生活无忧，但在本质上却是一种'文化充军'。"作为诗人，强烈体验到的漂泊放逐感，使他与屈原在身份和心境上达成了深刻的认同。他的《新大陆之晨》写道：

> 零度。七点半。古中国之梦死在 / 新大陆的席梦思上。 / …… / 早安，忧郁。早安，寂寞。 / 早安，第三期的怀乡病！ / 早安，夫人们，早安！ / 烤面包，冰牛奶，咖啡和生菜 / 在早餐桌上等我们去争吵， / 去想念燧人氏，以及豆浆与油条。 / …… / 然后走进拥挤的课室， / 在高鼻子与高鼻子， / 在金发与金发， / 在 Hello 与 Good morning 之间， / 坐下，且向冷如密歇根湖的碧瞳 / 碧瞳与碧瞳，照出五陵少年的影子， / 照出自北回归线移植来的 / 相思树的影子。 / 然后踏着艺术馆后犹青的芳草地 / （它不认识牛希济）， / 穿过爱奥华河畔的柳荫 / （它不认识恒温）， / 向另一座摩天楼 / （它不认识王粲）。

诗句所表达的，也就是流放南楚的屈原在《涉江》中深致感慨的"哀南夷之莫余知兮"之意。"这种以种族和文化醒醒为底蕴的光锐刺人的异乡感，几乎无处不在，从卧具到早餐到语言到长相到环境都能引起游子条件反射般的身在异乡的感觉，唤醒并强化游子的种族、文化归属意识，也就是家乡意识和祖国意识。所以，远渡重洋，处身新大陆，他的中国意识特别强固，对异国他乡有着一种本能的排拒心理"[1]，以至于成了一块拒绝融化的冰。

余光中写屈原的诗，有五首：《淡水河边吊屈原》《水仙操》《漂给

---

[1] 杨景龙：《蓝墨水的上游》，《诗探索》2004 年秋冬季号，第 331—332 页。本节参考了他的研究成果。

屈原》《凭我一哭》《召魂》。最早的一首是作于 1951 年的《淡水河边吊屈原》,写得较稚嫩,但体现了作者对屈原的崇敬之情:

> 青史上你留下一片洁白,
> 朝朝暮暮你行吟在楚泽。
> 江鱼吞食了二千多年,
> 吞不下你的一根傲骨!

> 太史公为你的投水太息,
> 怪你为什么不游宦他国?
> 他怎知你若是做了张仪,
> 你不过流为先秦一说客!

> 但丁荷马和维吉尔的史诗
> 怎撼动你那悲壮的楚辞?
> 你的死就是你的不死:
> 你一直活到千秋万世!

> 悲苦时高歌一节离骚,
> 千古的志士泪涌如潮;
> 那浅浅的一弯汨罗江水
> 灌溉着天下诗人的骄傲!

> 子兰的衣冠已化作尘土,
> 郑袖的舞袖在何处飘舞?
> 听!
> 急鼓! 可爱的三闾大夫!
> 滩滩的龙船在为你竞渡!

> 我遥立在春晚的淡水河上,

我仿佛嗅到湘草的芬芳；

我怅然俯吻那悠悠的碧水，

它依稀流着楚泽的寒凉。

最后一节写作者在淡水河上"仿佛嗅到湘草的芬芳"，是因为在那戒严的年代，诗人读不到五四以来的优秀诗作，只好在悲苦时高歌一节《离骚》来慰藉自己干涸的心灵。这说明作者在读但丁和荷马史诗时，仍不忘从以屈原为代表的中国古典诗中吸取养分。

下面是作于 1973 年端午的《水仙操——吊屈原》：

把影子投在水上的，都患了洁癖

一种高贵的绝症

把名字投在风中的

衣带便飘在风中

清芬从风里来，楚歌从清芬里来

美从烈士的胎里带来

水劫之后，从回荡的波底升起

犹佩青青的叶长似剑

灿灿的花开如冕

钵小如舟，山长水远是湘江

开头写屈原不愿受小人谗言的包围，以爱国忧民的姿态"把影子投在水上"，"把名字投在风中"而惨死。"清芬从风里来，楚歌从清芬里来"，是写汨罗江中沉没了一个屈原，使中国文化少了一个精英，而多了一份珍贵的遗产。"水劫之后"的屈原是中国文学史上的一棵大树，"从回荡的波底升起"的《离骚》，给我国两千多年来的文学造成广泛而深刻的影响，像水远山长一样哺育了我国众多作家和诗人。

下面是收入《与永恒拔河》集中的《漂给屈原》：

有水的地方就有龙舟
有龙舟竞渡就有人击鼓
你恒在鼓声的前方引路
哀丽的水鬼啊你的漂魂
从上游追你到下游那鼓声
从上个端午到下个端午

湘水悠悠无数的水鬼
冤缠荇藻怎洗涤得清?
千年的水鬼唯你成江神
非湘水净你,是你净湘水
你奋身一跃,所有的波涛
汀芷浦兰流芳到现今

亦何须招魂招亡魂归去
你流浪的诗族诗裔
涉沅济湘,渡更远的海峡
有水的地方就有人想家
有岸的地方楚歌就四起
你就在歌里,风里,水里

　　作者从龙舟竞渡写到哀丽的水鬼,从湘水悠悠写到更远的海峡,全靠一个"漂"字。屈原的诗篇之所以能漂洋过海,流芳到现在,影响无数海内外华文作家,全靠他灵魂的纯净和高洁,靠自沉江水的英烈气节。末尾写"灿灿的花开如冕",是进一步强调屈原的文章不朽。

　　余光中有挥之不去的"屈原情结"。1980年端午又写有《竞渡》。写于1993年的《凭我一哭》,再一次为屈原呐喊和招魂。

　　1999年9月,余光中去湖南岳麓书院演讲。他到湖湘大地去寻"蓝墨水的上游",去寻文化之根,去找诗歌之魂。当他来到位于长沙与岳阳之间的汨罗江，他急速地去他的蓝墨水上游凭吊，去屈子祠朝圣。他在招屈亭前伏地叩首，对屈原顶礼膜拜。当数十年的梦寐神游变成了亲历壮游，他的心潮就像洞庭湖水那样涌来。李元洛在《笔花飞舞——余光中湘行散记》中写道：

> 在"天问坛"屈原双手高举问天的塑像前，余光中也作双手高举抬头而问之状，请人摄影留念，并说："他问天，我问他！"在"骚亭"登高眺望夕阳西下中的汨罗江，本来四周草木静谧，忽然一阵急风吹来，风萧萧兮汨水寒，余光中感慨道："忽来一阵悲风，这是屈原的作品《悲回风》吧？"在屈子祠中的屈原像前，余光中献上鲜花一束，低首下心鞠躬良久，神情至为庄严肃穆，这该是他视为"朝圣"的仪式吧。……主人请余光中题词，余光中说："我来汨罗江和屈子祠，就是来到了中国诗歌的源头，找到了诗人与民族的归宿感。回台之后，我应该有好的诗文向屈原交卷。"沉思有顷，他以多年来一笔不苟的铁划银钩，在宣纸上挥写了如下的断句：

> 烈士的终站就是诗人的起点？
> 昔日你问天，今日我问河
> 而河不答，只水面吹来悲风
> 悠悠西去依然是汨罗

2005年6月，77岁的余光中应内地有关方面的邀请，到岳阳参加国际龙舟节。在会上，余光中带领众人齐诵他写的《汨罗江神》。在《世界有条汨罗江》的歌声中，余光中焚祭屈原诗文，并与众人一起向江中抛掷粽子，将人们对屈原的怀念之情推向高潮。

黄维樑在一篇论文中谈道："台湾诗人余光中对屈原的推崇是真诚的、发自内心的，他不但直接称赞屈原的'志洁行芳'，而且将屈原置于世界文学的宝库中，将屈原与但丁、荷马等人相比较，认为屈原的作品是一切诗人的源头。余光中对屈原的推崇与屈原的爱国爱民是分

诗人在汨罗江畔祭祀屈原，2005 年

不开的，而余光中自己也是爱国爱民的诗人。"①

回溯历史文化

《白玉苦瓜》是余光中的一本重要诗集。它的书名，是当代与古典的结合，是生命与艺术的融合。受日月精华、山川灵气孕育的白玉苦瓜，在某种意义上可以说是余光中本人的象征。作者在这本书的自序中云：

少年时代，笔尖所沾，不是希颓克灵的余波，便是泰晤士的河水，所酿也无非一八四二年的葡萄酒。到了中年，忧患伤心，

① 黄维樑：《蓝墨水的上游是汨罗江——余光中对屈原的推崇》，《云梦学刊》2003 年 11 月。

感慨始深，那支笔才懂得伸回去，伸回那块大陆，去沾汨罗的悲涛，易水的寒波，去歌楚臣，哀汉将，隔着千年，跟古代最敏感的心灵，陈子昂在幽州台上，抬一抬杠。怀古咏史，原是中国古典诗的一大主题。在这类诗中，整个民族的记忆，等于在对镜自鉴。这样子的历史感，是现代诗重认传统的途径之一。现代诗的三度空间，或许便是纵的历史感，横的地域感，加上纵横相交而成十字路口的现实感吧。

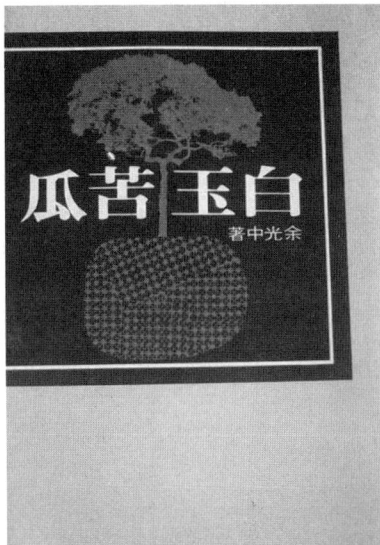

《白玉苦瓜》书影，台北，大地出版社

在此诗集出版的前两年，余光中写了发思古之幽情的《大江东去》："大江东去，浪涛腾跃成千古 / 太阳升火，月亮沉珠 / 哪一波是捉月人？ / 哪一浪是溺水的大夫？"一年前则写了以无情的长臂射杀匈奴的《飞将军》李广，另还写了和陈子昂唱对台戏的《诗人》。以前他的笔基本上不沾汨罗的悲涛，这回也写了几首怀古咏史的诗作，这是一个良好的开端。《白玉苦瓜》内还有《守夜人》和《呼唤》，被流沙河喻为"互为表里的这两首诗，拿去注解前引的那段话，岂不正好"。

余光中回溯历史文化，不仅表现在题材的运用上，而且表现为对中华民族文化素材的翻新。神话人物女娲、夸父、后羿，历史人物屈原、李广、曹操、李清照，还有长城、故宫等名胜古迹，在余光中的诗中均被赋予一定的新意。取材于后羿射九日的古代神话传说，面对"龟裂的茫茫九州"，"我拉开乌号的神弓，搭一支棋卫的劲矢，仰视九日，以清秋雄雕的眼睛"，"以一个凡人邀九尊火神来决斗"，"女娲氏，炼更多的五色石去补天！崦嵫山后埋了九个太阳的尸体"，"孤独的神啊，我留你照亮这世界，我是神的叛徒，我是屠日士，我是后羿!"这最后几句，所表露的是一种叛逆精神，这精神是中华民族不屈不挠、战无不胜的英雄气概的生动体现。

又如《夜读曹操》：

> 夜读曹操，竟起了烈士的幻觉
> 震荡腔膛的节奏忐忑
> 依然是暮年这片壮心
> 依然是满峡风浪
> 前仆后继，轮番摇撼这孤岛
> ……

诗中所体现的"烈士的幻觉"，是当今海峡两岸具有忧患意识的中国知识分子的写照。作为有良知的作家，当面对"恫吓，恫黑"，莫不为满肚郁积而发出呼喊：苦茶令曹操清醒，老酒令李白沉醅。面对这一乱局乱世，作为一位炎黄子孙的余光中，更不可能满足于饮酒又饮茶。

余光中十分推崇屈原高尚的人格情操、热爱祖国的真挚情感和刚强不屈的斗争精神。他写屈原、李白的诗篇，采取了不少神话传说和典故，构思奇特，想象丰沛，文辞华美，充满了浪漫主义色彩。写其他题材也是如此，如《刺秦王》，不是简单摹写历史题材，而是经过作者的思考、理解、想象，甚至是情感的透射。再如《夸父》这类题材虽然别的诗人写过，但余光中却能对落日的背影、倒影重新思考，对壮士的前途重新做出诠释，使这一古老题材焕发出现代意识：

> 为什么要苦苦去挽救黄昏呢？
> 那只是落日的背影
> 也不必吸尽大泽与长河
> 那只是落日的倒影
> 与其穷追苍茫的暮景

埋没在紫霭的冷烬

——何不回身挥杖

迎面奔向新绽的旭阳

去探千瓣之光的蕊心？

壮士的前途不在昨夜，在明晨

西奔是徒劳，奔回东方吧

追不上了，就撞上！

余光中在"奔回东方"回溯历史文化时，学习古典诗词的凝练美，在诗歌的音乐性方面则十分讲究声韵结构，像上述所引的诗歌均有独特的节奏，读之雄浑有力，朗朗上口，具有鲜明的民族风格。

为中华民族塑像

"在古典悠悠的清芬里，我是一只低回的蜻蜓。"[①] 余光中对《诗经》《离骚》、唐诗宋词念念不忘，写了许多既横接西方，又承袭诗骚的作品，如在余光中创作道路上具有里程碑式意义的香港时期创作的诗篇，由于生完了现代主义的麻疹，故走着利用、继承传统的道路。像《与永恒拔河》中的《公无渡河》《秋兴》这类套用古人诗句或诗题的作品，《隔水观音》中的《木兰怨》《将进酒》《两相惜》，一看题目就把读者带入古典的氛围中。强烈的民族情感和对历史归宿的向往，使余光中诗无论是吟古还是咏今的题材，都离不开汉唐魂魄。且不说他把外面纷扰的世界的哭笑转化为"古穆的琴操"和"最后的隐士"，而且还把现代色彩的事物换上古香古色的比喻。如《赠壶记》中的这一段：

到那时高速公路上，吾友

①《余光中诗歌选集（一）》，时代文艺出版社1991年版。

盔磨甲撞爬多少的龟群？
国际机场像雨后的莲塘
能憩多少点水的蜻蜓？
还有摩托车的虾队
……

　　诗中的国际机场、摩托车队，是现代化的产物，而莲塘、蜻蜓、虾队，却是古已有之的景物。作者用这种土洋结合的借喻与暗喻，使作品增添了生活情趣和诗意。余光中在香港时期写的《唐马》，则不是一般回溯文化历史之作，而是为中华民族塑像，正如流沙河[①]所说：这首诗，通过咏一座放在香港某博物馆玻璃柜中作展览的唐三彩陶艺马，哀我中华民族百年积弱，尚武精神的衰落，悲壮情怀的消泯，以及子孙不肖者"不谙骑术，只诵马经"。此诗场景，动感很强，忽而今又忽而古频频变换，似电影蒙太奇（montage）。最先出场的是一匹"骁腾腾"的战马，"刷动双耳""屹立"，时间是在现代。很快推回古代，秦关汉月大唐风，战马的"长鬃在风里飘动"，四蹄踏响中原，有"叩，寂寞古神州，成一面巨鼓"的金句。接着是"皆逝矣"拉回现代，战马已"失落在玻璃柜里"，变成了"暖黄冷绿的三彩釉身"的陶艺马，不能重返战场。接着又推回古代，天苍苍，野茫茫，"觱篥无声"，冒顿以来的汉家劲敌五单于都相继长眠了。可是，一转眼又拉回现代，"穷边上早换了新敌"，"黑龙江对岸一排排重机枪手"是今日的匈奴弓手，正在那边"熊觊狼觎"。接着再推回古代，战马仍是"雄赳赳千里的骅骝"。只一闪再拉回现代，可怜，竟变成陶艺的"宠物"了，还堪御敌于国门外吗？纵向的三推三拉后，笔锋横向移到博物馆外跑马场中，让读者看清楚，四蹄的子孙做了赌具，两脚的子孙做了赌徒，哭也不是，笑也不是，而全诗骤终焉，再不说什么了。这样的诗，放在三十年代，便是"民族主义"，放在五十年代，便是"反苏"，都会挨痛批的。其实，《唐马》向往大唐雄风，旨在振奋精神，而谴责子孙之不肖者，亦足洞

---

① 流沙河：《诗人余光中的香港时期》，《香港文学》1988 年 12 月、1989 年 1—2 月。

察本民族的不幸，与盲目的"民族至上"不同。

同样是为中华民族造像，《唐马》是哀其不幸，《黄河》则叹其命苦：

《与永恒拔河》书影，台湾洪范书店

> 我是在下游饮长江的孩子
> 黄河的奶水没吮过一滴
> 惯饮的嘴唇都说那母乳
> 那滔滔的浪涛是最甘，也最苦
>
> 苍天黄土的大风沙里
> 你袒露胸脯成北方的平原
> 一代又一代，喂我辛苦的祖先
> 和祖先的远祖，商，周，秦，汉
> 全靠你一手摇动的摇篮
> 摇出了哭声，伴着一首
> 喉音多深沉的浑黄歌调

不同于面对唐三彩设辞的《唐马》，"《黄河》是面对着黄河照片设辞的。《唐马》在古代与现代之间推回去，拉回来，手法新奇。《黄河》在上游与下游之间，飞过来，翔过去，胸襟博大。没有厚积的学养，没有诚挚的爱心，写不出这样的《黄河》来。此诗场景，开头平平，'苍天黄土''大风沙'谁都会写的，'母乳''摇篮'的象喻也太陈旧了。接下去就热闹起来，黄河中游，历史登场"①。这里"流露忧患意识，踏沉重的正步，歌悲伤的大调，非常得体"②。流沙河这剀切的分析和到位的评论，令余光中视其为知音。

---

①② 流沙河:《诗人余光中的香港时期》,《香港文学》1988 年 12 月、1989 年 1—2 月。

夜读东坡

作为继欧阳修之后的北宋文坛领袖和北宋文学集大成者，苏轼的文学创作成为北宋文学最杰出的代表。他的诗歌，有开阔的境界和奔放的风格，不仅在中原一带脍炙人口，而且远至辽国和高丽，均拥有广大的读者。

和屈原、李白、杜甫一样，苏轼也是余光中心中的偶像，他十分赞同吉川幸次郎对苏轼的评价。余光中不仅为文论述苏轼的艺术特点，而且前后写有两首诗为其造像，其一为《夜读东坡》：

> 淅沥沥清明一雨到端午
> 暮色薄处总有只鹁鸪
> 在童年的那头无助地喊我
> 喊我回家去，而每天夜里
> 低音牛蛙深沉的腹语
> 一呼群应，那丹田勃发的中气
> 撼动潮湿的低空，时响，时寂
> 像裸夏在鼾呼。一壶浓茶
> 一卷东坡的诗选伴我
> 细味雨夜的苦涩与温馨
> 魔幻的白烟袅袅，自杯中升起
> 三折之后便恍惚，咦，接上了
> 岭南的瘴气，蛮烟荒雨
> 便见你一头瘦驴拨雾南来
> 负着楞严或陶诗，领着稚子

踏着屈原和韩愈的征途

此生老去在江湖，霜鬓迎风

飘拂赵官家最南的驿站

再回头，中原青青只一线

浮在鸥鹭也畏渡的晚潮

那一望无奈的浩蓝，阻绝归梦

便是参寥师口中的苦海么？

或是大鹏游戏的南溟？

小小的恶作剧，汴京所摆布

可值你临风向北一长啸？

最远的贬谪，远过贾谊

只当做乘兴的壮游，深入洪荒

独啖满岛的荔枝，绛圆无数

笑渴待的妃子凭栏在北方

九百年的雪泥，都化尽了

留下最美丽的鸿爪，令人低回

从此地到琼州，茫茫烟水

你豪放的魂魄仍附在波上

长吟："海南万里真吾乡"

蜃楼起处，舟人一齐回头

愕指之间只余下了海雾

茶，犹未冷，迷烟正绕着杯缘

在灯下，盘，盘，升起

此诗可分为三段："头段写夜，写读，也就是余光中写自己。中段写苏轼的幻影从夜读的茶雾里显现，骑瘦驴走在南迁的路上，描述多有旷达之辞。尾段写坡公诗魂显现于海雾里，海雾又还原为夜读的茶雾，回到书斋。此诗旨在描述南迁路上苏轼的感触和心绪。一头一尾，余光中写自己的神往和仰慕。"[1]

另一首为《橄榄核舟——故宫博物院所见》：

> 不相信一寸半长的橄榄细核
>
> 谁的妙手神雕又鬼刻
>
> 无中生有能把你挖空
>
> 剔成如此精致的小船
>
> 轻脆，易碎，像半透明的蝉蜕
>
> 北宋的江山魔指只一点
>
> 怎么就缩小了，缩小了，缩成
>
> 水晶柜里，不可思议的比例
>
> 在夸张的放大镜下，即使
>
> 也小得好诡异，令人目迷
>
> 舱里的主客或坐，或卧
>
> 恍惚的侧影谁是东坡
>
> 一捋长髯在千古的崩涛声里
>
> 飘然迎风？就算我敢
>
> 在世间的岸上隔水呼喊
>
> （惊动厅上所有的观众）
>
> 舷边那须翁真的会回头？
>
> 一柄桂桨要追上三国的舳舻
>
> 击空明，溯流光，无论怎样
>
> 那夜的月色是永不褪色的了
>
> ——前身是橄榄有幸留仁
>
> 九百年后回味犹清甘
>
> 看时光如水荡着这仙船
>
> 在浪淘不尽的《赤壁赋》里
>
> 随大江东去又东去，而并未逝去

---

① 流沙河：《诗人余光中的香港时期》，《香港文学》1988年12月、1989年1—2月。

多少的豪杰如沙，都淘尽了

只剩下镜底这一撮小舟

船头对着夏口，船尾隐约

（只要你凝神静听）

还袅袅不绝地曳着当晚

　那一缕箫声

正如流沙河所分析的：《橄榄核舟》论构思远胜过《夜读东坡》，不用今——古——今的三段老式，而让今古同在，今在玻璃柜外，古在玻璃柜里，古今之间只有一层透明之隔，今可以看见古，呼喊古，甚至可以听见古（九百年前赤壁夜游，船尾"如泣如诉如怨如慕"的洞箫声）。悠悠九百年的时光压成一扇玻璃，又是"奇异的光中"看苏轼，何等神秘。《橄榄核舟》旨在暗示人间有三不朽：诗人不朽（苏轼）一也；文章不朽（《赤壁赋》）二也；艺术不朽（雕刻）三也。海峡两岸中国诗人毕竟还有一个查出 1982 年 9 月 3 日是《赤壁赋》的"壬戌之秋，七月既望"的九百周年，并写诗纪念，足证那三不朽也许还靠得住。[1]

余光中还有首题为《茫》的诗，其中第四段云：

天河如路，路如天河

上游茫茫，下游茫茫，渡口以下，渡口以上

两皆茫茫。我已经忘记

从何处我们来，向何处我们去

这段诗显然有苏轼《江城子》的投影："十年生死两茫茫。不思量，自难忘。千里孤坟，无处话凄凉。纵使相逢应不识，尘满面，鬓如霜。夜来幽梦忽还乡。小轩窗，正梳妆。相顾无言，惟有泪千行。料得年年肠断处，明月夜，短松岗。"此词词牌下，注为"乙卯正月二十日夜记梦"。有谓此乃"公悼亡之作"。以此而索解"茫"诗之意，虽无蛛

① 　流沙河：《诗人余光中的香港时期》，《香港文学》1988 年 12 月、1989 年 1—2 月。

丝马迹可寻，然而人在静夜，神游故国，心有灵犀，何往不无康衢。故曰："天河如路，路如天河。"愚谓"神游故国，心有灵犀"也就是说诗人都是梦游者，都是疯人。①

在《新诗与传统》一文中，余光中认为"苏轼好交高僧，好游佛寺，其句'亭亭双林间，彩晕扶桑敦，中有至人谈寂灭，悟者悲涕迷者手自扪'正是直写禅境。"他如此研究和宣传苏轼，是为了说明反传统的新诗，不能走向极端，由此和传统一刀两断。相反，现代诗人应注意从苏轼一类的古诗中汲取养料，才能写出用字清丽，声韵悠扬，使人再三品味的作品来。有一位学者把余光中比成当代的苏东坡。余光中一如往常幽默回应："我的书法没有东坡好，东坡的英文没有我好。"这里有古与今、中与西的对比，真可谓是余味无穷！

向宋词美学撷取精华

二十世纪五六十年代，台湾文坛西化之风越刮越猛，晦涩、虚无、颓废的气息充斥在现代诗中。对那些彻底反叛传统的诗人来说，西方诗人只要打一个喷嚏，台湾诗人就得先吃感冒药。在这种唯西方马首是瞻的年代，深受惠特曼、狄金森、爱伦·坡、桑德堡影响的余光中，却创作了新古典主义作品《莲的联想》，大胆地向宋词美学撷取精华，在古典的节奏与韵律中徜徉，向西化诗风挑战。余光中在一篇文章中，曾提到"颇受中国古典诗影响的美国诗人艾肯"的诗"有晚唐和南宋的韵味"，这其实是余光中自己的最佳自白。

《莲的联想》是余光中首次留美回台后写作的，书名系一位受中国文学熏陶的知识分子的写照。众所周知，"莲"是东方美的理想化身。具体说来，此诗集的许多作品均打上了东方美学的烙印，不少诗篇宋词的意味颇浓。当然，有时是吸收宋词和唐诗乃至《诗经》的精华而

① 冯云涛：《联想的联想》，《中华日报》1974 年 2 月 21 日。

融为一体，如《碧潭》：

十六柄桂桨敲碎青琉璃
几则罗曼史躲在阳伞下
我的，没带来，我的罗曼史
在河的下游

如果碧潭再玻璃<u>些</u>
就可以照我忧伤的侧影
如果舴艋舟再舴艋<u>些</u>
我的忧伤就灭顶

八点半。吊桥还未醒
暑假刚开始，夏正年轻
大二女生的笑声，在水上飞
飞来蜻蜓，飞去蜻蜓

飞来你。如果你栖在我船尾
这小舟该多轻
这双桨该忆起
谁是西施，谁是范蠡

那就划去太湖，划去洞庭
听唐朝的猿啼
划去潺潺的天河
看你濯发，在神话里

就覆舟，也是美丽的交通失事了
你在彼岸织你的锦
我在此岸弄我的笛

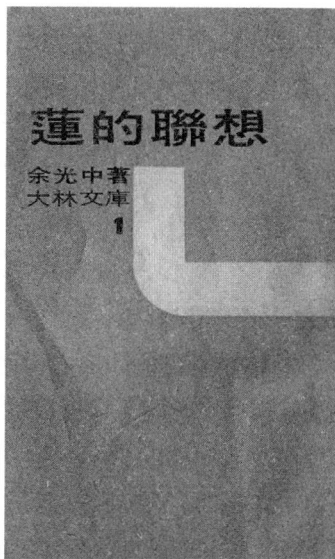

《莲的联想》书影，台湾大林书店

碧潭，是台北近郊游览的名胜，节假日常有许多游客和情侣在那里泛舟。诗中写的"你"，是指后来成了作者夫人的表妹范我存。此诗的民族特点，突出表现在和中国古典诗词有密切的关系，有深厚的唐诗宋词的韵味。开头一句系从苏轼《前赤壁赋》中"桂棹兮兰桨，击空明兮溯流光"中点化而来。之所以说是"点化"，是因为作者没拘泥于苏轼原句的意境，而用现代的"青琉璃"去形容潭水的碧绿，用"十六柄桂桨"写出小舟的美丽，同时又让桂桨去敲碎青琉璃，这比直写船桨搅动一潭碧水无疑更富有诗意。更妙的是，"敲碎"二字赋静止的画面以声响，将视觉的美与听觉的美糅合在一块，使这个湖成了不乏古典情趣的现代湖。

余光中历来反对做传统的"孝子"，也反对做只知道向西天取经的"浪子"，而主张做一个"回头的浪子"，"去西方的古典传统和现代文艺中受一番洗礼"。自己的情侣"在河的下游""没带来"的描写，说明作者从《诗经》"溯洄从之，道阻且长"中吸取过营养。与"复古"者不同的是，他吸收后经过肠胃的充分消化，致使未读过《诗经》的人也能理解作品的诗意。"如果舴艋再舴艋些"，和此诗的副题一样均出自李易安的《武陵春》："只恐双溪舴艋舟，载不动许多愁。"令人惊叹的是，余光中将名词"舴艋"作形容词用（"再舴艋些"），用得是那样自然工巧——和前面的"如果碧潭再玻璃些"将"玻璃"作形容词用，把碧绿的潭水写得愈加晶莹透彻一样，这不禁使我们敬佩作者精于裁章练句的功夫。"八点半。吊桥还未醒"，则一反前面古典而优雅的笔调，用纯粹的现代人感受写大学生们泛入潭中的青春活力。接连三个"飞"字，将"吊桥"和"夏"拟人化，再加上飞扬的笑声和"蜻蜓"的比喻，使整个句子显得俏皮、轻巧，具有流光溢彩的飞动之美。欢愉之情冲破了原先因未带"罗曼史"引起的深沉忧伤，真是可圈可点，可歌可叹。

据评论家介绍：碧潭本是筑在台北南面狭窄山谷中的一座长形水库。古老的吊桥横跨潭面伸向一座游乐场，更增添了它的美。余光中没有做摄影师，简单地描绘碧潭的动人风光，而是将美丽岛的风景变作中国古代文化的风景。第四段写的太湖和洞庭，是中国著名的三大湖泊中的两个。"唐朝的猿啼"，则是指李白《朝发白帝城》中的"两岸猿声啼不住，轻舟已过万重山"。经过余光中艺术地再创造，碧潭早已不是台湾的碧潭，情侣也绝不是"我"和现实中的表妹，而成了文学史上的不朽情人西施和范蠡，这便是余光中所建立的新的活的传统。

余光中对李清照情有独钟。在《山东甘旅》一文中，他这样描绘李清照：

> 在第十尊铜像前，大家不约而同都聚立下来。终于看到了有一尊没有髭须，非但无须，还绰约而高雅，眼神多么深婉啊，唇边还带些笑意。
>
> "是李清照！"幼珊惊喜地低呼。
>
> 当然是她了，非她不可。山东的名人堂上，难道全要供圣贤豪杰吗？胡子太多了吧？没有李清照，这一排青铜的硬汉也未免太寂寞了吧？尽管她自己，"独自怎生得黑"，却是古中国最寂寞的芳心，那些清词丽句，千载之下哪一个硬汉读了不伤心？
>
> 她的像塑得极好，头梳发髻，微微偏右，像凝神在想什么，或听到了什么。立得如此婷婷，正所谓硕人其颀，左手贴在腰后，右手却当胸用拇指和食指捻着一朵纤纤细花。铜色深沉，看不真切究竟是什么芳籍，却令人想起"帘卷西风，人比黄花瘦"，该是菊吧。其实，管它是什么花，都一样寂寞啊，你不曾听她说吗，"一枝折得，天上人间，没个人堪寄"。

对李清照如此神往，如此敬佩，就不难理解余光中的诗中为什么会常有李清照的投影。

《等你，在雨中》也是余光中的名篇，其末段为：

一颗星悬在科学馆的飞檐

耳坠子一般地悬着

瑞士表说都七点了。忽然你走来

步雨后的红莲，翩翩，你走来
像一首小令
从一则爱情的典故里你走来

从姜白石词里，有韵地，你走来

姜白石，即姜夔，为南宋后期最重要的词人。其作品以"襟韵高、风神潇洒"作为标准，和另一重要作家吴文英由密丽而转为晦涩的词风区别很大。余光中这段诗，使人联想到姜白石《念奴娇》中的句子："日暮，青盖亭亭，情人不见，争忍凌波去！"之所以有这个联想，是因为无论是古代的姜白石，还是现代的余光中，都用了"青盖亭亭"或"雨后的红莲"的拟人手法，把抽象的情感具象化，使诗具有清澈秀逸的意境与音乐般柔和、亲切的韵味。正如冯云涛所说：一个是在词中成了"情人不见"的情人；一个是在诗中"步雨后的红莲，翩翩，你走来"的你。于是前者是依依不舍的"争忍凌波去"；一个是沉醉在美化了的情境之中。①

关于姜白石对余光中的影响，杨景龙说得好：一是以"健笔写柔情"；二是琢炼清雅的语言风格。余光中找到自己诗歌中心意象，开始形成个人风格的《莲的联想》时期，可以说是"姜夔时期"。这部诗集的情诗性质和意象选择，留下了明显的姜夔痕迹。②

余光中笔下的爱情之所以如此东方，如此古老，属"羞怯得非常古典的爱情"，其中一个重要原因是师法姜白石，用的是清雅之笔。像姜白石的这些最能体现姜词语言特色的经典丽句，在余光中诗中都有不同的表现："梦见你来赴我的约会／来分这白石的沁凉／或者化为一只蜻蜓／憩在一角荷叶上"（《满月下》）。

当然，这种"健笔柔情"，也不完全是姜白石熏陶的结果，也有新月派出身的臧克家及现代诗人何其芳、卞之琳、辛笛等人的影响。

① 冯云涛：《联想的联想》，《中华日报》1974年2月21日。
② 杨景龙：《蓝墨水的上游》，《诗探索》2004年秋冬卷，第340—344页。

在句琢字炼方面，姜白石有"数峰清苦，商略黄昏雨"（《点绛唇》）、"波心荡，冷月无声"（《扬州慢》）、"千树压西湖寒碧"（《暗香》）、"嫣然摇动，冷香飞上诗句"（《念奴娇》）的名句，余光中在20世纪80年代前的语言风格也是琢炼清雅的，诸如《满月下》里的"那就折一张阔些的荷叶／包一片月光回去／回去夹在唐诗里／扁扁的，像压过的相思"，还有《啊，太真》里的"轮回在莲花的清芬里／超时空地想你／浑然不觉蛙已寂，星已低低"等既琢炼推敲又清雅馥郁的妙句。

余光中20世纪60年代初提倡"新古典主义"，是"志在役古，不在复古"，是以西方现代诗作为新诗的一个重要发展基础，重新发现和利用传统，创造具有中国特色的现代诗。余光中以后"融铸经史百家，驱遣诗词歌赋，点缀神话传统，出入古今中西"[①]的创作实践证明，他实现了自己的预期目标。

挑战"教育部长"杜正胜

余光中在内地知名度甚高，不少诗作被选进大中学校的课本里。他热爱中华文化，在多次演讲中提醒台湾当局"不要因为五十年的政治便抛弃五千年的中华文化"。可台湾当局领导人执迷不悟，在"去中国化"的道路上越走越远。以语文教学为例，台湾当局把高中语文由必修课降为选修课，授课时数亦减少。这引起台湾有正义感的教育工作者的公愤，他们成立了"抢救国文教育联盟"，由著名作家余光中、"中央研究院"院士许倬云、音乐家李泰祥、地方戏曲家杨怀民等知名人士发起，要求"教育部"暂缓实施2006学年高中语文课程暂行纲要，反对把语文课时数由每周五节减为四节、文言文课程比率由六成五减为四成五，及将中国文化基本教材由必修改为选修。

余光中在接受《联合报》记者孟祥杰采访时说：他虽是外文系教

---

① 杨景龙：《蓝墨水的上游》，《诗探索》2004年秋冬卷，第340—344页。

授，但最爱还是中文，除了论文或翻译自己的作品是用英文写作外，从事散文写作60年来，最满意的作品全是用中文写出来的。虽然散文写作使用的是白话文，但只有学好古文，才能让文章字字精练。他还说，现代中国文学巨擘如胡适、梁实秋、林语堂、前台大校长傅斯年等人，白话文学的成就普受世人景仰，共同点就是古文造诣都相当高。余光中呼吁，即使高中语文课程授课时数无法调回以往的每周六节，至少也要维持五节，绝不能再减少。

"政治正确是短暂的，但文化发展是长期的"，余光中说，俄国十月革命成功后，将圣彼得堡改称列宁格勒，但几十年后苏联瓦解，又将列宁格勒改回圣彼德堡，就证明政治力量最终还是无法凌驾文化传统，"'教育部'应该警惕，三思而后行"。他再举例说，美国经由战争，成为独立自主的国家，但语言上仅略为修正用法，承继英式英语优美传统，并发展出较通俗的美式英语，才成为世界文化大国；香港在被英国殖民统治的150年间，英文与中文都是官方语言，才使现在的香港成为东南亚最重要的国际港。

余光中强调，邻近各国都在努力学习中文、保存中华文化。台湾为了与世界接轨，要岛上人努力学英文，"连自己的母语都学不好，又怎么去学别人的语言？这种弃古文就英文的做法，是中华文化最大的悲哀"。

"一言难尽、见仁见智、勇往直前等这些耳熟能详的成语，已很少人知道都是从古文来的。"余光中叹了一口气说，中华文化博大精深，身为中华民族的一员，保存自己的文化都嫌来不及，我们自己却扬弃优美的古文与传统儒家道德伦理，"我真的不知道政府究竟在做什么？"

"抢救国文教育联盟"选择在五四运动纪念日，即2005年5月4日发表行动宣言。这个宣言的起草人正是余光中。余氏痛批台湾当局削弱高中语文课，是"去中国化"的政教合一，他呼吁"教育部长"杜正胜"不要做了官，就把学者良心摆一边"，应倾听民意，重视语文教育。

这篇题为《在外语与方言之间》的行动宣言，已有台北第一女子中学、中山女子中学等近百所语文老师联署。余光中说，若杜正胜仍固执己见，他会把相关资料寄给"行政院长"谢长廷，"世上没有万年的'教育部长'"，他会静观其变。

面对方言、英文夹击中文，余光中指出：胡适当年发起五四新文化运动时，曾说"先要有文学的国语，才有国语的文学"，谁知才过了不到九十年，"国语"就在方言与外语的竞争下，岌岌可危，让一向无党无派的他，临老还要加入联盟抢救中文。

余光中指出，以英文为母语的人口不到四亿人，使用中文者却逾十三亿人，无奈在全球竞争的压力下，岛上人学中文的空间被压缩，原因固然和社会、家长价值观有关，但另一方面，"教育部"减少高中语文课时数与文言文课程比率，代表不重视语文，更有"去中国化"企图，削弱台湾史地及削弱语文课都是例证。

在台湾，为了抵消中文的强大影响，陈水扁及其御用文人主张用闽南话取代普通话。余光中认为：方言若能提升到文学层次固然很好，但能使用方言沟通的人比较少，即使像爱尔兰有专属的语言系统，萧伯纳、王尔德等爱尔兰大作家也都以纯英文写作而闻名，鲁迅、沈从文等中国作家也从未用方言写作。

余光中说：五四以来，文言文并未被废掉，"一言难尽""天长地久"等常用成语都出自文言文。曾有记者问余光中，为何到了 21 世纪，还这样喜欢苏东坡？他答说：举凡"庐山真面目""河东狮吼"等词语都出自苏东坡作品。文言文非但没有死，反而让他用白话文写作时更简洁、有力。

杜正胜曾说《阿房宫赋》太难，连他都看不懂"。余光中说，《阿房宫赋》点出六国不团结，让秦可以统一天下；秦不爱民，终致亡国。难道这篇古文不正是史学家应该懂的吗？

2006 年 2 月 24 日，台北电视新闻来回剪接余光中和"教育部长"杜正胜短兵相接的镜头。余批评这位官老爷当年"提倡复兴中华文化应当重视古典，诠释古典"，现在见风转舵，即从专攻中国古代史的学者蜕变为"深绿色"的"去中国化"的政客。杜也不甘示弱，批评余光中跟不上本土化的潮流，成了保守复古势力的代表。

这场文言文与白话文之争，还关联到如何理解"台湾文学"的问题。余光中认为：台湾文学不应是"本地人创作的文学"，应把生活在台湾的外省作家的创作也包括进去，否则便是画地为牢。杜正胜反唇相讥质问道："提倡白话文怎么会狭隘？台湾文学怎么会是狭隘的东西？"当杜正胜以指导者的身份要求余光中看看台湾文学时，他显然"有眼不识泰山"，把余光中这位台湾文学大家排斥在台湾文学范围之外。余光中认为：自己就是台湾文学的一分子，自己以创作实践在丰富台湾文学的内容。这便遭来"绿色"网民的围剿：余光中是"扼杀台湾文学的杀手，却自称为台湾文学家"。还有更多的恶评，辱骂坚持"维护文言文就是卫护中华文化"的余光中，封余氏为"东厂××的翻版"，还有网民引孔子拜访原壤时的骂辞用来攻讦余光中。

在本土化、"去中国化"的浊浪中频频访问内地的余光中，也被"独派"人士扭曲为"不认同台湾"或"不被台湾认同"。各人立场不同，尤其是对国家认同不同，便造成对同一事物的评价截然相反。可不怕围攻的余光中，始终坚定地认为自己既是台湾作家，更是中国作家。他在《从母亲到外遇》一文中，这样详述外省人身份认同的尴尬："我当然是台湾作家，也是广义的台湾人，台湾的祸福荣辱当然都有份。但是我同时也是，而且一早就是，中国人了……然而今日的台湾，在不少场合，谁要做中国人，简直就负有'原罪'……"进而感叹："莫为五十年的政治，抛弃五千年的文化。"作为台湾教育部门最高长官的杜正胜，正是为"五十年的政治"抛却中华五千年文化的历史罪人。

由于余光中经常在其诗中流露出对祖国大陆的思念，又领头参加教育界反对"去中国化"的运动，因而余光中被台湾文化界归类为"统派"。余光中诊断，只要坚持中华文化，不让台独势力渗透"教育部门"，台独就难以独起来，两岸就会逐步走向统一。当然，对此不能操之过急，更不能诉诸战争，这需要两岸领导人智慧地化解。

第三章

横接西方，沐欧风美雨

美的创作是永恒的欢畅
普照着人类像是太阳
照亮了西土，照亮东方

翻译生涯的开始

以学习西方文化艺术为主的台湾高校外文系，培养了一批作家和评论家，十分引人注目。以台湾大学而论，就有余光中、叶维廉、李欧梵、颜元叔、刘绍铭、欧阳子、张汉良等人。别的院校外文系也出有陈映真、杨牧、罗青、简政珍等作家。

为什么以学习中国文学著称的中文系如出一个作家，外文系反而会多出六七倍这样的人才呢？这是因为中文系学风守旧，解除戒严前均以教古典文学为主，培养的学生大部分在义理考据上下功夫。如果当时有人敢讲五四以来的文学尤其是鲁迅这样敏感的作家，马上会有人向情报单位举报。在这种严峻的空气下，外文系自然不会开也不准开中国现当代文学课程，但由于该系注意培养学生的文学兴趣和创作能力，且有系里老师主办的公开出版的文学刊物，学生们便把现当代文学当作课余活动的一项重要内容，久而久之竟成了气候，出了一大批使"双枪"的作家兼评论家乃至翻译家。

余光中曾考取过海峡两岸的五间大学外文系：北京大学、金陵大学、厦门大学、台湾大学、台湾师范学院。因时局的关系最后进的是金陵大学、厦门大学和台湾大学。先后教过余光中的外文系老师有英千里、苏维熊、黎烈文、梁实秋、赵丽莲、曾约农、黄琼玖和吴炳钟。其中曾约农是余光中毕业论文的指导老师。他不拘泥保守，允许余光中用译书《老人与大海》（即海明威的《老人与海》）取代毕业论文。此外，对余光中影响极大，使其报考外文系的是中学时代教了他六年英语的孙良骥。这是余光中的恩师，他一直对余光中爱护有加，表扬远多于批评，而且坚信余光中是一棵好苗子，未来一定会长成参天大树。

余光中外文系毕业后，多年来也一直在外文系任教。他学的是这一专业，从事的又是同一专业，迷恋的也是这一专业。三位一体，他一生都乐在其中。当然，也有苦恼的时候。如余光中考台湾大学时，用了中华人民共和国成立初期厦门大学的学历证明，此证明上的纪年为"公元"而非"民国"，台大招生办拒不承认这个所谓"伪证件"。后来由该校文学院院长解危，余光中才被录取。

19 岁时就读于金陵大学的余光中

外文系的学术空气总的来说是自由的，但并不是世外桃源，不可能不受政治的干预。1950 年 3 月，余光中刚坐在台湾大学外文系三年级教室里，校方就怀疑学生中隐藏有"匪谍"，要大家宣誓效忠，余光中不想参加这种政治表态，结果被记过一次。

余光中在外文系教的课程有英国文学史、比较文学、散文、翻译、英诗和现代诗。他写的是现代诗，最乐意教的却是英国古典诗。他是一位饱读诗书的学者，同时又是一位善于表达的讲师。他上起课来，就像一位巫师，"口中念念有词，在神人之间沟通两个世界，春秋佳日，寂寂无风的上午，面对台下那些年轻的脸庞，娓娓施术，召来济慈羞怯低回的灵魂，附在自己的也是他们的身上。吟诵之际，铿然扬起所谓金石之声，那真是一种最过瘾的经验。"[1]

作为诗人的余光中教英诗，往往将自己的创作体会融入教学内容中，学生听起来自然分外提神和亲切生动。

作为学者的余光中教现代诗，把自己的创作体会上升为理论，既能综合又擅长分析。在讲课前了然于心，上讲台后豁然于口。

以知性主义著称的诗人奥登在《十九世纪英国次要诗人选集》的

---

① 《余光中文集》第五卷，百花文艺出版社 2004 年版，第 283 页。

引言中曾说，对雪莱的诗，他一首也看不上，虽然他明知雪莱是大牌诗人。余光中认为，读者读诗可以有这种偏见，但作为教授在向学生传授英诗知识时，就应该避免把自己的主观好恶强加于人。在时代和派别的选择上，也应竭力避免厚此薄彼甚至顾此失彼的倾向。余光中的任务是把各种流派的代表人物介绍给学生，至于进一步探讨，就有待他们后天的努力了。

　　每次演讲完，差不多都有人会向余光中提问："应如何研读英诗或一般的英国文学？"如果他是学文学的，余光中肯定会金针度人，为其指出门路。如果发问者的兴趣不在文学而在语言，余光中认为这种读者只要浏览欣赏即可。"如果他要做一位文学的学者，就必须博览群籍，认真而持续地研究。如果他要做一位作家，则他只要找到能启发他滋润他的先驱大师就行了。对于一位学者，文学的研究便是目的；研究成功了，目的便已达到。对于一位作家，文学的研究只是一项手段；研究的心得，必须用到未来的创作里，而且用得有效，用得脱胎换骨，推陈出新，才算大功告成。要做学者，必须熟悉自己这一行的来龙去

余光中夫妇回母校厦门大学参加校庆活动，于外文研究所前，1995 年

脉，行话帮规，必须在纷然杂陈的知识之中，整理出自己独到的见解。要做作家，可以不必理会这些；他只要选择自己需要的养分，善加吸取便可。学者把大师之鸟剥制成可以把玩谛视的标本，作家把大师之蛋孵成自己的鸟。"①

　　台湾高校中文系与外文系长期存在着矛盾，如在 20 世纪 70 年代，外文系减弱了本身评价世界文学的功能，取代中文系在本国当代文学批评领域的发言权；部分中文系学者为了摘掉"封闭保守"的帽子，急于搬用西方文化教育的观念和方法去研究中国文学。在出作家和批评家的问题上，两个系形成了竞争的局面。面对中文系出作家远远少于外文系的情况，中文系的学者回应道："我们中文系的目标不是培养作家，它是培养学者的场所。"外文系学者反问道："难道我们外文系规定过要培养作家吗？"面对这种有趣的现象，余光中在《外文系这一行》中分析道："其一可能是外文系没有所谓道统的包袱，文学就是文学，界限分明，无须向哲学和史学的经典俯首称臣。其二可能是外文系研究的对象，既然是外国文学，则训诂考据等事，天经地义该让外国学者去做，我们乐得欣赏词章，唯美是务。其三可能是研究外国文学，便多了一个立脚点，在比较文学的角度上，回顾本国的文学传统，对于庐山面目较易产生新的认识，截长补短，他山之石也较能用得其所。其四可能是，外文系接受的既然是'西化'的观念，一切作风理应比较民主、开放，师生之间的关系也就较有弹性，略多沟通吧。"

　　如果有人责成外文系应多培养作家，这无疑过分，但培养研究世界文学的学者，是外文系天经地义的事。至于翻译家的培养，同样是外文系责无旁贷的任务。可这点并没有得到应有的重视。君不见，台湾（应加上祖国大陆）大学教授评职称，规定只有著作和论文才算成果，翻译和创作一样，是不被承认的，余光中认为这正是"'述而不作'的心理作祟。事实上，中文、外文、艺术、音乐、戏剧等系的教授，能够不述而作，或是述作俱胜，不也同样可以鼓舞学生吗？中文系如果拥有一位李白或曹霑，岂不比拥有一位许慎或钟嵘更能激发学生的热

① 《余光中文集》第五卷，百花文艺出版社 2004 年版，第 284—285 页。

情？同时，与其要李白缴一篇《舜目重瞳考》式的论文，何不让他多吟几篇《远别离》之类的杰作呢？"

余光中的老师不受"述而不作"条条框框的影响。当时上翻译课的是新进讲师吴炳钟。他的口译在台湾数一数二，还时常担任蒋介石的翻译。他比余光中只大六七岁，在师生关系外吴和余又多了一层兄弟关系。吴炳钟在《学生英语文摘》主持翻译专栏，在该刊举办的翻译比赛中，余光中得了第一名。吴炳钟十分珍惜余光中的才华，便推荐余光中在同一刊物上负责一个英诗译注专栏，这便是余光中教外文之余翻译生涯的开始。

"一块拒绝融化的冰"

"来来来，来台大；去去去，去美国。"20 世纪 50 年代台湾高校盛行这样的顺口溜。从少年时画地图起就向往神奇而陌生的西方世界的余光中，自然也有想去美国读书的欲望。

机会终于来了。余光中按规定服役期满后，在东吴大学兼课一年，这原是著名文学评论家夏济安教的课。梁实秋对余光中爱护有加，又推荐余光中到台湾师范学院教一年级英文。这虽是基础课，但校方希望由有一定水准的教师担任，余光中自然是理想的人选。余氏当时还只是讲师，并整整做了八年，这在儒林正史上虽不算是最高纪录，相去恐亦不远。要摘掉讲师的帽子升级，到美国去深造是最佳选择。夏济安见余光中有培养前途，便鼓励他去读美国爱荷华大学的写作班。爱荷华虽不是名校，但费用由美国亚洲协会提供，这种条件对余光中来说，自然是雪中送炭，只是去爱荷华毕业后不能留在美国，而必须返回台湾师院教书。正当余光中犹豫不决的时候，梁实秋给他解围说："爱荷华有什么可教你的？不过是去玩玩，开开眼界也好。"妻子和父亲也支持他出国，因而余光中便于 1958 年首次漂洋过海去了美国。

以创作成绩拿硕士学位的州立爱荷华大学写作班，其做法在美国高校中具有突破禁区的意义。按照传统的做法，论著才能算成果，任何人都不可能凭借一卷诗、一本小说去取得高等学位，可由于爱荷华校方"不拘一格降人才"，这种传统偏见便被打破。那里的教授，不再患着严重的"才盲症"——一种寄生在伟大灵魂上的小头脑的病症。他们在课堂上不断把莎士比亚、雪莱的作品当经典向年轻学子推荐，同时也力图将坐在教室内未来的莎士比亚、雪莱发掘出来，决不用有无"砖"著做标准去扼杀天才的成长。

主持写作班的保罗·安格尔教授，时年55岁。他是一位诗人、小说家，用《疲惫的大地》的诗稿获得文学硕士学位，开了不用论文而用创作成果获得大学学位的先河，这就难怪他重创造性的才华而不看好义理考据，厌恶那种研究莎士比亚的胡子是白色还是金黄色的"腐儒"。他不大讲究穿着，有点不修边幅，不穿西装而只穿套头的灰青色毛衣和磨得发白的蓝色工作服。他个高不胖，机智和幽默感从他灰蓝色的眸中溢出，凝聚在微微翘起的鼻尖上。也许那鼻尖太尖了一点，它们又滑了下来，漾成嘴角的一圈微笑。

擅长形象思维的作家都有点自由散漫，搞起活动来不太按规章办事。安格尔也是这样。作为他苦心经营的独立王国——写作班，自由度相当大，毕业论文可以用诗集或短篇小说取代就不用说了，选课也不限于文学，还可选有关戏剧、音乐等艺术课程，只要修满60学分便可毕业。译过《梵谷传》的余光中，选的课程是现代艺术。由于他是出版过好几本书的讲师，故修满30学分便可过关。

写作班上课不讲究正襟危坐，老师也不那么不苟言笑。来自美国各州和世界各国的男女作家坐成一个马蹄形，安格尔便坐在马蹄的缺口。大家膝上摊开蓝色的油印诗稿，由安格尔逐首批评。有时被批评的学生发言自卫，对老师的批评表示不屑一顾。在课堂讨论时，为评价一首诗还会分成两派，各说各的话，安格尔则在旁边观战。学生里面有不少是本国早已成名的作家，其成就有目共睹，因而有时会觉得安氏讲课水准不够高，老师是在用美国标准和自己的喜好要求别人，因而课堂上一度出现唇枪舌剑的场面。来自菲律宾的学生还和安格尔短兵相接，并用反唇相讥的方式把老师调侃得啼笑皆非。

这个写作班的译名有数种，如有人译为"国际写作计划"；学校名通常译为"爱荷华"，也有人译为"艾奥瓦"。不管如何译，这个"国际写作班"的确俨然余光中所说的小小文学联合国，内有美国、英国、加拿大、澳大利亚、韩国、中国、日本、菲律宾、印度等国的青年作家。尽管学习气氛融洽而愉快，但对第一次到美国求学的余光中来说，苦寂多于快乐：一方面是不久前母亲去世的阴影还未消除，另一方面背井离乡难免思念亲人；美式生活虽然新鲜刺激，但有时难以适应。余光中这样回忆当年的心情："美国人根本不知道台湾在哪里，而隔着遥远的距离，反而看清孤立的台湾。祖国大陆又和台湾敌对，那种渴望紧拥中华文化的情怀更强烈。可是说实话，当时的我，艺术尚未成熟，还不足于应付当时复杂汹涌的情感。对美国，后来也从仰慕到失落，有极大的蜕变。"

安格尔在美国文坛活动甚广，兴趣也相当广泛，而原本不善交际的余光中，在陌生人面前无法打开话匣，对美国人嗜好鸡尾酒会亦缺乏理解，认为这不过是游牧民族开发西部遗留的风俗，因而他写有《我之固体化》：

在此地，在国际的鸡尾酒里，
我仍是一块拒绝融化的冰——
常保持零下的冷
和固体的坚度。

我本来也是很液体的，
也很爱流动，很容易沸腾，
很爱玩虹的滑梯。

但中国的太阳距我太远，
我结晶了，透明且硬，
且无法自动还原。

余光中在落矶山上西望神州，1969 年

这说明面对西方文化，余光中有一个难以消解的东方情结。西方文化艺术的洗礼，不但不能将余俘获，反而使余光中潜藏的民族意识慢慢清晰起来。

在写作班期间，令余光中最开心的事有两件，一是会见佛罗斯特，详见下节。二是石城之旅。在半途访问包尔夫妇时，余光中意外地在包尔家的墙上，发现美国已故画家伍德的翻版油画。余光中家中也有这幅画。更出乎意料的是，伍德曾在爱荷华大学教授艺术课。据安格尔说，深受爱荷华读者喜爱的伍德，为了使自己的作品有更多的读者，能更快地走向世界，便到巴黎去学印象主义、抽象主义，由此失去了自己的风格。余光中由此想到那些一心追求天边彩虹的人，却忽略了身边的玫瑰，这正是许多舍近求远者的通病。联想到自己不远万里来到他乡异国，让蓝眼睛的老师用英文教黄皮肤学生创作，这不也和伍德一样舍近求远吗？余光中牢记自己是炎黄子孙，写作应用母语不用英文。中国有五千年悠久的历史文化，而美国的历史文化远没有这样灿烂辉煌。这些文化根底不厚的外国人却用英语来教中文写作，岂不有点荒唐？难怪上面所引余光中的诗中，有"在国际的鸡尾酒里，/ 我仍是一块拒绝融化的冰"的句子。

"我的缪斯是男性"

佛罗斯特是 20 世纪美国新诗运动第一代著名作家，曾四次获得普立策奖。到 20 世纪 50 年代末，他已进入"渐远于人，渐近于神"的境地。哪怕到了 85 岁，他仍活跃在诗坛，常出现在《时代周刊》和外国诗集中。还未到新大陆前，余光中已翻译过他的作品《请进》《水与火》《不远也不深》《雪尘》。

1959 年，佛罗斯特到爱荷华大学访问。正在这里攻读硕士学位的余光中，一天之中竟连见他三次。

4 月 13 日下午，在一间小教室里。当这位在美国现代诗史上闪耀着光芒的名字还原为血肉之躯，"还原成一个微驼略秃但神采奕奕的老叟，还原成一座有弹性的花岗岩，一株仍然很帅的霜后的银桦树，还原成一出有幽默感的悲剧，一个没忘记如何开玩笑的斯多伊克"[1]，余光中的眼睛不觉润湿了。他似乎听到了历史的骚响。

去迟了的余光中，只见教室里挤得水泄不通，只好站在墙角。这种位置只容他看见大师微驼的背影、半侧的脸和满头的银发。当有人问佛罗斯特有无读过别人批评他的文章时，他不屑一顾地说："我从来不读那种东西。每当有朋友告诉我说某人发了一篇评我的文章，我就问他那批评家是否站在我这边，如果是的，那就行了。当朋友说，是的，不过颇有保留，不无含蓄，我就说：让他去含蓄好了。"

佛罗斯特要求批评家站在他那一边，无异于取消了批评家的独立人格。佛罗斯特不可能不看批评他的文章，但他的回答充满了自信，

---

[1] 余光中:《余光中集》第四卷，百花文艺出版社 2004 年版，第 35 页。

因而同学们报以热烈的掌声。

当有人问他在大学里如何教学生创作时，他看了一下身旁的安格尔说："我和保罗都是干这一行的，谁知道该怎么教呢？教莎士比亚？那不难——也不容易，你得把莎士比亚的原文翻译成英文。"

有学生还要佛罗斯特解释自己的作品《指令》，他回答说这是批评家的责任。如果我说穿了，批评家就要失业了。

整个提问杂乱无章，最后才有一个同学接触了诗的定义这一重要理论问题。佛罗斯特回答说："诗是经翻译后便丧失其美感的一种东西。"又说"诗是许多矛盾经组织后成为有意思的一种东西"，不久他又补充一句："当然这些只是零碎的解释，因为诗是无法下定义的。"他认为"有余不尽"是他写诗追求的目标——那便是说，在水面上我们只能看见一座冰山的小部分，藏在水面下的究竟多大，永远是一个谜。他又说："我完全知道自己任何一首诗的意义，但如果有人能自圆其说地做不同解释时，我是无所谓的。有一次，一位作家为了要引用我的诗句，问我是否应该求得我的出版商的同意。我说：'不必了吧，我们何不冒险试一次呢？'"

美国诗人佛罗斯特（1874—1963）

诗创作课结束后，安格尔把班上包括余光中在内的三位来自东方的同学介绍给佛罗斯特，并一起合影留念。

第二次见面是同晚的诗歌朗诵会上。这位老人致辞简短，却引来了全场活跃的掌声。他的朗诵带有浓重的新英格兰乡土味的余音。余光中永远记得他自诵其"兴于喜悦，终于智慧"之诗，尤其是《雪夜林畔小驻》：

> 林中是迷人，昏黑而深邃，
> 但是我还要赴许多约会，
> 还要赶好几英里路才安睡，
> 还要赶好几英里路才安睡。

佛罗斯特说自己偏爱言简意赅的双行体。有一次，他在自己的电视节目将完时，忽然想起了两行：

> 啊上帝，饶恕我开你的小玩笑，
> 则我也将你开的大玩笑忘掉。

佛罗斯特亦庄亦谐的演说结束后，欢迎佛氏的鸡尾酒会开始。当安格尔介绍余光中时，佛罗斯特问他认不认识他的学生乔治·叶（叶公超），并向其了解台湾诗坛现状。关于后者，余光中回答说："人才很多，军中尤盛，只是缺少鼓励。重要的诗社有蓝星、现代、创世纪三种。"

第三次见面是在深夜，余光中在安格尔家中和这位大师握手、对谈，然后请他在诗集上签名留念，并再次合影。

在佛罗斯特生前，余光中写有《记佛罗斯特》。四年后，佛罗斯特的银发被死神摘去，余光中写了《死亡，你不要骄傲》。1979年，余光中又写了《马蹄鸿爪雪中寻》，把佛罗斯特与李白、苏轼相比，认为佛罗斯特更接近儒家，文中并附上自己新译的《雪夜林畔小驻》。

现在，佛罗斯特的巨大背影已融入历史，余光中珍藏的四张照片更具有纪念意义。在回忆完与佛罗斯特的交往经过后，余光中接着论述了佛氏在英美现代诗坛的特殊地位：第一，他是现代诗中最美国的美国诗人。在这方面，可以和他媲美的是桑德堡。"如果说，桑德堡是工业美国的代言人，则佛罗斯特应是农业美国的先知。佛罗斯特不仅是歌颂自然的田园诗人，他甚至不承兹华兹华斯的遗风。"其次，在现代诗中，佛罗斯特是一位独立的巨人。他没有创立任何诗派，却创造了一种新节奏，以现代人的活语言的腔调为骨干的新节奏。在美国，没有桂冠诗人的设置，但由于艾森豪威尔聘他为国会图书馆的诗学顾问，肯尼迪请国会通过颁赠他一块奖章，他实际上已是不冠的诗坛祭酒了。身受在朝者的礼仪和在野者的崇拜，佛罗斯特不是呼之即来挥之即去的御用文人，也不是媚世取宠的流行作家。美国朝野敬仰他，正因为他具有这种独立的敢言精神。当他赞美时，他并不纵容；当他警告时，他并不冷峻。读其诗，识其人，如攀雪峰，发现峰顶也有春天。在他生前，世界各地的敏感心灵都爱他，谈他。佛罗斯特已经是现代诗的一则神话。现在他死了，为他，我们觉得毫无遗憾。然而为了我们，他的死毕竟是自由世界的不幸。美国需要这么一位伟人，需要这么一位为青年所仰望的老人，正如一个世纪前，她需要爱默生和林肯。

佛罗斯特的照片一直挂在余光中的厦门街书房的墙上。哪怕是出国，余光中也要把它装入旅行箱中，让这位大师和自己做伴，以减轻旅途的寂寞。余光中总是对文朋诗友说：别人的缪斯是女性，"我的缪斯是男性"，是佛罗斯特。

梵谷成了他的第二自我

1853 年生于荷兰布拉班特的梵谷 [①]，家族中有不少人是神职人员。梵谷曾到比利时的一个矿区传播福音，被教会认为有失身份而被开除。突如其来的打击，促使梵谷把全部情感倾注到艺术上。弟弟西奥支持他，梵谷后来取得了极高的艺术成就。

作为赤心热肠的苦行僧，梵谷关切社会，对人民一片忠心，所有这一切均喷洒在他一幅幅白热的画中。他不为艺术而艺术，而是把具有宗教情操的生命体验传达给受众。他说："无论在生活上或绘画上，我都可以完全不靠上帝。可是我虽然病着，却不能没有一样比我更大的东西，就是我的生命，我的创造力……在一幅画中我想说一些像音乐一样令人安慰的东西，在画男人和女人的时候，我要他们带一点永恒感，这种感觉以前是用光轮来象征，现在我们却用着色时真正的光晕和颤动来把握。" [②]

比起其他人来，余光中的阅读对象除小说、散文、新诗外，还增加了人物传记，尤其是艺术家的传记。他曾告诫作家："诗人们如果能多读生命，少读诗，或者多读诗，少读理论，或者读理论而不迷信理论，那就是创作的幸福了。"多读生命，尤其是超越时间而不朽的艺术生命，可使自己的灵魂得到升华。在群星灿烂的艺术家中，余光中最推崇梵谷。范我存可算是余光中的启蒙老师。那时他们正在热恋。范我存处的梵谷画册，为两人的恋爱生活增加了新的话题。余光中第一眼看到梵谷画的向日葵时，深受震撼，像面对一场挥之不去却又耐人久看的古魔，

---

① 梵谷通译为梵高。余光中后来改用流行译法梵高。鉴于前期余光中的著述乃至书名均采用"梵谷"，故这里仍保留，下同。

② 余光中：《从徐霞客到梵谷》，九歌出版社 1994 年版，第 123 页。

《向日葵》，梵高作品

"觉得那些挤在瓶里的花朵，辐射的金发，丰满的橘面，挺拔的绿茎，衬在一片淡柠檬黄的背景上，强烈地象征了天真而充沛的生命，而那深深浅浅交交错错织成的黄色暖调，对疲劳而受伤的视神经，真是无比美妙的按摩。"至于向日葵以外的画作，初步印象却是主题低级，技巧拙劣，但无法否认这些作品的真实性，洋溢着生命的、沉重而庞大得几乎等于现实全部的压力，由此余光中经历了从"逆眼"到"顺眼"，从"顺眼"到"悦目"，从"忍受"到"享受"，最后是"夺神"的过程。在重新调整了自己的美感价值后，余光中由此跨入了现代艺术之门，便在 27 岁译起史东的《梵谷传》来。

为译这本书，余光中做了一定的艺术积累，并早已打下英文的根底。梁实秋得知后，曾劝他节译，可余光中非常自信，下决心跑完这一全译长途。余氏在《壮丽的祭典》中回忆道："我不但在译一本书，也在学习现代绘画，但更重要的是，在认识一个伟大的心灵，并且借此考验自己，能否在他的感召之下，坚持不懈，完成这桩长期的苦工。"

在翻译过程中，余光中曾得到范我存的大力帮助。是她，帮其抄写整理。写得密密麻麻的三十万字格子稿纸，为求简捷方便，余氏有时还在稿纸反面写上一封情信，故在婚前的回忆里，梵谷其人其画均是余光中和这位表妹共同的精神大餐。

27 岁踏上艺坛的梵谷，37 岁时在奥维赤日炎炎似火烧的酷热下，面对将永远释放太阳能的向日葵，勇敢地扣动扳机，结束了自己年轻的生命。梵谷这位"红头疯子"坎坷的一生，使还是惨绿少年的余光中深受震撼，余后来回忆道："本已身心俱疲，又决定要揽下这么一件大工程，实在非常冒险。开始的时候，只觉不胜负担，曾经对朋友说，

'等到我译到梵谷发疯的时候，恐怕我自己也要崩溃了。'可是随着译事的进展，我整个投入了梵谷的世界，朝夕和一个伟大的心灵相对，……在一个元气淋漓的生命里，在那个生命的苦难中，我忘了自己小小的烦忧……就这样，经过了十一个月的净化作用，书译好了，译者也渡过了难关。梵谷疯了，自杀了，译者却得救了。"

余光中的第三本评论集《从徐霞客到梵谷》，内收四篇探讨梵谷艺术的文章。1990年正值梵谷仙逝百载，余光中写了一万五千字的长文《破画欲出的淋漓元气》，内分六节概括了梵谷疯狂痛苦的一生，以及他各个创作时期的特点。同年七月中旬，余光中伉俪千里迢迢飞到荷兰观赏梵谷的百年大展，后又去巴黎北郊凭吊梵谷兄弟的双坟。回来后写成知性的《壮丽的祭典》，另有感性的《莫惊醒金黄的鼾声》。在出访前的四月份，他还一连写了《星光夜》《荷兰吊桥》《向日葵》三首诗，全部均以梵谷的画为主题。余光中自称1990年是他的"梵谷年"。

余光中回忆道：动手翻译《梵谷传》时正值身心困顿，自觉像一条起锚远征的破船，能不能抵达彼岸毫无把握。不久，梵谷附灵在他身上，成了他的第二自我，他暂时抛开个人的烦恼，去担梵谷之大忧，去陪梵谷下煤矿，割耳朵，住疯人院，自杀。梵谷死了，他的第二自我不再附身。之所以如此，除献身、博学、进取等艺术精神一脉相承外，在艺术风格上，两人也有相近的地方，余光中一再称赞梵谷的画"肺腑内炽，感奋莫名，像是和一股滚滚翻腾而来的生命骤然相接，欲摆脱而不能"。造成这种美感的原因是"笔挟风雨一气呵成"的节奏感，其次是奇异的光辉，这点来自梵谷大胆运用的几种强烈的主色。

译完了《梵谷传》，余光中的美学观发生了重大变化，他重新为美下定义并划分美与丑的区分标准。梵谷的巨大凄苦、自残及艺术上的辉煌成就，给余光中的印象实在太深刻了，尤其是梵谷的献身精神，是余光中与永恒拔河的巨大动力。在赞美梵谷的名画《向日葵》的诗中，余光中这样唱道：

你是再挣也不脱的夸父
欲飞而飞不起的伊卡瑞斯

每天一次的轮回

从曙到暮

扭不屈之颈，昂不垂之头

去追一个高悬的号召

余光中赞美梵谷时总是提及太阳：梵谷的艺术生命因南部的艳阳而成熟，而璀放。梵谷、麦穗、向日葵，都是太阳之子。对太阳的关注多于太阴的余光中，也是"太阳之子"。这可从他写的《夸父追日》《羿射九日》《落日故人情》《飞行的向日葵》《日不落家》等作品中得到证实。他们两人都会因作品而流芳百世，都将去到灼热的地方，回到正午，回到太阳的光中，回到壮丽的光中。

雪莱：举世仰听的歌手

雪莱（1792—1822）不同于唯美的济慈，他一生崇拜古希腊文化。他在语言和韵律的运用上，堪称一流。主张文以载道的他，把创作当成传播革命思想的一种重要手段。对这位立志要把西风吹成一座竖风琴，要向云雀学习唱歌并使之成为举世仰听的歌手的诗人，余光中读大学时，几乎每天都要朗读雪莱及其他名家的英文诗半小时以上，有时还多达三小时。雪莱十分强调诗的音乐性，认为诗的美由声调造成，诗的传播离不开音乐的翅膀。诗的欣赏如能与朗诵结合起来，将获得更佳的效果。

人过中年，情感就由单纯变为复杂，喜怒哀乐常常挥之不去。面对无法逃避的忧伤，何以解脱？曹操说："唯有杜康。"可余光中并不嗜酒，他的一个重要解忧法是读诗。直到年过花甲，忧从中来时，他仍会朗诵雪莱的《西风颂》。雪莱的另一首诗《印度小夜曲》，同样为余光中所喜爱：

一

在夜晚第一度香甜的睡眠里，
从梦见你的梦中起身下了地，
习习的夜风正轻轻地吹，
灿烂的星星耀着光辉；
从梦见你的梦中起身下了地，
有个精灵附在我的脚底，
引导着我，哦，不可思议，
来到你的纱窗下，亲爱的！

二

四处游荡的乐声已疲惫，
湮没在幽暗静寂的清溪——
金香木的芳馨已经消逝，
就像梦中那甜美的情思；
夜莺一声声泣血的怨啼
已在她的心底溘然死去——
我的生命也必将在你心上停熄，
因为，哦，我所热爱的只是你！

三

哦，请快把我从茵草地上扶起，
我气息奄奄，神志昏迷，衰竭无力！
让你的爱在吻的密雨里降落，
降落在我苍白的嘴唇和眼皮；
我的面颊已经冰凉，惨淡无血！

066

我的心脏音响沉重，跳动迅疾——
哦，再一次把它拥紧在你的心窝，
它终将在你的心窝里碎裂。

　　此诗抒写一位印度小伙子对理想中的窈窕淑女的热烈情感。一旦爱神奔来时，他是那样欣喜若狂。但他也有过甜蜜的忧伤，以致为所爱的人气息奄奄，神志昏迷。当余光中在美国生活孤独时，他一定有诗中的少年期待对方的爱心，快把自己的心"拥紧在你的心窝"那样如癫如狂的感受。此诗写得质朴纯真，热情洋溢，与余光中某些以柔情爱意著称的爱情诗，风格上有一脉相承之处。

　　余光中还写有论雪莱的长文《龚自珍与雪莱》。他论述时将雪莱与龚自珍一起比较。如果不是1974年去香港教书，此文就不会以鸦片战争作为切入口。到香港改行到中文系，这也给余光中探讨龚自珍提供了契机。香港问题的产生，其源出于鸦片战争。在香港回归前夕，人们只谈1997年，而不涉及1842年。正因为余光中在香港，才会痛切思考中英关系，并在思索中萌生起把同年（1792）同月诞生的中英两大诗人相提并论。

　　这是余光中写得最长的一篇文章。作者用五万余字的篇幅，力主以禁鸦片的龚自珍作试金石，把吸食毒品的雪莱磨破了好几层皮，因而使读者觑破英诗的某些虚实。

　　这其实是一篇比较文学论文。作者根据当时的世界大局、中英关系、两位诗人的生平道路，分罂粟篇、声名篇、童心篇、侠骨篇四个方面剖析他们作品的得失和异同。

　　余光中认为，雪莱在19世纪初的诗坛是一大英才。他博学多能，对柏拉图和希腊文学造诣颇深，并精通希腊文、法文、西班牙文、拉丁文，曾翻译过柏拉图的《对话录》、卡尔德隆的《魔术大师》。但比起鸦片战争中最慷慨激昂的诗人龚自珍，雪莱不但不讥讽他人吸食鸦片，相反，由于多愁善感，短短的一生遭遇多次挫折，苦闷之余便托庇于阿芙蓉的暗邃之乡。他自己离不开毒品，出门时带鸦片酊以解剧痛，有时还劝别人为减轻精神苦恼服用鸦片。

天真纯情，执着于理想又昧于世故的雪莱，在有心无意间如此误己误人，这难怪他一生充满悲剧。在生活上，他因放言高论被牛津大学开除；在文坛上，他一生知音甚少，声名未能远播。由于雪莱的思想不合潮流，又沉默颓废，故他受批评家指责甚多。他的无神论思想和遗弃前妻的败德行为，更为社会所不齿。尽管雪莱屡遭苛评，但余光中认为对雪莱的成就无法全盘否定。如他的《普罗米修斯之被释》为一杰作，《倩绮》为出色的诗剧，《阿多尼斯》为英国有数的挽诗，《西风歌》等短篇为抒情诗的名作，而长文《诗辩》则仍为英国文学批评的重要文献。雪莱在 20 世纪之所以跌得重，是因为他在 19 世纪时地位太高了。

人们只知道余光中是一位出色的翻译家，其实，他对外国作家尤其是诗人的研究，也是非常深入的。

济慈：把警句咳在血中

英国浪漫主义诗人济慈（1795—1821），在其未完成的《赫坡里昂》中运用了希腊神话，使其作品更为出色。他和雪莱、华兹华斯一样，是使用弥尔顿式无韵体的大师。济慈最广泛地吸取了伊丽莎白时代作家的传统。他还追求莎士比亚的戏剧客观现实性。闻一多称其为"艺术的忠臣"，"是群龙拱抱的一颗火珠，光芒赛过一切的珠子"。闻一多寄呈友人的作品《忆菊》《秋色》，自认为诗中所体现的最浓缛的作风，有李商隐和济慈的投影。

闻一多所主张的以美为艺术之核心的思想，正是源于东方的李商隐与西方的济慈。济慈在他的《书信集》中谈诗歌理论时，就主张诗人的最大成就是取得"艺术的纯美"，"对一位大诗人来说，美感是压倒其他一切的考虑的，或进一步说，取消一切的考虑"。而这纯美的获得，是由于诗人透过现象，发挥了一种能安心于含糊不定、接近于神秘的境界，而不忙于寻找事实真相和伦理的负面力量，从而超越了利害得失，在深化诗境的同时获得纯美的效果，像莎士比亚就具有这样的艺术才能。正如济慈运用"艺术的纯美"来对抗贵族社会的丑陋一样，闻一多也幻想倡导纯美去获得生活的评价和对社会的批判。[①]

济慈不仅与唐人李商隐相似，而且感性特征鲜明，这一点又与李贺接近。人生无常，济慈与李贺均英年早逝，享年26岁。这本是天才创造力迸发的最佳时期，可他们均受了死神的诱惑而过早地离开了世界。

余光中还在台湾大学读外文系时，就对济慈的作品产生了浓厚的兴趣。在济慈逝世132周年之际，余氏写有《吊济慈》：

> 像彗星一样短命的诗人，
> 却留下比恒星长寿的诗章，
> 透过了时间那缥缈的云影，
> 在高寒的天顶隐隐闪亮。
>
> 谁说你名字是写在水上？
> 美的创作是永恒的欢畅，
> 普照着人类像是太阳，
> 照亮了西土，照亮东方。
>
> 你在烽火遍地的人间，
> 造一座幽邃的伊甸乐园；
> 日落后我常去园中静坐，
> 仰听那深藏的夜莺低啭。
>
> 二十六年的悲惨生涯，
> 凝结成天才的泪珠一颗，

---

① 参看俞兆平:《闻一多美学思想论稿》，上海文艺出版社1988年版，第35页。

缓缓地，默默地，
在世界冰冷的脸上流过。

地中海岸的春波渐暖，
罗马的墓草多么柔软，
你枕的却是异乡的泥土，
不是亲爱的芬妮的臂弯。

雪莱的坟墓就在你近旁，
但云雀和夜莺都已停唱；
一片寂寞落在我心上，
这无声的音乐使我悲伤！

开头通过"彗星"与"恒星"的对比，说明诗人虽死，但其作品还流传在人间。他的名诗《初窥蔡译荷马》《希腊古瓮歌》，经得起时间的筛选，至今还放射出光芒。

济慈在罗马去世时，其生前好友根据他的遗愿，在其墓碑上写道："这里躺着一位诗人，他的名字写在水上。"余光中认为，其名字应写在天上，像太阳普照人类那样，他的作品哺育着西土和东方的许多作家。第三段把济慈的作品比作"深藏的夜莺"，暗用了洋典，即济慈写过《夜莺颂》。末段把济慈的成就与雪莱相比，而这两位都是深受余光中喜爱的诗人，故作者对他们的早逝表达了深深的怀念之情。

1996 年夏季，余光中到英国旅行，专程到济慈的故居瞻仰，到"幽邃的伊甸园"静坐后写了《吊济慈故居》：

岂能让名字漂在水上
当真把警句咳在血中
"把蜡烛拿来啊，"你叫道
"这颜色，是我动脉的血色
一个药科的学生怎会

不知道呢？我，要死了"
写诗与吐血原本是一回事
乘一腔鲜红还不曾咳干
要抢救中世纪未陷的城堡
古希腊所有岌岌的神话
五尺一寸的病躯，怎经得起
冥王与缪斯日夜拔河
所以咳吧，咳吧，咳咳咳
发烧的精灵，喘气的王子
咳吧，典雅的雅典古瓶
那圆满自足的清凉世界
终成徒然的向往，你注定
做那只传说不眠的夜莺
在一首歌中把喉血咳尽

两百年后，美，是你唯一的遗产
整栋空宅都静悄悄的
水松的翠荫湿着雨气
郁金香和月季吐着清芬
像你身后流传的美名
引来东方的老诗人寻吊
——我立在廊下倾听
等一声可疑的轻咳
从你楼上的卧室里传来
唯梯级寂寂，巷间深深
屋后你常去独探的古荒原
阴天下，被一只沧桑老鸦
聒聒，噪破

由于有实地体验，故此诗比《吊济慈》写得充实。两首诗相同之处都是把济慈比作夜莺，并提及"把他的名字写在水上"，但比起1953年写的诗《吊济慈》，《吊济慈故居》更详尽地写出济慈的死因，对这位"发烧的精灵，喘气的王子"充满了怜悯之情。其次，是把"写诗和吐血"联系在一起，认为写诗原本是呕心沥血的一件事。正因为济慈是用生命写作，"当真把警句咳在血中"，所以他的作品才能像郁金香和月季花吐着清香，在其身后流传着美名。

悼亡诗这种文体，在古代主要是作者悼亡妻、亡亲、亡友，以尽其慈夫、孝子、贤者之心。五四以后，悼亡诗的题材与内容有所扩大：不光悼念亲人，也可悼念作者不认识的烈士、领袖和文化名人，变成具有广阔社会意义的抒情诗。余光中这两首诗，便显示了悼亡诗这种文体的新活力。不管是年轻时写的还是68岁时创作的，作者对悼亡的对象均有深挚的情感：由心而诚，由诚而言，由言而诗，这才有别于那种装腔作势的伪笑佯哀，因此写得那样感人肺腑。

给莎士比亚的一封公开信

余光中的新诗创作起步于内地时期。那时他在厦门大学求学，接触到的是郭沫若、臧克家、卞之琳、冯至等人的作品，外加英国浪漫主义诗人及惠特曼的一些作品，主要的发表园地为厦门的《星光日报》。此报曾登过厦大学生从左翼文学的角度攻讦莎士比亚的文章，称莎氏为宫廷的御用文人，余光中看后愤愤不平进行反驳，由此引起一场小规模的论战。作为大二的学生，余光中自然对莎士比亚谈不上有深刻的研究，但密密麻麻的莎胡子的确缠住了许多莎迷和莎痴。作为年轻的莎迷和莎痴，余光中容不得有任何人去捋莎士比亚的虎髯。

1964年4月14日，夜正年轻。黑云母的夜空有白云的皱纹。朱丽叶的月光，似溶了微毒的青芒，凉沁沁地落在莎子莎孙和莎族的皮肤上。抬头，开灯，顺手翻到4月1日出版的《人生》半月刊，内有新儒家钱穆写的《中国文化与中国人》。余光中读了后，先是觉得这位史学家欠缺语法训练，文章似通非通；再看则发现他对西方文化知之甚少，尤其是对莎士比亚一窍不通。他是只"典型的儒家鸵鸟"。"他站在大英国旗的阴影里，梦想着古中国的光荣。他只看见西方的太空人，看不见（或者不承认他看见）西方也有他们的'圣人'，也有他们的苏格拉底和耶稣。他只看见西方的机械，却没有看见西方的民主和自由，所以他十分昏聩地说：中国人讲'道'，重在修身，齐家，治国，平天下。修齐治平是人生理想，人生大道，决不在乎送人上月球——当然也更不是要造几座更大的金字塔。由此他更昏聩地说：中国传统文化理想，既以个人为核心，又以圣人为核心之核心。"

更使余光中感到可笑的是钱穆竟说莎士比亚作品中的人物"皆属子虚乌有"。余光中反驳说：莎士比亚的作品，历史剧占了相当可观的比例，即使莎士比亚的处理未尽属实，至少史有其人，人有其事，岂能顺口说什么"子虚乌有"呢？

余光中不同意钱穆对莎士比亚的批评，并不是要抹杀钱穆其他方面的学术成就。"可是不谈什么中西文化之异同则已，要谈，就得在相当的程度上'知己知彼'，然后才谈得上综观全局，评点得失。夷夏之分，是一种落后的意识。东圣西圣，心同理同，不知西圣，何苦强作比较。"[1]

关于莎士比亚，《余光中文集》中还有一篇针砭时弊的幽默散文《给莎士比亚的一封回信》，现节录如下：

莎士比亚先生：

年初拜读你在斯特拉特福投邮的大札，知悉您有意来中国讲学，真是惊喜交加，感奋莫名！可是我的欣悦并没有维持多久。年来为您讲学的事情，奔走于学府与官署之间，舌敝唇焦，一点也不得要领……

首先，我要说明，我们这儿的文化机构，虽然也在提倡所谓文艺，事实上心里是更重视科学的……我们是一个讲究学历和资

---

[1]《余光中文集》第四卷，百花文艺出版社 2004 年版，第 217 页。

格的民族：在科举的时代，讲究的是进士，在科学的时代，讲究的是博士。所以当那些审查委员们在"学历"一栏下，发现您只有中学程度，在"通晓语文"一栏中，只见您"拉丁文稍解，希腊文不通"的时候，他们就面有难色了。也真是的，您的学历表也未免太寒伧了一点；要是您当日也曾去牛津或者剑桥什么的注上一册，情形就不同了。当时我还为您一再辩护，说您虽然没有上过大学，全世界还没有一家大学敢说不开您一课。那些审查委员听了我的话，毫不动容，连眉毛也不抬一根，只说："那不相干。我们只照规章办事。既然缴不出文凭，就免谈了。"

后来我灵机一动，想到您的作品，就把您的四十部大著，一股脑儿缴了上去。隔了好久，又给一股脑儿退了回来，理由是"不获通过"。我立刻打了一个电话去，发现那些审查委员还没散会，便亲自赶去那官署向他们请教。

"尊友莎君的呈件不合规定。"一个老头子答道。

"哦——为什么呢？"

"他没有著作。"

"莎士比亚没有著作？"我几乎跳了起来，"他的诗和剧本不算著作吗？"

"诗，剧本，散文，小说，都不合规定。我们要的是'学术著作'。"（他把"学术"两字特别加强，但因为他的乡音很重，听起来像在说"瞎说猪炸"。）

"瞎说猪炸？什么是——"

"正正经经的论文。譬如说，名著的批评、研究、考证等等，才算说是瞎说猪炸。"

"您老人家能举个例吗？"我异常谦恭地说。

他也不回答我，只管去卷宗堆里搜寻，好一会才从一个卷宗里抽出一沓表格来。"哪，像这些。《哈姆雷特》的心理分析，论《哈姆雷特》的悲剧精神，从弗洛伊德的观点论哈姆雷特和他母亲的关系，《哈姆雷特》著作年月考，Thou 和 You 在《哈姆雷特》中的用法，哈姆雷特史无其人说……"

"我明白您的意思了。假如莎士比亚写一篇十万字的论文，叫《哈姆雷特脚有鸡眼考》……"

"那我们就可以考虑考虑了。"他说。

"可是，说了半天，《哈姆雷特》就是莎士比亚的作品呀。与其让莎士比亚去论哈姆雷特的鸡眼，为什么不能让他干脆缴上《哈姆雷特》的原书呢？"

"那怎么行？《哈姆雷特》是一本无根无据的创作，作不得数的。《哈姆雷特脚有鸡眼考》就有根有据了，根据的就是《哈姆雷特》。有根据，有来历，才是瞎说猪炸。"

显然，您要来我们这儿讲学的事情，无论是在学历上和著作上，都不能通过的……

至于大作在此间报纸副刊或杂志上发表，机会恐怕也不太多。我们的编辑先生所欢迎的，还是以武侠、黑幕，或者女作者们每一张稿纸洒一瓶香水的"长篇哀艳悱恻奇情悲剧小说"为主。我想，您来这里讲学的事，十有九成是吹了……

敬祝健康

余光中拜上

一九六七年十一月四日

余光中长期在高等学校任教，他对高校重科学轻人文、重论著轻创作、重学历轻水平、重桂冠轻能力，以及评审作品固守主题单一、风格明朗的框框深有体会。作为作家兼学者的余光中，年轻时很可能就是这一轻重失衡的受害者，他才能把那些将学术著作说成"瞎说猪炸"的学阀、学霸调侃得入木三分。那些评审委员居然不知道《哈姆雷特》就是莎翁著作，并迂腐地认为只有考证哈姆雷特有鸡眼才算学问，才算水平，这种幽他一默的笔法，读之令人喷饭。

余光中这篇文章发表已有四十年，可在海峡两岸大学的红砖墙中，一个创造的灵魂仍得不到合理健全的体制鼓励和奖掖。一本优秀的诗集，一本有创意的小说，均不算成果，博士头衔比实际水平更重要，这种冻结天才的学府冷气，不但没有改变，反而有愈演愈烈之势。故此文仍值得重刊——尤其是在内地，如能登在《中国教育报》上，对改变不良的学术机制肯定有刺激作用。

关于莎士比亚，余光中还写有《莎翁非马洛》的考证文章，认为霍夫曼大胆假设英国 16 世纪有名的大诗人兼剧作家马洛即莎士比亚，文献不足，证据不够，不能令人心悦诚服。

艾略特是他不匮的泉源

1888 年生于美国密苏里州的艾略特，是 20 世纪在西方乃至全世界最具影响力的诗人之一。他在 20 世纪 20 年代初获得哈佛大学博士学位，于 1917 年出版处女诗集，1920 年出版评论著作《圣林》。两年后，发表了奠定他在现代文学史上崇高地位的《荒原》。他这种开风气之先的创作和理论建树，对世界现代诗的影响愈来愈大，乃至无人能出其右。1948 年，他还荣获英国的 O.M 勋章与诺贝尔文学奖。

纪弦领衔的现代诗运动，标榜新诗不是纵的继承，乃是"横的移植"，并扬言要放逐抒情，其实就是艾略特诗学的信条"反浪漫主义的、重知性，而排斥情绪之告白"的翻版。在台湾，现代文学的弘扬与艾略特诗学的评介几乎是同步的。作为现代文学先驱的夏济安，他除翻译艾略特的代表作《传统和个人才具》外，还在《文学杂志》上一再发表文章推崇艾略特的诗歌创作和文艺理论。余光中也在 1956 年 9 月号的《文学杂志》上，翻译了艾略特的《论自由诗》，以作为现代诗发展的借鉴。

在留美一年间，余光中几乎读遍了艾略特的所有作品，对其文学成就有深刻的领会，回台后便于 1959 年 12 月写了《艾略特的时代》，详细地介绍了艾略特的生平、文学史上的地位及其影响。余光中十分赞赏艾略特对传统所抱的辩证态度：既反叛传统，又不忽视传统。因为作为一位有建树的评论家，他的观点绝不可能是从天上掉下来的，他必须学习传统，继承前人的遗产；而作为一位有开拓精神的诗人，他又不能株守传统，更不能抱残守缺，而必须超越前人，另辟自己的新天地。此外，余光中提出的"主知"问题，直接标榜来自艾略特。

某些论者认为，艾略特后期创作中带有浓厚宗教氛围的作品对后世影响巨大。其实，艾略特早期以对比为主要表现手段的作品中，含有"时间之乡愁"的历史感的诗作，也不容小视。余光中认为："艾略特的境界正如历史的通衢与个人的小巷交叉的十字路口，渺小而无意义的个人徘徊其中，困惑于大街的纷扰与小巷的阴郁，目眩于红绿灯的交替。这种知识分子的幻灭与压抑感因外界的波动与内心的混乱之交互感应而更形复杂，远非'旧时王谢堂前燕，飞入寻常百姓家'的兴衰之感所能包罗。作一个较好的譬喻，我们可以说，读艾略特早期的诗，犹如俯窥一株水仙花反映在投过石子之水面的破碎的倒影。"如：

> 每天早晨你都能看见我，在公园里
> 读着漫画和体育版的新闻。
> 特别令我注意的常是
> 一个英国的伯爵夫人沦为女伶。
> 一个希腊人被谋杀于波兰舞中。
> 另一个银行的骗局已破案。
> 我却是毫不动容，
> 我始终没有心乱，
> 除非当街头的钢琴，单调且慵困地
> 重复一首滥调的平凡的歌，
> 而风信子的气息自花园对面飘来，
> 使我想起别人也要求过的东西。
> 这些观念是对还是错？

余光中分析道：这种忠于现代生活之偶然性与琐碎性的恍惚迷离的意象，对于捶胸顿足的浪漫主义是一种反抗。起首的两行就"暗示"这位以第一人称"我"出现的人物之卑琐与无聊。第三行至第五行反映出一个没落的世界——英国贵族的式微，希腊传统的荡然，以及现代道德的混乱——然而这些并不足以乱"我"的心。接着是单调的琴音，风信子的气息，对于他人秘密的情欲之一瞬间的同情，结果还是面临困惑。事实上，现代生活就是由这些纷然杂陈的支离破碎的"现象"拼凑而成；美是不太美的，抱歉得很。美本身在 20 世纪便是值得怀疑的东西。艾略特坚持，一位诗人应该能透视美与丑，且看到无聊、可怖与光荣的各方面。在他的诗中，美与丑，光荣的过去和平凡的现在，慷慨的外表和怯懦的内心，恒是并列而相成的。现代主义在美与真之间，宁取后者。现代的大作家，无论是艾略特或奥登，海明威或福克纳，皆宁可把令人不悦的真实呈现在读者面前，而不愿捏造一些粉饰的美，做作的雅，伪装的天真。

余光中与诗人痖弦在香港海湾

20 世纪 60 年代中期，随着艾略特作品的译介，艾氏对台湾文坛的影响日渐扩大。叶维廉、杜国清先后翻译了艾略特的长诗《荒原》，余光中等人则翻译了艾氏较短的作品《一女士的画像》《三智士朝圣行》。在翻译过程中，余光中耳濡目染，无论在创作上还是理论上，均明显受艾略特的影响：长达七十五行的作品《火浴》，以火和水的对比显示选择的困难，后面则写凤凰经由火浴，通过净化而后获得新生，这里除受叶慈的影响外，也从艾略特的《荒原》和《四个四重奏》中汲取过养料。余光中以诗为文，写议论文章喜欢用意象，如《文化沙漠中多刺的仙人掌》《古董店与委托行之间》《象牙塔到白玉楼》，这种风格与艾略特的"意之象"显然有一定的联系。《下五四的半旗》批评胡适不能欣赏艾略特。《记佛罗斯特》开头就引艾略特的名句。在评价痖弦诗作时，云：

> 痖弦的抒情诗几乎都是戏剧性的。艾略特曾谓现代最佳的抒情诗都是戏剧性的，而此种抒情诗之所以杰出也就是因为它是戏剧性的。事实上，艾略特在节奏上的最大贡献也在他的现代人口语腔调的追求。在中国，他的话应在痖弦的身上。

其实，艾略特的话不仅应验到痖弦的身上，而且应验在余光中自己的身上。在余氏《敲打乐》一诗中，出现了"在艾略特垂死的荒原，呼吸着旱灾"的句子。《诗与音乐》一文用艾略特的话作小结。《论明朗》的立论，以艾略特提出的"但丁诗明白易懂"这一观点做理论支撑。《掌上雨》一书中，艾略特的名字出现过无数次。作者借重他不是说明技巧的重要，而是说明现代诗不能忽略传统。正如黄维樑所说：

> 一言以蔽之，艾略特是这位中国诗人兼批评家（余光中）的现代妙思，是他不匮的泉源，助他申明诗学的要义。[①]

---

① 黄维樑：《中国文学纵横论》，东大图书出版公司 1988 年版，第 128 页。

倾倒于披头的迷人音乐

在美国教书期间，余光中这样形容自己无法彻底融入异国的心情：一下飞机，胃就交给冰牛奶和草莓酱，肺就交给新大陆的秋天，头发一天到晚都由落基山的风梳理。这里的日历只标明复活节、感恩节、圣诞节，而找不到清明、端午、中秋和春节。为了解忧，他常常逛书店，另外就是买唱片，听音乐。

1965 年，余光中在异域读了艾略特之后的一些新诗，尤其是"敲打派"的作品给他新的灵感，从此写的作品更富于节奏感。金斯堡的作品，也曾给余光中打开一扇窗户。

余光中阅读外国文学作品，不限于西方，比如苏联青年诗人叶夫图申科的自传还有诗作，他读起来也兴趣盎然。读了各方面作品后，他发现以艾略特和奥登为首的现代诗，作为英诗主流的地位已受到年轻一代的挑战。他还发现在当下美国，比起孤芳自赏的诗人，比起躲在象牙塔内自产自销的作家，鲍勃·迪伦等民歌手的影响要比他们大得多。

余光中年轻时不仅喜欢绘画，而且嗜好音乐。1958 年，余光中首次到美国，听的还是古典音乐，买的也是这类唱片。第二次到美国，古典音乐已让位于民歌，尤其是摇滚乐大行其道。任何一位二流的摇滚乐行吟诗人，如尼尔·杨或约翰·丹佛之流，在一抖发一挥琴之际，都能轻易招来三五千的聆听者，而知名度再高的诗人，在大学校园朗诵，其听众不过区区二百人。

那个年代台湾还未流行摇滚乐。余光中到美国商店买唱片时，发现摇滚乐唱片遍布各个角落，要再找到古典唱片已很不容易。有一回他买回近百张唱片，摇滚乐竟占了绝大部分。

余光中抱着尝试的心情，聆听这些过去很少接触的唱片。开始，他对这一股活力感到好奇，思索着它从哪些源头喷射出来，它满足了什么样的需要。一打开，立即听到铮铮淙淙的吉他，镗镗鞳鞳的鼓，和歌者的慷慨悲歌、激楚吟啸，由此感到摇滚乐也是一种诗，它以吉他为标点，鼓为脉搏，属节奏感特别敏锐的一种诗。在中国歌坛、乐坛，写歌词者不一定会谱曲，伴奏者不见得会演唱，真可谓"敲锣卖糖，各干一行"，而英美的摇滚乐手，却没有这种明确的分工，他们一身而数任：诗、曲、奏、唱全都会，是一种通才。

当余光中了解到摇滚乐的优势后，便亲临现场去感受不但和文学平分秋色，而且还演变成楚凌曹郐之势的"披头"的艺术魅力。那是出生于丹佛的朱迪·柯林斯的演唱会。余光中早就从唱片上领略过这位歌手那柔中有刚的歌声，这次听的却是真嗓子的演唱，听众高达一万四千多人。不同于听古典音乐，来者都是领带当胸，而这回是须发蔽天。在这种场合，即使是古典音乐迷也要入乡随俗，自动解放，除去扼喉之灾的领带。

在丹佛山的红石剧场，当舞台上的聚光灯把灯源集中在这位白衣长发的朱迪身上时，余光中顿时感到年轻了许多。她的歌声令年轻人癫狂，也令余光中感动。回到宿舍，他在思考：古典诗有曲高和寡之忧，现代诗更有解人难觅之叹，而作为年轻一代最最拥戴最引为自豪的一种大众艺术，摇滚乐不存在这些弊端。这就难怪它流行的程度，"不仅凌越了古典音乐，放逐了现代音乐，更侵略到文学的领土上来，迫使现代诗处于负隅困守的窘势"。

余光中这次赴美，还于1971年5月出席了美国著名现代诗人威尔伯诗歌朗诵会。威尔伯是余光中喜欢的现代诗人之一，余光中曾翻译过他的《魔术师》等作品。威氏后为威斯礼安大学英文教授，可通过这次朗诵会，余光中才发现自己对学院派诗人威尔伯的兴趣在减弱。这是因为一方面"自己也是这么一个背负黑板眼望青天一脚学府一脚文坛的半人半马妖，且亦久戴'学院派诗人'之恶谥，难免养成同行相妒同性相斥的倾向。另一方面呢，我对于西洋现代诗，久已过了初恋甚至蜜月的昏迷期，离婚还不至于，新婚之感至少已淡了下来"。正因为兴趣由浓而淡，故余光中这次去参加威尔伯的朗诵会与其说是凑热闹，还不如说是去看现代诗人受冷落。两百人的大厅，只来了八成，与摇滚乐的上万观众形成鲜明的反差。余光中由此感悟到：对二十几年来台湾诗坛流行的"诗非歌，歌非诗，两者必须分离"的观念必须重新加以认识。"诗经，乐府，唐绝，宋词，元曲，无一不在指证：许许多多好诗，都产生在诗和音乐结婚的蜜月，不，蜜朝蜜代。今日英美摇滚乐的盛况，令我益坚此信。"这就难怪每次开车闯红灯，披头的下面两行诗就在耳边响起，令余光中血涌如啸：

> 他在车里炸开了头脑
> 没看清绿灯已换了红灯

别看这诗只短短两行，可给余光中的"诗感"，敢说十倍于当代任何一首学院诗。

回国前夕，余光中翻译了美国音乐家奈德·罗伦的长篇论文《论披头的音乐》，并写了《现代诗与摇滚乐》。他后来的创作，便明显地受了美国民谣和摇滚乐的影响：在诗中增强了音乐性和可诵性，语言也力求简洁自然。《白玉苦瓜》中就有不少这类作品，这标志着他的创作有了质的飞跃。

浸淫于西方现代绘画艺术

在"文星"时期的 20 世纪 60 年代初，余光中不仅创作、论述现代诗，而且常常涉猎西方现代绘画艺术领域。这里讲的"现代"，与作为时间概念的"当代"不同，即还含有现代精神的意思在内："原则上，凡是企图解脱古典绘画的束缚，以追求新观念新价值，并以新形式表现之的作品,皆属现代画的范围。"① 余光中先后写了《毕加索:现代艺术的魔术师》《现代绘画的欣赏》《从灵视主义出发》等长文,系统地介绍西方现代绘画艺术的成就。

现代画和古典画是一组相对的概念。前者不同于后者的地方,在于现代画从理性的观点、常识的范围中解脱出来,打破自然形象的枷锁,或做形式上新秩序的组合,或做内在性灵生活的探索。而古典画把追随自然作为自己的使命,故给人千人一面之感。通常认为,现代画始于19世纪中叶崛起的法国印象主义。如果从1863年首次印象派画展算起,现代画已走过整整一世纪。"严格说来,现代绘画应该始于所谓'后期印象派'的塞尚、梵高与高庚:塞尚的兴趣偏于形式,梵高的影响偏于内容,高庚似乎兼有两者。是以前承三人而后启抽象主义的现代画重要派别,似乎可以归入两类,其偏于形式安排者为野兽主义,立体主义,其偏于内容之把握者为表现主义,超现实主义。现代画之发展大致如此。"②

在论述现代画的特征时,余光中强调:"所谓'反叛传统'只是创作家借以自励(同时也是必要)的态度,并不存在于艺术史家心目之中。千万不要以为现代画便完全否定了古典画的价值,而且,像维纳斯诞生于海浪一样,转瞬便已成形。"事实上,现代画一面超越传统,一面又在不断吸收传统的营养。毕加索之所以被奉为"上帝第八日之创作",其过人之处正在于没有把传统放一把火烧光,而是综合了一切传统,启发了一场新的运动。现代画对传统的辩证态度,深深地影响了余光中。余光中在和他人论战时,便这样解释新诗与传统的关系:"新诗是反传统的,但不准备,而事实上也未与传统脱节;新诗应该大量吸收西洋的影响,但其结果仍是中国人写的新诗。"

现代画与传统画的最大不同之处在于前者画得"光怪陆离",毫无规则可寻。余光中劝这类看不惯、看不懂的观众不要急于诉苦,而应多花点时间去尝试,去接受。"艺术品的传达是双方面的。艺术的优秀和观众的准备,皆是必须的条件。准备不够成熟而断言作品不好,一

① 《余光中集》第四卷,百花文艺出版社2004年版,第73—74页。
② 《余光中集》第四卷,百花文艺出版社2004年版,第75—76页。

半损失仍在观众。"余光中以自己的经验为例：在译《梵谷传》前的四五年才开始接触到梵谷（即梵高）的作品，开始他觉得梵高的画非常丑陋难以接受，但后来终于接受并喜爱它了。接着，余光中对观众应有什么基本认识，给了下面几点建议："用你的直觉去体验，不要用你的理性去了解；有了体验，自然会有了解。艺术的欣赏等于生命的再经验"；"永远用直觉作被动的接受，仍是不够的。等到你久久欢喜一张画后，你也许就会不安于相看两媚妩的忘我境界，而要主动去发掘一些象征的意味，整理一些形式的秩序，研究一些创作的原则。对于每一件作品，每一位画家，你应该能攫住其基本的技巧及精神"。

从艺术大师到大中学生，大都把看不懂的画视为印象派或抽象派，或象征派。余光中认为，这三者是有区别的。拿抽象艺术来讲，广义的是指从立体主义、米罗、克利，以迄今日的纯抽象画，凡或多或少扬弃自然外貌的作品，皆得谓之抽象画。狭义的，是指纯粹的抽象画，乃指完全放逐自然外貌而以色彩、线条等最基本的媒介来表达画家内在性灵的作品。无论是广义还是狭义，抽象派都是反对印象派的。凡属印象画，皆或多或少地貌似自然，绝不至于不可辨认物体。读者比较印象派和抽象派的作品，当可明白。

梵高在艺术风格和艺术技巧上，对余光中影响最大。此外，法国印象主义画家群及现代绘画艺术集大成者毕加索，也是余光中推崇的西方艺术家。余光中之所以把毕加索视为最重要的现代艺术大师，是因为他多才、多产、多变，无人能与其匹敌。他创作的作品包括油画、石版画、铜版画、树胶水彩画、铅笔画、钢笔画、水墨画、炭笔画、剪贴、雕塑、陶器等等。至于风格多变，毕加索"简直是航行于没有航海图之海中的奥狄西厄斯，不，简直是不可指认的善变之海神普洛丢斯。他消化过土鲁斯·劳特累克和德加，他能就库尔贝和德拉克鲁瓦之原作变形，他能画得像新古典大师安格尔那么工整凝练，也能像文艺复兴大师拉斐尔那么和谐端庄。从早期的自然主义到表现主义，从表现主义到古典主义，然后是浪漫主义、写实主义、抽象主义，复归于自然主义。然而毕加索并不是艺苑的流浪汉，随波逐流而无主见"①。余光中自称是"艺术上的多妻主义者"。就艺术风格多变有如魔术师之探囊取物来说，余光中与毕加索显然有一脉相承之处。

余光中写于1961年的《毕加索——现代艺术的魔术师》，虽然只是论文而不是专著，但带有评传性质。在此文中，余光中将毕加索的创作分为九个时期论述：蓝色时期，玫瑰时期，原始时期，立体主义时期，铅笔画像时期，古典时期，变形时期，表现主义时期，田园时期。任何分期都是相对的。把艺术家的创作切割成几段，有如抽刀断水，武断而笼统，但这是评论家必做的工作，它有助于观众从不同时期了解毕加索的艺术创作道路。

余光中不仅评西方现代画，同时也评台港现代画。他除不断诠释现代画家刘国松的艺术风格外，还十分关注楚戈、罗青、何怀硕以及香港乃至南洋的当代华人画家的创作近况。除写画评外，他还有画册序。在20世纪60年代初，余光中为台湾现代画的主要团体"五月画会"写年度综述，如《朴素的五月》，系为"五月画会"赴美展览预展而写的评论。文中所说的"朴素"，是指除廖继春外，其余展出的作品都是纯抽象的，而且是单色的，并是以灰黑为主调的单色。文章逐一评论了廖继春、杨英风、胡奇中、冯钟睿、刘国松、庄喆、王无邪、吴璞辉、谢理发、韩湘宁、彭万墀等十一人的近作特征，并肯定了这些画家东方的自觉：开始追求一些正面的价值和自然的表现，而逐渐免于西方现代主义那种"痉挛式"的紧张和混乱。

众所周知，余光中曾一度迷恋西方文艺，错把西方等同于现代。后来，他从西方现代画的优劣处得到启发，终于告别写实与感伤，跟虚无说声再见，从而深刻反省西化的意义和局限，认识到西化不是最终目的，而是一种建立具有现代意义的中国新诗的手段；西化是现代化的充分条件，把西化当作手段，可以西而化之；以西化为目标，就不可避免走向"恶性西化"。他在《万圣节·自序》中更坦白承认自己"在新大陆时，深受现代画的启示，大部分作品有抽象的趋势，渐渐摒弃了装饰性和模仿自然，转而推出一种高度简化后的朴素风格"。故余

---

① 《余光中集》第四卷，百花文艺出版社2004年版，第61—62页。

（左起）余光中与许倬云、刘国松于香港，1978 年

光中著文肯定"五月画会"的朴素风格，其实也是自己艺术实践的总结和反思。正是现代绘画，尤其是后期印象主义的艺术观念加速了余光中早期艺术观念的转变，余光中后来才能大胆地批评五四时期众多作家创作上的缺陷："在艺术和音乐上他们似乎不知道印象主义是怎么一回事，不知道莫奈和德彪西以后发生了什么。……自由主义的作家们，似乎只知道浪漫主义，只知道雪莱和歌德。左倾的作家们，似乎只知道自然主义和写实主义，只知道左拉、高尔基、易卜生。……左倾的作家们要用阶级斗争的批评眼光去看我国的伟大传统，其他的作家们也或多或少地盲目否定了传统中的某些精华。在改造社会的热忱之中，他们偏重了作品的社会意义，忽略了美感的价值。""左倾作家们"在内地，从来都是视西方现代派为腐朽没落的艺术，对现代画的批判也不脱这一窠臼，因而余光中的批评有相当强的针对性。

第四章

在李杜悠悠的清芬里

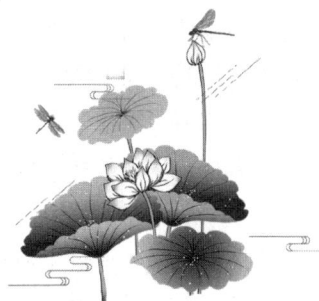

在古典悠悠的清芬里，我是
一只低回的蜻蜓

与李白同游高速公路

生于大唐帝国鼎盛时期的李白，夙有"济苍生""安社稷"的远大抱负，希望得到君王的赏识。这一愿望落空后，他便把满腔怨愤化为诗文，成为继屈原之后又一位杰出的浪漫主义诗人，其成就在中国诗歌发展史上居于巅峰的地位。

李白那独立不倚、傲岸脱俗的人格，以及他那意境开阔、笔力雄浑的诗风，对唐代和后代均产生过巨大的影响，如宋朝的苏轼、陆游，明代的高启，清代的龚自珍，都从他诗作中汲取过丰富的营养。尤为可贵的是，李白的浪漫主义精神，其影响已远远超出诗界和文坛，而成为中华民族瑰丽的文化典范和代表。

正如杨景龙所说：如果说在身份境遇所决定的思想感情上，余光中最认同屈原；那么，在气质、才情和诗艺上，余光中最心仪的诗人就是李白。在余光中那里，李白就是中国诗人和诗歌的象征。早在1950年写的《沉思——南海舟中望星有感》里就有如下句子："我想起中外的无尽天才：/ 最高的星星莫非是李白？/ 最亮的星星一定是雪莱。"在思考生命价值的《狗尾草》中他写道："最后呢谁也不比狗尾草更高 / 除非名字上升，向星象去看齐 / 去参加里尔克或李白 / 此外 / 一切都留在草下。"表现"文革"动乱的《凡有翅的》有句："李白的脸上贴满标语 / 杀尽九缪斯为了祭旗。"《在冷战的年代·后记》里又说："让萨特或李白的血流到自己的蓝墨水里来，原是免不了也是很正常的现象。"上举数例中，李白都是作为中国诗人和诗歌的代表出现的。追步李白，是余光中对自己的期许，写于1978年12月的《与永恒拔河·后记》有这样一段话："所求于缪斯者，再给我十年的机会，那里竟无鬼神俱惊的杰作，也就怨不得她了。"可知他的理想是写出李白式的"笔落惊风雨，诗成泣鬼神"的杰作。余光中曾将李白与杜甫做过如下比较："杜甫易学，而李白难学。至少我们可以这么说：李白的诗蹑虚而行，纯然是一片意境，没有留下创作方法上的任何轨迹；杜甫的诗……提供了千汇万状的创作方法。……后之诗人都挤到草堂里去上课，而不去采石矶学捕水中之月，原是非常自然的事。"在理性上他明知李白的诗难学，但在创作中他还是恋恋不舍追摹李白，不仅传其衣钵，而且得其神髓。对此我们只能做这样的理解，那就是他与李白性格气质相近，艺术趣味相投，所以两颗相隔千年的异代诗心才能够密合无间，相通相融。① 这从他 1980 年四五月间写的《戏李白》《寻李白》《念李白》以及 1985 年写的《与李白同游高速公路》可看出。

下面是《戏李白》：

> 你曾是黄河之水天上来
> 　　阴山动
> 　　龙门开
> 而今黄河反从你的句中来
> 　　惊涛与豪笑
> 　　万里滔滔入海
> 那轰动匡庐的大瀑布
> 　　无中生有
> 　　不止不休
> 　　可是你倾侧的小酒壶？
> 黄河西来，大江东去
> 此外五千年都已沉寂
> 有一条黄河，你已够热闹的了
> 大江，就让给苏家那乡弟吧
> 　　天下二分
> 　　都归了蜀人

---

① 杨景龙：《蓝墨水的上游》，《诗探索》2004 年秋冬卷，第 336—337 页。

你踞龙门
他领赤壁

余光中对李白的景仰和尊敬，可从"黄河反从你句中来"看出。作者甚至说庐山的瀑布是从李白的小酒壶内倾泻而成，更可见余光中为这位诗仙的倾倒。但如果满足于这样写，还不是余光中。余光中与他人不同之处，是用游戏笔墨来表示对这位大诗人的仰慕。寓庄于谐，正是此诗艺术上的一个显著特色。作者十分佩服李白笔下的黄河、庐山比真水真山更雄奇，可又偏指责李白口出狂言，"无中生有"，而且径直将诗题标为"戏李白"，后来还拿写"大江东去"的苏轼作"陪斩"，这本身就是一种巧妙的戏谑和幽默，使那些迷恋李白山水诗的读者更觉李白的作品波涛浩瀚，崖岸峥嵘，气壮山河。不过作者采用诙谐的形式，绝不是玩弄文字游戏，而是借生动的文笔赞李白写山水时妙思翩飞，灵心独绝。反过来，余光中随便戏谑古人，劝李白不要过分"狂妄"，独占山河，将另一半"天下"转让给"苏家乡弟"，这本身也是一种匠心独运的笔墨。

此诗始终围绕着"戏"字曲折成章，力避正面的赞扬。在气势与情调上，深得李白七古之神韵。在结构上，既自由又严谨。即是说，它虽不是格律诗或半格律诗，但仍讲究部分的对称和比例，像"你曾是黄河之水天上来"与第四句"而今黄河反从你的句中来"，结构相似，意思相对，古今互证，相映成趣，不仅新其节奏，而且新其意象；不仅异其语言，而且异其观点，正如作者自己在《隔水观音》中所说："不甘落于平面，更不甘止于古典作品的白话翻版。"至于"你踞龙门／他领赤壁"，不仅"踞"与"领"字用得妙，而且这种对仗句式给这首参差错落的自由诗增加了整饬之趣和严谨之美。其他短句的设计也使中国文字发挥出极大的弹性，同时造成作者与他人迥异的风格。此诗的"附记"也写得风趣："把中国两大圣水都给了南人，对北人似乎有失公平。或许将来北方会出一位大诗人，用雄词丽句把黄河收了回去，亦未可知。"

殷璠谓李白诗"奇之又奇，自骚人以还，鲜有此体调"，读余光中此类诗亦有同感。余光中长期在西洋文学中浸淫，而对自己的老祖宗却如此情韵绵绵，念念不忘，除了余氏的浪漫主义气质与李白相通外，也可看出余光中对"纵的继承"的热情。另一首《寻李白》从李白"失踪"写起，以李白乘风归去终结。围绕着"寻"字，要人们从醉乡、仙乡及漫游途中寻找，结尾意象奇诡：把瀑布看成银河落九天的李白，他如生在现代也会把酒杯旋转成闪光的飞碟。这样写，突出了李白性格中的豪、狂、雄、奇。在文体上，"全诗长达五十来句，是一首自由舒展的现代'古风'，作者妙手巧施，触处生春，奇句俊语，联翩而至，笔力愈转愈劲，想象愈出愈奇。沈德潜曾高度评价李白七言古诗的天纵才气：'想落天外，局自变生。大江无风，波浪自涌。白云从空，随风变灭。此殆天授，非人可及。'赵翼也说李白诗：'不可及处，在乎神识超迈，飘然而来，忽然而去，不屑屑于雕章琢句，亦不劳劳于镂心刻骨，自有天马行空，不可羁勒之势。'把这些评语移来评价深得'太白遗风'的余氏《寻李白》一类现代'古风'，也是较为恰切的"[1]。

《寻李白》诗前引了杜甫的诗句："痛饮狂歌空对日，飞扬跋扈为谁雄。"《念李白》诗前引的是李白的诗句："我本楚狂人，凤歌笑孔丘。"通篇写李白无端地纵笑、仰天长笑、临江大笑加上远笑、傲笑，压倒了世人对他的窃笑、冷笑，乃至"儒冠三千不敢再笑你"，故被囚了62年的李白，现在已绝对自由了。

过了五年，余光中又用戏剧化的独白写了一首妙趣横生的《与李白同游高速公路》：

> 刚才在店里你应该少喝几杯的
> 进口的威士忌不比鲁酒
> 太烈了，要怪那汪伦
> 摆什么阔呢，尽叫胡姬
> 一遍又一遍向杯里乱斟
> 你该听医生的劝告，别听汪伦

---

① 杨景龙：《蓝墨水的上游》，《诗探索》2004年秋冬卷，第336、339页。

肝硬化，昨天报上不是说

已升级为第七号杀手了么？

刚杀了一位武侠名家

你一直说要求仙，求侠

是昆仑太远了，就近向你的酒瓶

去寻找邋遢侠和糊涂仙吗？

——啊呀要小心，好险哪

超这种货柜车可不是儿戏

慢一点吧，慢一点，我求求你

这几年交通意外的统计

不下于安史之乱的伤亡

这跑天下呀究竟不是天马

跑高速公路也不是行空

速限哪，我的谪仙，是九十公里

你怎么开到一百四了？

别再做游仙诗了，还不如

去看张史匹堡的片子

——咦，你听，好像是不祥的警笛

追上来了，就靠在路旁吧

跟我换一个位子，快，千万不能让

交警抓到你醉眼驾驶

血管里一大半流着酒精

诗人的形象已经够坏了

批评家和警察同样不留情

身份证上，是可疑的"无业"

别再提什么谪不谪仙

何况你驾照上星期

早因为酒债给店里扣留了

高力士和议员们全得罪光了

贺知章又不在，看谁来保你？

——六千块吗？算了，我先垫

等《行路难》和《蜀道难》的官司

都打赢之后，版税到手

再还我好了：也真是不公平

出版法哪像交通规则

天天这样严重地执行？

要不是王维一早去参加

辋川污染的座谈会

   我们原该

搭他的老爷车回屏东去的

这里除把诗仙嗜酒豪放写得淋漓尽致外，还用近乎"无厘头"的手法，把醉汉驾车、交通事故、环境污染、肝硬化上升为七号杀手、出版法没有严格执行等社会问题反映出来了。回溯游仙诗，回溯李白与汪伦、贺知章的友情，回溯王维的田园诗，回顾安史之乱的伤亡人数，对余光中来说，不是迷恋骸骨，而是强化现代诗的纵深历史感。由汪伦写到当今武侠名家，由酒瓶写到货柜车，由游仙诗写到史匹堡的片子，这种古今超现实的结合，使诗更富于立体感，也方便回答读者"现代诗从何而来"的问题。

"五四"以来，用现代诗为古代诗人尤其是为李白造像者不少，而能够做到古代与现代联姻的毕竟不多。余光中歌咏李白的系列诗篇，其意义不仅在于开风气之先，而且在于他敢把古人现代化的独创性。

为杜甫写"传记"

少年时为逃难一路颠沛流离的余光中，喜欢上"同是天涯沦落人"的杜甫，用了许多笔墨写这位诗圣。

余光中认为，杜甫是一位综合性的艺术家：他有广度，也有深度；有知性，也有感性；有高度的严肃，也有高度的幽默；能平易，亦能矜持；能工整，亦能变化。

"晚节渐于诗律细"的杜甫，有些作品看似不合文法，如"永夜角声悲自语，中天月色好谁看"，依散文语法应读为"永夜角声自语悲，谁看中天好月色"。可这样一改就不是"酒"而是"水"了。杜甫的原句无论声韵还是音节均上乘，人们还觉得非如此则读起来不过瘾。①

关于杜甫对同代诗人的影响，余光中认为元白所继承自杜甫的，是他的广度，不是他的深度；是知性，不是感性；是严肃，不是幽默；是平易和工整，不是矜持和变化。元白所扬弃的，中晚唐的其他诗人加以吸收，尤其突出者，当推中唐的韩愈和晚唐的李商隐。韩李学杜，皆自难处着手，李复转学于韩，比韩复杂，也比韩成功。

中年以后，余光中主要不是凭借年轻时的才气，而是借助知识的积累，尤其是对中国传统文化的认知，写了不少为文学史上著名诗人塑像的作品。关于歌咏杜甫的有《紫荆赋》中的《不忍开灯的缘故》：

> 高斋临海，读老杜暮年的诗篇
> 不觉暮色正涉水而来
> 苍茫，已侵入字里和行间
> 一抬头吐露港上的暮色
> 已接上瞿塘渡头的晚景
> 浅浅的一盏竹叶青
> 炙暖此时向北的心情
> 想雉堞陡峭，凭眺的远客
> 砧杵声里，已经五旬过半了
> 正如此际我惊心的年龄
> 不信他今年竟一千多岁了
> 只觉他还在回音的江峡

---

① 余光中：《掌上雨》，时报文化出版公司1986年版，第89页。

后顾成都，前望荆楚
亦如我悬宕于潮来的海峡
天地悠悠只一头白发
凛对千古的风霜，而这便是
当薄薄的灰色渐稠渐密
在变色的暮色里我迟迟
不忍一下子就开灯的缘故

在暮色中读老杜不是青年也不是壮年而是"暮年的诗篇"，所表现的是作者"五旬过半"这一惊心年龄中潜藏的向晚意识。把当代的吐露港与古时的瞿塘峡联系起来，把彼岸"回音的江峡"与此岸"潮来的海峡"贯通起来，可看出诗人明写的是杜甫，暗写的是"悠悠只一头白发"的自己。

所谓向晚意识，就是李商隐讲的"夕阳无限好，只是近黄昏"。余光中那时还不到花甲之年，他就敏锐地感觉到"暮年"正和"暮色"一起涉水而来。诗中所表现的迟暮伤感，体现了人性的真实。

余光中对杜甫的诗耳熟能详，以至信手拈来，成为自己的诗题，如《秋兴》《戏为六绝句》。专门为杜甫写"传"的则属《湘逝——杜甫殁前舟中独白》：

把漂泊的暮年托付给一棹孤舟
把孤舟托给北征的湘水
把湘水托付给濛濛的雨季
似海洞庭，日夜摇撼着乾坤
夔府东来是江陵是公安
岳阳南下更耒阳，深入疠瘴
倾洪涛不熄遍地的兵燹
溽郁郁乘暴涨的江水回棹
冒着豪雨，在病倒之前
向汉阳和襄阳，乱后回去北方

静了胡尘，向再清的渭水
倒映回京的旌旗，赫赫衣冠
犹峥汉家的陵阙，镇着长安

出峡两载落魂的浪游
云梦无路杯中亦无酒
西顾巴蜀怎么都关进
巫山巫峡峭壁那千门
一层峻一层瞿塘的险滩？
草堂无主，苔藓侵入了屐痕
那四树小松，客中殷勤所手栽
该已高过人顶了？记得当年
蹇驴与驽马悲嘶，剑阁一过
秦中的哭声可怜便深锁
在栈道的云后，胡骑的尘里
再回头已是峡外望剑外
水国的远客羡山国的近旅

十四年一觉噩梦，听范阳的鼙鼓
遍地擂来，惊溃五陵的少年
李白去后，炉冷剑锈
鱼龙从上游寂寞到下游
辜负了匡山的云雾空悠悠
饮者住杯，留下诗名和酒友
更僵了，严武和高适的麾旗
蜀中是伤心地，岂堪再回楫？
劫后这病骨，即使挺到了京兆
风里的大雁塔与谁重登？
更无一字是旧游的岑参
过尽多少雁阵，湘江上

盼不到一札南来的音讯

白帝城下捣衣杵捣打着乡心
悲笳隐隐绕着多堞的山楼
窄峡深峭，鸟喧和猿啸
激起的回音：这些已经够消受
况又落花的季节，客在江南
乍一曲李龟年的旧歌
依稀战前的管弦，谁能下咽？
蛮荆重逢这一切，唉，都已近尾声
亦似临颍李娘健舞在边城
弟子都老了，夭矫公孙的舞袖
更莫问，莫问成都的街头
顾客无礼，白眼谁识得将军
南薰殿上毫端出神骏？

泽国水乡，真个是满地江湖
飘然一渔父，盟结沙鸥
船尾追随，尽是白衣的寒友
连日阴霖里长沙刚刚过了
总疑竹雨芦风湘灵在鼓瑟
哭舡后的太傅？舻前的大夫？
禹坟恍惚在九嶷，坟下仍是
这水啊水的世界，潇湘浩荡接汨罗
那水遁诗人淋漓的古魂
可犹在追逐回流与盘涡？
或是兰桨齐歌，满船回眸的帝子
伞下簇拥着救起的屈子
正傍着枫崖要接我同去？

幻景逝了，冲起沙鸥四五

逝了，梦舟与仙侣，合上了楚辞

仍萧条隐几，在漏雨的船上

看老妻用青枫生火烧饭

好呛人，一片白烟在舱尾

何曾有西施弄桨和范蠡？

野猿啼晚了枫岸，看洪波淼漫

今夜又泊向哪一渚荒洲？

这破船，我流放的水屋

空载着满头白发，一身风瘫和肺气

汉水已无份，此生恐难见黄河

唯有诗句，纵经胡马的乱蹄

乘风，乘浪，乘络绎归客的背囊

有一天，会抵达西北的那片雨云下

梦里少年的长安

此诗以湘江为背景，着重写杜甫在巴蜀、长安、湘江的生活，最后写杜甫"空载着满头白发，一身风瘫和肺气／汉水已无份，此生恐难见黄河"，对老杜晚年的悲惨遭遇充满了同情。

与为李白塑像不同，余光中在为杜甫造像时，用的是分行的"传记"方式。依黄维樑的说法，第一节写杜甫在湘江的孤舟中，他有病在身，时局仍乱，仍希望可以回到渭水长安。

第二节写杜甫回忆成都草堂的日子，以及在此前后的逃难与浪游。

第三节写杜甫怀念诗友：长安时期的李白和岑参，四川时期的严武和高适。

第四节写杜甫对几位艺术家的忆念，包括音乐家李龟年、舞蹈家公孙大娘及其弟子李娘、画家曹霸。

第六、七节写杜甫从追忆和想象返回现实，就是破船中又老又病仍然漂泊的诗人。还有什么指望呢？但愿他的诗有一天会去到长安。①

余光中在1961年说过："我的诗不敢比拟杜甫，但自信是无字无来历的。"此诗确是字字有来历，仅提到的作品就有《兵车行》《同诸公登慈恩寺塔》《北征》《闻官军收河南河北》《丹青引：赠曹将军霸》《咏怀古迹》《观公孙大娘弟子舞剑器行》《登岳阳楼》《追酬故高蜀州人日见寄》《小寒食舟中作》《江南逢李龟年》《风疾舟中伏枕书怀三十六韵奉呈湖南亲友》，以及特别倚重的《秋兴》八首；提到的历史人物有严武、高适、岑参、李龟年、李娘、帝子、屈子、西施、范蠡。可写诗毕竟不是写历史传记，史料和典故用多了，便有"掉书袋"的嫌疑。此诗不如《戏李白》那样流畅可读，其毛病正出在这里。

当然，不是说此诗没有诗人的再创造。有些地方也的确想象丰富，但由于杜甫的生平比较平板而不似李白那样浪漫得处处有文章可做，因而诗人下起笔来较拘谨，这也可以理解。

三　登鹳雀楼

鹳雀楼为唐代游览胜地，故址在今山西永济县，滚滚黄河中的一个小岛上。虽说只三层，但前瞻中条山，下瞰黄河水。不少诗人都登过此楼，并留下作品。其中最著名的是王之涣的《登鹳雀楼》：

> 白日依山尽，黄河入海流。
> 欲穷千里目，更上一层楼。

另有畅当的同名诗及李益的《同崔邠登鹳雀楼》。

畅当的"迥临飞鸟上，高出尘世间。天势围平野，河流入断山"，余光中认为："全诗止于写景，未免平面了一点。"比起王诗来，畅诗

---

① 黄维樑：《为李白、杜甫造像》，《海南师范学院学报》2004年第4期，第38页。

的确逊色，但批评其"止于写景"，似不确。因开头两句在写楼高的同时，寄托了一种清高、俊逸的情怀，显得志气凌云。后两句在勾勒山河的气势时，也显示出诗人开阔的胸襟和奔放的激情，目光远大，志向无羁。[①] 至于余光中说李益的诗"只有颈联情理交融，颇饶奇趣，余皆平平，一结尤弱"，又说王之涣的"'白日依山尽'，能从景物转入人生，从特定的现象提升到普遍的真理，呼应紧密，转折自然，已入化境，当然是三篇之冠。表面上看来，王诗前半写景，后半寓意，其实不尽如此"。这些看法，也无新颖之处。他谈此诗与众不同的地方，在于他觉得这诗的地理有问题。他举出黄河、中条山与鹳雀楼相对的位置，认为此楼地理，实际上是黄河南下，而中条山障于东南，因此"白日依山尽，黄河入海流"那种穷西极东的空间，该是造境。

余光中在对这首五言诗的空间意象、时间意象以及诗中所表现的宇宙的奥妙、人生的真谛做出深入的分析后，提出这样一个引人深思的问题：

> 鹳雀楼只有三层，上去之后真能游目千里吗？这还是小问题，大问题是白日已尽，暮色四起，这时候纵然登高，真的能够眺远吗？当然这是戏言，犹如毛西河对东坡吹毛求疵，说春江水暖，为何独鸭先知。我自己也写诗，断无执常识以诘诗人之理。这原是一首造境写意之诗，前面我已说过。

> 可是想深一层，我提出来的问题恐又不尽是开玩笑。白日与黄河两句的对照牵涉到短暂与永恒，轮回与创新，以及短中寓长，长中多变的错综哲理，岂易一目了然？等到攀上顶楼，早已暮色四起，千里苍茫了。真理之难知也如此。欲追白日，而白日已尽，欲追黄河，而黄河远逝，欲穷千里之目，而倏已黄昏。上得楼来，固然看得愈远，却看不了多久了。人生的阅历老而愈丰，只可惜暮色逼人而来。

---

① 《唐诗鉴赏辞典》，辞书出版社 1983 年版，第 741 页。

鹳雀楼

余光中的诠释恐已偏于神秘与悲观。但王之涣的原意仍然具有盛唐人物的大度与达观。君不见,此诗只有第一句是封闭的,后面的三句都是开放的。杜甫少壮的豪语"会当凌绝顶,一览众山小",王之涣倒过来说,把登临诗提升到哲学的高度,诚然是盛唐之音的杰作。

余光中的《重登鹳雀楼》发表后,引来了台湾两位著名学者吴宏一、徐复观的质疑。徐复观认为,余光中的题目有问题。余解释说:题目是指我小时候曾读此诗,那时可谓"初登鹳雀楼",如今隔了半生,重味此诗,可谓再度登楼。至于此诗是王之涣所作,还是别人所写,文学史上这种双胞案很多。王之涣传后之作只有六首绝句,偏偏这首"白日依山尽"还有一位朱斌来争夺,真是可恼。希望吴先生再加考证,把此诗的著作权查个水落石出,免得王之涣落个"五首半"之讥。

无论考证出作者是谁,都不会影响"白日依山尽"这首诗的艺术价值,这就好像一块美玉,不管主人是谁,它仍价值连城。至于说到地理即西望无山,徐复观提出了另一种解释:"下午的太阳照射在山的西面,所以人向东望时才可以看到山上的太阳。这正是此诗作者登上鹳雀楼时向东望去所看到的中条山上的太阳。不过他是黄昏时登楼,中条山上的太阳已经是夕阳斜照,山上夕阳斜照随太阳的西沉,而慢慢收敛,山上的斜照收敛完了,太阳也就完全沉落下去了。所以我们乡下称'日没'为'太阳下山'。余先生何以不在'依山尽'三字上体玩,却硬要作者背着眼前中条山上的斜阳,非掉转身去'西眺'呢?"对此,余光中回应道,我认为观赏夕阳,当然应该"西眺",怎会背着日轮和晚霞,东望山上的残阳呢?乡下人说"太阳下山",当然是指"日落西山",不会指"日落东山"。此所以我们只说"日薄西山""夕阳西下":意在夕阳本身,不在夕照所及。此所以阮籍说"白日忽西幽",而陶潜说"白日沦西阿"。"依山尽"当然是说为山所蔽,怎会是指面山而敛?

喜欢"画地图"的余光中对登鹳雀楼诗的地理问题提出质疑,不是故意为说诗者出难题,而是因为沈括交代地图的那几行文字过于简略,而余光中从地图上研究得来的方位,尽管还不够详确,但对断定"白日依山尽"到底是写实还是造境仍有帮助。其实这一点也不重要:正如一幅马远的山水,本身够美就尽了能事,原就不必追究临摹的城郭山川是否逼真。钱起的《江行无题》之四:"咫尺愁风雨,匡庐不可登。只疑云雾窟,犹有六朝僧。"钱起距六朝不止一百年,我们明知其不可能,但这一疑,却疑得妙极。要完全写实,便不成诗了。

余光中的答辩文章,能使论敌忘却其是非判断,而欣赏到他的智慧。如他这样评论唐诗与宋诗的差别:"一般说来,唐诗以情韵见长,宋诗以理趣取胜;唐诗如美酒,宋诗如苦茶;唐诗清纯如伊丽莎白诗歌,宋诗繁复如玄学诗与现代诗。宋诗主知,正是主情的唐诗正统之一反动;没有了宋诗,中国的古典诗未免减色,要单调许多。"这里议论精辟,文字生动,见解过人,是《唐宋诗优劣论》的压缩本。

"似浅而实深"的贾岛诗

在 20 世纪 50 年代中后期,余光中以后起之秀的姿态崛起于台湾现代诗坛。他从 20 岁左右开始发表新诗,其作品常以沙浮、拜伦、惠特曼等西方诗人为吟咏对象。1955 年,他与梁实秋等人对饮 1842 年葡萄酒时,"古意盎然",即席赋诗。这"古意"与中国古典文学无关,而与白朗宁和伊丽莎白,肖邦和乔治·桑,以及雪莱、济慈关系密切。

余光中后来认识到在西化的道路上奔跑不是一条光明大道,便写了《再见，虚无》，与这种西化诗风挥手告别。告别后，他大量阅读中国古典文学作品，尤其是唐代诗歌。这种亲炙本土古典诗的做法，为他后来的诗风转变，走向"新古典主义"奠定了基础。

写于1962年5月的《从一首唐诗说起》，便是作者"觉今是而昨非"，希望同行们都到唐诗的宝山中挖宝的好文章。

文章开头引用了贾岛的《寻隐者不遇》：

松下问童子，言师采药去。
只在此山中，云深不知处。

这首五言绝句余光中20年前就读过，但印象不深。以后还碰到过它，也只是觉得这首诗写得有味而已。"但是在英诗的传统里泡了一段时期，且受过现代诗和现代化的洗礼之后，再回头来看这首小诗竟有许多感想。"

首先，余光中觉得此诗不同一般，值得再三咀嚼。虽然现代诗人不再有这类题材——且不说现代人居住在都市丛林中，而不是在深山老林中隐居，就算山中有陶渊明式的隐士，在公路不通的情况下也很难去采访。"莫买沃洲山，时人已知处"的时代已经过去，如果再以古代诗人的观念和手法来写现代题材，这种复古倾向并不可取。然而，这并不等于古典诗已落伍，不再值得借鉴。现代人固然不会在云深的地方靠采药养家糊口，但在现代人的思想感情中，仍会保留对"云深不知处"这种躲避喧嚣、与大自然亲近的生活的向往。因此，不写旧体诗词的现代诗人，应该学习旧诗的精练和意境的营造，"真正好的旧诗，在生活背景上是陈旧的，但在美感经验上却恒是新的。准乎此，我们可以在康明思的诗中读到莎士比亚，也可以在狄伦·汤默士的诗中听见《圣经》。作一个现代人，我当然喜欢格希文的《蓝色狂想曲》，康妮·佛兰西丝的歌，或是西门町的热闹。"可每次到中国寺庙如圆通寺，余光中的感觉与西门町完全不同："我辄感身心安详，听觉透明，出古入今，一念万里，自由极了，我不忍离去。"这是中国古典建筑的魅力，这魅力其中就有诗的成分。如果不是圆通寺，而是换上枫桥夜泊，谁不会吟哦起"夜半钟声到客船"的名句呢？

读惯了西洋诗歌的人，会觉得中国古典诗歌不合文法，可这不合的是西洋文法，并不是中国文法。何况这不合，可使作品显得更自由、更洒脱、更精炼，更有曲折之趣。余光中举例说，王维的"白云迴望合，青霭入看无"如此，钱起的"竹怜新雨后，山爱夕阳时"也是如此。有时候没有动词，如韩翃的"星河秋一雁，砧杵夜千家"；有时候没有主语，如贾岛的这首诗。"松下问童子"，到底是谁在问？"只在此山中"，是谁在山中采药忙？"云深不知处"，"不知"同样省略了主语。只要不是食洋不化的人，都可读懂这首诗：是作者在问，是"师"在山中，是"童子"不知"师"的具体方位。

余光中不仅是诗人，而且是翻译家。为了说明古诗的含蓄精炼，他特将贾岛这首小诗英译如下：

Beneath a pine tree looked I for the recluse.
His page said, "Gathering herbs my master's away.
You'll find him nowhere, as close are the clouds,
Though he must be on the hill, I dare say."

这样就等于将压缩饼干泡开，徒添了许多文字。余光中的英译是简洁的，可贾岛诗精炼到增之一字则太长、减之一字则太短，这种五言在英译中非十言不足以表达。经一种文字转换后，第一行就得加上主语"我"及"隐者"，第二行中的"言"也必须说明是"童子"在"言"。为了不过于平铺直叙，余光中还把原诗的三、四句互相调换，而第三行仍得加主语"他"，第四行加主语"你"。全无主语的崔颢的《长干行》，也可作如是观。即它不合散文的文法，但显得简捷便利，在转折地方没有拖泥带水的"说明"，显得灵利至极。

余光中不赞成纪弦中国新诗乃"横的移植"之说，认为现代诗在效法西洋诗的同时，也必须接受中国古典诗歌的洗礼和熏陶。余光中以自己的近作《啊，春天来了》中的一段为例说明这一点：

射翻了单于

自杀了李广

如果按常规写法，应改为：

单于（被）射翻了

李广自杀了

　　这种平铺直叙的写法，不像诗倒像散文。须知，倒装句自有倒装句的妙处，如杜甫诗"香稻啄余鹦鹉粒，碧梧栖老凤凰枝"，应是"鹦鹉啄余香稻粒，凤凰栖老碧梧枝"，可这样就像牛奶兑了许多水，味薄了。

　　余光中认为贾岛的诗还启示我们：现代诗不一定要写得那么晦涩，而应做到像《寻隐者不遇》那样"似浅而实深，易解却耐读"。

　　贾岛这首诗，没有任何典故，也没有什么冷僻字，读之觉得平易近人，连初中文化的人都可领会。一千多年前写的诗居然到现在还有生命力，还成了现代诗人学习的范本，余光中由此感叹道："这是中国古典诗伟大处，也是中国文字所以不朽的原因。"

　　现代诗论者，喜谈时空观念及压缩之类。艾略特在《荒原》中便在同一刹那表现（也可说是迭现）过去与现在，《荒原》的戏剧性之紧张往往便来自这种今昔交互的手法。余光中认为，贾岛的这首小诗虽然没有纵横交错的背景和复杂的表现手法，但仍具这种时空交感的雏形。以时间而言，这首诗是反复叙述的："松下问童子"是现在，"师采药去"是过去，可是"只在此山中"又把"师采药去"衔接上，且把时间拉回现在。以空间而言，"松下"是一小单位，"山中"是一大单位，皆甚确定，惟"云深不知处"则使该大单位益形浩阔，因为它游移不定。是以这首诗，在时间上是由现在到过去，复由过去到现在，在空间上是由小而大，由固定到游移。这种时空的不断变化，赋此诗以戏剧的生命，而寓动于静，百读不厌。"何当共剪西窗烛，却话巴山夜雨时""可怜无定河边骨，犹是春闺梦里人"，这些诗的好处，也就是类此的时空变化下的戏剧感。从这种角度去看古典诗，便觉得它们并不落伍。

余光中写这篇文章的目的，是为了向保守派说明：现代的文艺，任它如何"反传统"，事实上并不悖于传统的某些法则，也跳不出传统的某些范围，如果他们开明一点，自觉一点，他们不难见古今之同，而欣然赏今。在另一方面，是为了向某些要彻底"反传统"的现代诗人，提供一些值得考虑的意见。"想想看，传统是否只是落伍的代名词？想想看，照目前的情形发展下去，现代诗真能和唐诗并肩而立，不显得矮一截？"事实上，和唐诗相比，彻底反传统的现代诗已相形见绌，就算是没有反传统的现代诗，其艺术力量也还无法与唐诗并肩而立。

李贺：一位早生的现代诗人

中唐著名诗人李贺，河南昌谷人。他20岁左右登上长安诗坛，一辈子只做过调和协律（乐师）那样的正八品小官，郁郁不得志。仕途不顺，加上呕心沥血苦吟诗，使李贺多病而早衰，仅活到27岁。英年早逝的他，对后世影响甚大，被视为"鬼才"。

李贺的生平一般人知之甚少，《旧唐书》所记载不到一百字，《新唐书》也差不了多少。有关他生平记述的资料，较具参考价值的是杜牧应李贺生前好友沈子明之请而写的《李长吉集序》，李商隐写的《李长吉小传》。余光中根据这些可怜的资料，经过考证、辨析，在《象牙塔到白玉楼》一文中，为这位早夭的诗人浮雕出朦胧的侧影。

余光中认为，《新唐书》说李贺7岁赋《高轩过》不确。暂不说其语气不像幼童，只说诗中称韩愈为"文章巨公"，从两人年龄差距上来看也不对头。据《高轩过》篇首说明，此诗应作于20岁才对。此外，余光中还考证出李贺进入韩（愈）派诗人群的时间为公元809年。

余光中论唐诗的文章，评述远多于考证。即使这有限的考证，也显示出余光中的眼力。再如李贺的《赠陈商》到底写于哪一年，余光中经过爬梳历史资料，认为应在元和四年（公元 809 年）左右。

名场不逞，将生命奉献给缪斯，将雕虫小技视为雕龙大业的李贺，余光中对这位早逝的青年作家充满了敬意："他委实太辛苦了，不但昼间骑驴猎诗，还要夜间焚膏捕句……可怜的长吉不但灵魂病着，抑且肉体病着。……他确实是未老先衰，病骨清癯，发斑且落，右手采笔，左手药囊地踏上了去白玉楼之路。"

不但作家难以先富起来，就是艺术家也好不了许多："在短促生命中不断和太阳赛马，和太阴赛马，和死亡赛马，来得太疾的死亡是太短的期限，而一切杰作都得'限期交卷'。""限期交卷"这四个字，与其说是写李贺，不如说是余光中夫子自道。他最烦的是催命的编辑。他顶不喜欢的是"书被催成墨未浓"的文字。余光中还说"长吉不但常常伏案到夜深，有时甚至通宵工作"，这其实也是写他自己。余光中在《逍遥游》后记中便自述《象牙塔到白玉楼》的写作经过："一连五六个春夜，每次写到全台北都睡着，而李贺自唐朝醒来。"

"文穷而后工"。"穷"，这是中外文人共同的命运，余光中由此联想到艾略特等人深深为病痛、死亡所苦的句子。余光中自然比这些文人幸运，从没有过满纸的啼饥号寒、苦穷叹病，直到古稀之年过后，仍笔健身健，但丝毫不意味着他不"勤奋无度"，没有经历过昼间"骑驴"猎诗，夜间还要"焚膏"捕句的艰辛。他也和李贺一样在文坛上得罪过许多人，故"时辈恨他"，一阵阵排炮从两岸三地向他轰来。遭人嫉妒，怀乡、敏感的余光中也只好像李长吉那样自遁于超自然的世界来消解人世间的烦恼。

余光中阅读李贺的作品，与传统评论家的视角不同，因而得出的结论也有异。他用现代人的眼光，将李贺定位为：

> 一位生得太早的现代诗人，如果他生活在 20 世纪的中国，则他必然也写现代诗。他的难懂，他的超现实主义和意象主义的风格，和现代诗是呼吸于同一种艺术的气候的。

李贺的诗之所以与西方现代诗有相似之处，在于"死亡的森寒笼罩着他，成为他经常的萦心之念。他诗中冉冉升起一股死亡的黑氛。在这方面李贺实在可以加入济慈、爱伦坡、波德莱尔，及法国颓废诗人的队伍，去掌恐怖之王的黑旗"。[①]

其次，李贺的诗与柯立基之间，有很强烈的血缘关系。例如《李凭箜篌引》，无论在题材的选择上，想象的运用上，或是表现的手法上，和柯立基未完成的杰作《忽必烈》，都有异曲同工之妙。两诗相似之处简直太多了——它们都要摹状音乐，都富于奇幻的意象，都向往另一个空间，都有传说中女人的哭泣，都有为琴音震动的皇帝，都有波跳、石破与无稽之山，都以一梦结尾，且都结得有头有尾，貌若未完成而实为高度的完成。李贺和柯立基该都是弗洛伊德析梦的理想对象。他们都具有莎士比亚《仲夏夜之梦》中描摹诗人时所谓的"精妙的激动"（fine frenzy）。他们都有呼风唤雨的魔术，能把各殊的（heterogeneous）意象，组成大同的（homogeneous）意境。也就是说，他们都是超现实主义的先驱。[②]

不但在超现实主义方面，而且在意象主义方面，余光中也认为李贺是属于现代主义的。像只有刹那间的感官记录的庞德,他这样写车站:

> 人群中，这些面孔的鬼影；
> 潮湿的黑树枝上的花瓣。

李贺的诗在许多方面都预期着这种诗风。另一方面，李贺的呕心之作大部分都能做到浓缩、坚实、明朗。他很能把握物体的质感和官能的经验，不但他诗风晶冷钻坚，铿锵作金石声，即连他的字汇和隐喻，也硬凝如雕塑品。这一点，很像女诗人席特维尔。可是最重要的一点，是李贺诗中那种伸手可触的突出纸面的意象，真是直逼眉睫。像他的《北中寒》，这种清朗爽利的笔触和构图，何逊于法国诗坛上以冷静客观为务的"高踏派"或美国诗坛的"物象主义"？"挥刀不入

① 余光中:《逍遥游》，文艺书屋 1969 年版，第 80 页。
② 余光中:《逍遥游》，文艺书屋 1969 年版，第 87—88 页。

迷蒙天"一句,比起意象派诗人杜立达女士那首浪得虚名的《暑气》来,岂不更浓缩而自然?

余光中不赞同将李贺划入"唯美派"行列。他认为英国19世纪末的唯美派只是法国象征派影响下的一个次要的运动,此运动在创作方面的代表人物王尔德,只是一位二三流的诗人。他的主要成就是社会讽刺喜剧。那种针锋相对的台词,惊世骇俗的警句,和李贺的风格相去甚远。

由于用新的研究方法评价李贺,故余光中的研究不同于刘大杰:将李贺描绘为贾宝玉式的"风姿美貌才情焕发的贵公子",还说他"善于选用最冷僻幽奇的字眼,构造最巧妙的文句,去掩藏那肉感淫欲的色情"。这两种观念都与事实相差甚远。一个没有进士学历,官仅八品,多病,苦吟而怀乡的庞眉书客大概不能被形容成"风姿美貌才情焕发的贵公子"吧?这种评论之所以不能直捣李贺创作的核心,是因为他们不了解李贺是一个伤心的人,9世纪初一个最敏感的悲观主义者。他的悲观既是个人的,也不完全是个人的,即是说,泛宇宙的——以宇宙为背景的幻灭感。

余光中在探李贺古锦囊中的真相的同时,也看到了他的局限,因为李贺毕竟不能说是大诗人。他死得太早,还没有来得及发挥他的全部才能。他的视野狭窄;他的结构往往部分压倒整体,有句无篇;他的形式往往太紧促,太自觉;他的想象和观察不成比例,而他的想象上的同情,只能从个人的这一端跃至神话的那一端,时代和人类几乎是一片空白。然而李贺也绝对不是一位小诗人。他自然不能和杜甫李白等重等高,可是他的声音却纯属他自己所有。在当今的现代诗坛上,李贺的影子,他的贯通现代各种诗派特质的风格,他的创作技巧,他的宁涩毋滥的浓缩乃至于难懂,他的"笔补造化天无功"的壮丽宣言,大而至于他那一群中唐的韩门诗人,都值得拥护和反对现代诗的双方注意。

余光中这种既不夸大也不贬低李贺的研究,与过去的诗评家不是贬其险怪,就是病其绮丽的评价不同,与现代主义作家否定传统,使李贺骑驴不归的做法也大异其趣。在创作上正如杨景龙所说:李贺诗歌的浓郁而阴冷的时间、死亡意识，奇兀的感觉印象，对余光中影响明显，如下面一些诗句，"往事梦游着，在安排一列奇异而无声的／化装游行，向一座死城"；"最后的访客已辞去，只遗下／氧化了的时间的骨灰／于我的烟灰缸里"（《夜的标本》）；"醒来，看梦魇的标本浮漾于／夜的酒精缸里／而远处，按摩者的冷笛／在催眠长街的碧瞳与红瞳"（《夜之第六感》）；"脑之小宇宙膨胀着／潜意识之星云在旋转／爱伦坡耸起背尖叫／说马蒂斯的裸女踩住他尾巴／而克利的小黄鸟们遂惊散了／将空气扇成晶亮的旋涡"（《超现实之夜》）；"暴风雪来自阿拉斯加，／以一柄水银匕首刺杀了／金发的早春"（《安魂曲》）；"常想去太阳的赤道上，／卧轨自杀，也杀死追我的忧郁。／常想沿离心力的切线／跃出星球的死狱，向无穷蓝／作一个跳水之姿"（《我总是无聊的》），均留下了程度不同的李贺印记。《大度山》有句"天河的水声常令我失眠"，借自李贺《天上谣》"银浦流云学水声"。《万圣节》里的"新收割过的干草地上／僵立着禾堆的三K党／幽灵群绕他们跳死亡之舞／磷质的胫骨击起暗蓝的火花"一节，意象使用仿佛李贺《南山田中行》的"荒畦九月稻叉牙，蛰萤低飞陇径斜。石脉水流泉滴沙，鬼灯如漆点松花"。李贺式的阴冷死亡意识甚至渗透到余光中的爱情描写里，"最后有不可抗拒的疲倦袭来／纯黑色的虚无猫踞在我们脸上／就这么搁浅在平面的死亡／我们殉情，且并肩陈尸／……／至少可以忘记蛆的凌迟／忘记僵冷，忘记空眼眶的黑视"（《吐鲁番》）。如果说上引句段都是局部性的，那再看《四谷怪谭》，在整个意境上都是李贺式的。当然李贺也不全是阴冷，他那奇兀的感觉想象也有辉煌明亮的时刻，像"羲和敲日玻璃声"（《秦王饮酒》）；余光中《黎明》有句"我听见旭日掷黑夜以第一根镖枪，／清脆地，若金属铿然之坠地"当是受李贺这句诗的启发。而李贺对余光中的影响，不仅限于诗歌，且旁及散文，余光中自述他"对李贺的沉迷，在《鬼雨》和《黑灵魂》一类的抒情散文里，仍显然可见"。

"无物隔纤尘"的韦应物

　　韦应物是中唐文坛的一位优秀诗人。他的一生，经历了由积极进取到消极观望，再到满足于安逸的精神历程，交织着求官与退隐的矛盾。这种复杂经历，使他对唐王朝今昔盛衰的对比有深刻的认知。他的另一些作品，则流露出寂灭出世的襟怀。如《神静师院》所言：

　　　　方耽静中趣，自与尘事违。

　　韦应物生于开元二十三、二十四年之间，卒年不详，人们只知道他长寿，可能活到了 80 岁。他的生平，新旧唐书都不见记载。韦应物有些作品也很可疑，在杜审言与岑参集中亦可看到他的诗。

　　韦应物立性高洁，鲜食寡欲，通常焚香扫地而坐，具有超脱尘俗的高士形象，其诗风容易使人将他与陶渊明联系起来，世有陶韦之称。在论述唐代诗人的文章里，有的论者也将其与王维或柳宗元并列，视其为田园诗的翘楚。韦应物的诗歌风格，在不同版本的文学史中，评价均相差无几。多种唐诗选本，都把《滁州西涧》当作其代表作选入。但余光中最欣赏的并不是他的七绝，而是五古。在《唐诗别裁》中，韦应物入选的五古篇数仅次于杜甫。当然，余光中不否认韦氏七言诗的成就，但作为欣赏者，他更心仪韦氏的小品。王士祯说韦应物的五绝"本出右丞，加以古澹"，余光中却认为韦应物青出于蓝胜于蓝，出于王维而超越了王维，比之更变化多姿，其妙处不在"古澹"，而在葛繁所说的"峻洁幽深"。韦应物的七言歌行，也未有他的五绝出色，像《王母歌》，如换了李白或李贺来写，绝不会像韦应物那样写得平淡无奇，李贺《梦天》中的奇句"遥望齐州九点烟，一泓海水杯中泻"，和《浩

111

歌》中的神笔"王母桃花千遍红,彭祖巫咸几回死?"似乎都暗师韦意,但感觉鲜活得多。以李贺的瑰异,来学韦应物的古澹,实在出人意外。

韦应物本是有民胞物与情怀的循吏,其作品闪烁着善良正直的人性的光辉,尤其是写到母女之情时,早年丧妻的韦应物显得极为体贴和深情,余光中称自己每次诵读《送杨氏女》,差不多都要流泪:

> 永日方戚戚,出门复悠悠。女子今有行,大江溯轻舟。
> 尔辈苦无恃,抚念益慈柔。幼为长所育,两别泣不休。
> 对此结中肠,义往难复留。自小阙内训,事姑贻我忧。
> 赖兹托令门,任恤庶无尤。贫俭诚所尚,资从岂待周?
> 孝恭遵妇道,容止顺其猷。别离在今晨,见尔当何秋?
> 居闲始自遣,临感忽难收。归来视幼女,零泪缘缨流。

诗人的大女儿要出嫁,且嫁往的夫家路途遥远,因而无法摆脱离别的愁惨。这是一幅令人心酸的"嫁女图"。以高雅闲恬著称的诗人,原来有深厚的儿女情爱。余光中也有四个女儿,他也非常疼爱她们。眼看她们一个个到了出嫁的年龄,余光中恨不得将她们"冰冻"起来,不让她们离开父母。看来,古今诗人爱女的心情是"心有灵犀一点通"。

余光中最欣赏的韦诗,是一些意象逼真或意境玄妙的五言绝句。他举一首描写秋斋独宿的诗云:

> 山月皎如烛,
> 风霜时动竹。
> 夜半鸟惊栖,
> 窗间人独宿。

韦应物早年宿卫内庭,生活显得放荡不羁。安史之乱后,遂专心读书,成为沉静纯雅的读书人。他这时向往的是皎洁的山月和风霜时飘动的绿竹,而不是功名富贵。末句"人独宿",便表明了他生活的这种变化。

秋荷一滴露，
清夜坠玄天。
将来玉盘上，
不定始知圆。

这首咏露珠的诗，写得清新可爱。余光中认为："这些小品，置之现代的意象派诗中，也觉十分突出。"

明从何处去，
暗从何处来。
但觉年年老，
半是此中催。

"人生易老天难老"。这里表现了韦应物对时光催人老的感叹。关于叹老之作，余光中也有过"掉头一去是风吹黑发／回首再来已雪满白头"的名句。

临池见科斗，
美尔乐有馀。
不忧网与钩，
幸得免为鱼。
且愿充文字，
登君尺素书。

此诗咏蝌蚪，不仅情趣盎然，而且"有人与蝌蚪对话的戏剧意味：前四句是韦应物语蝌蚪，后两句是蝌蚪答韦应物"[1]。

韦应物对各种诗体都甚为擅长，他既善于长篇歌行，也擅写像《滁

---

① 余光中：《青青边愁》，纯文学出版社 1978 年版，第 96 页。

州西涧》那样的短篇律绝,然而更为人称道的是余光中所说的五言小品。这些小品,对现代诗人写出情味浓郁的作品仍有借鉴意义,故余光中特地写了《无物隔纤尘》向同行同好推荐。

"反传统"的韩愈们

如果说白居易是中唐诗坛的祭酒,那韩愈就是中唐文坛的一代宗师。在《象牙塔到白玉楼》一文中,余光中专门写了《韩愈的圈子》,介绍韩愈的成就及其圈子内的作家,以说明诗坛的小圈子不是现代才有,古代就开始出现了;"反传统"的诗也非自 20 世纪 50 年代诗坛始,还在唐代就有诗人做出了大胆的尝试。

韩愈是杰出的古文家,以这样的古文家去倡导古文运动,自然有号召力量。韩愈之所以在文学史上占有重要地位,是因为:他排老攘释,以儒家道统的代言人自居;他反对六朝以来专重形式的骈文,提倡复古以为抗衡,结果是创造了新散文;他更以散文大师的左手写诗,当然回避与骈文相互呼应的律诗,而将古风作更自由的散文变奏。①

韩愈在这三方面的努力,对宋代作家产生了极大的影响。在北宋作家心目中,他被铜像化了,成为"道统",成为"文宗",成为"百世师"。欧阳修、苏轼、秦观等大家都对韩愈佩服得五体投地,苏轼甚至说唐朝的文章只有《送李愿归盘谷序》这篇可读,又说"诗之美者,莫如韩退之"。

余光中认为在儒家正统文学观方面,韩愈与白居易没有本质的不同,但在诗的风格上,韩愈有意在李杜之外另创局面,和同一时代的白居易,也有意背道而驰。"在散文中罕见的韩愈的'自我'(Ego)的某一面,往往淋漓而恣肆地出现在他的诗里。"韩愈的诗目前保留下来的有三百多首,其特点是以文为诗和奇崛险怪,正如司空图所说:"韩

① 余光中:《逍遥游》,文艺书屋 1969 年版,第 65 页。

吏部歌诗数百首，其驱驾气势，若掀雷挟电，撑抉于天地之间，物状奇怪，不得不鼓舞而徇其呼吸也。"韩愈诗风的这种特征，正是他对未知的神秘世界的狂热向往和对儒家思想自我束缚的无意识反抗。他选用了便于排比铺张的长篇古风形式，采取写文写赋的笔势笔调，才力充沛，想象奇特，气势宏伟，不同凡响，这对纠正中唐以来柔弱浮荡的诗风，有积极作用。

由于韩愈把新型的古文广泛运用于政论、杂说以及墓志铭等各种文体，催生出不少优秀的散文和具有文学色彩的说理散文，故余光中在文中称韩愈为"博士"：名重天下，掌握教育与考试大权的韩愈博士，在诗的创作上既然表现这样的风格，一些风格相近的诗人自然聚集在他的周围了。孟郊、贾岛，是其中最闻名的人物。此外，还有皇甫湜、樊宗师、卢仝、马异、刘叉、李贺、沈亚之等多人。①

孟郊与贾岛，名场仕途均不得意，文学史上俗称"郊寒岛瘦"。"累举不第"的贾岛五绝最为拿手。如"秋风吹渭水，落叶满长安""长江人钓月，旷野火烧风""鸟宿池边树，僧敲月下门"等皆是为人传诵的警句，其诗作以清奇苦僻为特色。对这位"两句三年得，一吟双泪流。知音如不赏，归卧故山秋"的苦吟诗人的幽僻风格，晚唐的一些诗人十分佩服，后来宋朝的江湖派也宗法他，称之为"唐宗"。

孟郊虽然同样苦心吟诗，但题材比较广泛，表现的生活面比贾岛宽，艺术成就也高一些，像他的"食荠肠亦苦，强歌声无欢""借车载家具，家具少于车"，都传诵一时。即使这样，余光中认为这两位诗人欠缺较高的境界和气度，既不能像李白那样超越而且洒脱，也不能像杜甫那样将个人痛苦泯化于全民族的苦难。总之，他们只是二流诗人，深邃而狭窄。

比起仅止于狷的孟郊、贾岛来，卢仝、马异、刘叉等韩门诗人就狂而妄了。余光中认为，这一小撮诗人，如果生在现代，必然成为精神治疗的最佳对象。病情其实简单极了：长期的压抑形成了心理上的"情意综"（complex）。在孟郊和贾岛，这种变态是自卑加上自怜，在卢仝、

① 余光中：《逍遥游》，文艺书屋1969年版，第66页。

马异、刘叉，则是自卑的变相表现，成为自大。孟郊和贾岛将自己的疮疤尽情地公开，自虐兼而自怜，因而得到一种变相的满足。卢仝等诗人则掩饰自己的疮疤，且尽量幻想自己和伟大的事物合为一体。无论外在的表现是自卑的暴露狂，或是自大的夸张狂，其内在的郁结恒是长期的压抑。中国诗人最大的矛盾，是一面热衷于政治，另一面又自命清高，至少传统的用世观念使他们产生幻觉，天才而不用于政治，是可悲的浪费。考试失败，仕宦失意，就悲观厌世，以贾谊或屈原自命。这种误会作诗就应做官的观念，导致了艺术和政治不分的混乱心理。

在外国文学史上，也有这样的例子。余光中接着说：在英国文学史上，培根和史威夫特便是这种心理的牺牲品。在古代西方，不知有多少文学天才因被家庭逼迫着去读法律或神学而痛苦万分。卢仝和马异是好朋友，终身不仕，韩愈为河南令时，爱卢仝的诗，曾效玉川体写月蚀诗。其实卢仝的长诗《月蚀诗》和《与马异交结诗》，徒有气魄，欠缺结构，放纵幻想，虚张声势，句法尤其不诗不文，不过迎合韩愈以文入诗的癖好罢了。这种诗体和诗风虽然是"反传统"的，但并无任何艺术价值，终于难逃元好问的攻击。

作为韩愈的终身好友，皇甫湜的诗作极少，较有名的是受卢仝怪诞文风影响的《出世行》，除怪诞之外还多添了色情。韩愈的其他诗友中，后人对张籍评价较高。作为新乐府运动健将之一，白居易在《读张籍古乐府》中称其"风雅比兴外，未尝著空文"。其余的同样以怪异著称，如樊宗师的《蜀锦州越王楼诗》，后人根本无法句读，是以为唐代的"先锋诗人"。来自南方的沈亚之，中韩愈"毒"太深，以险崛为务，好言仙鬼复死，与同时代的文人大异其趣。套用一句流行俗语，韩愈门内的干将确是以"反传统"著称，其表现之一是"惟丑"。他们习惯歌咏"丑"的题材，企图化丑为美，化腐朽为神奇，从幻觉中找解脱，从自虐中找快感的作风，令我们想起了文学中的爱伦·坡、波德莱尔、霍夫曼……这些作家或画家都是既矛盾又荒谬，既深刻又浮躁，既热烈又冷酷，而且恐怖得可笑。

其表现之二是"惟奥"。这里讲的"奥"，是指在表现形式和文字运用上，古僻生冷，浓重拙露；在结构上，不规则而且不流畅，在习用的古风之中显示出散文的倾向；在音响上，好用突兀险仄之声，狭促而不谐和；在意象上，轮廓显著而笔触用力，往往纷繁而且复叠。在台湾文坛，不断有人攻讦现代诗晦涩、奇崛、难懂，原来这种现象古已有之，韩派诗人早就走在前面了。

余光中对这种"惟丑""惟奥"的诗风是持保留态度的。他认为：他们"惟丑"，可是对于生活的态度，是逃避而不是处理。他们走超现实的路，可是类鬼而不类仙，没有李白的魄力和神韵，只沦为蠢俗的游仙诗。他们走超现实的路，可是他们变形的作用是外烁的而非内发的，是感官的刺激而非灵魂的震颤，所以不能和爱伦·坡或克利相比。从这一对比中，可看出余光中对当时台湾诗坛流行的"超现实"诗风的批评。

呼唤新的唐诗选

为了使中国台湾的现代文学和艺术的发展得到更多的借鉴，余光中于1968年10月写了《我们需要几本书》，其中有一本便是新的唐诗选。

中国最早的诗歌选家是从事"删诗"的孔子。到了唐代，诗选之业更为发达，仅唐人选唐诗的集子，流传到现在的就有十种，如佚名的《唐写本唐人选唐诗》，但影响最大者为乾隆癸未年蘅塘退士选编的《唐诗三百首》。

蘅塘退士编此书，初衷是想取代良莠不齐、体例不严的《千家诗》，后来却成了不仅启蒙儿童，而且流行社会的雅俗共赏的选本。

《唐诗三百首》作者队伍庞大，连皇帝、歌女、和尚、无名氏的诗作都收录其中，这便多方面反映了唐代复杂的社会生活。在体制上，从古风到近体都有。编者还注意从不同文体表现诗人的创作实绩。他的编选标准不是思想性第一，而是把艺术性放在主要地位，以此去反映唐代诗歌流派纷呈的情况。

《唐诗三百首》也有许多缺陷，编选者所遵循的是儒家温柔敦厚的文学观，因而与这种文学观相悖的尤其是文字上剑走偏锋的作品，常受到排斥。余光中举例说，如李贺的诗，杜牧以为无理，"远去笔墨畦径间"，朱熹又以为"怪得些子"，竟

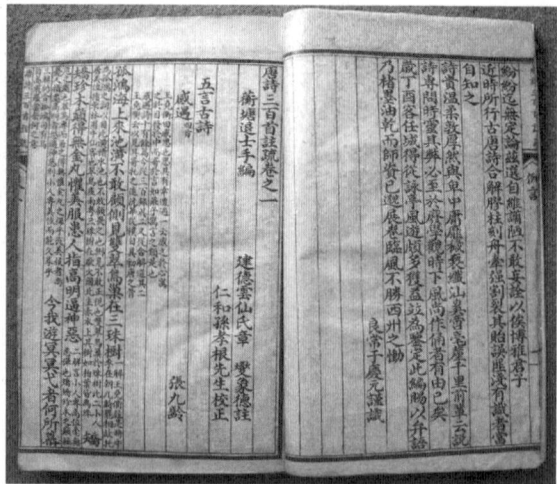

《唐诗三百首》书影

未能选入《唐诗三百首》，不能不说是遗憾。从现代的象征主义、超现实主义和意象主义的观点来看，李贺实在是一位很杰出的诗人。虽然还不能说李贺就是大诗人，可是任何一部唐诗选中，至少应该有他的几首代表作。应该在《雁门太守行》《梦天》《巫山高》《北中寒》《高轩过》《神弦曲》《将进酒》《美人梳头歌》《官街鼓》等代表作之中，选出五六首来。以《李凭箜篌引》为例，这是"摹写声音之至文"，是一篇描写音乐的杰作；《苏小小歌》，具有空灵缥缈、有影无形的鬼魂特点；《金铜仙人辞汉歌》，设想奇特而又深沉感人，怨愤之情溢于言表，却无气峻难平的表现。这些诗均未入选，造成遗珠之憾。另一方面，一些可有可无以片句传世的作者，如杜荀鹤、张泌、顾祝、刘方平等，也可忍痛割爱。

《唐诗三百首》入选者有七十七位，其中收诗最多者为杜甫，次之为王维、李白、李商隐。这些人的作品艺术成就高，诚然应占主要地位，但这并不等于说，李杜名篇都尽在其中。以李白为例，只选了他五绝三首，可是"美人卷珠帘"和"玉阶生白露"两诗，无论在主题和意境上，都颇相近，而《静夜思》，实在也太通俗了。新的唐诗选中，何不删去这三首而代以《独坐敬亭山》《劳劳亭》？余氏在这里建议删

去《静夜思》，似不妥。因蘅塘退士编此书，主要是给儿童看，后来的读者对象却以成人为主，这是他始料不及的。另一方面，《静夜思》写旅中情怀，虽说明却不说尽，并非一览无余之作。不过，余光中认为，七绝可以改选《赠汪伦》《峨眉山月歌》等诗。余光中还认为，七古之中，《唐诗三百首》一口气用了李颀的五首，其中三首都是摹状音乐，也显得重复。笔者也认为，《唐诗三百首》中宫怨诗也选多了。其实，只要有一两首像白居易的《上阳白发人》，就足矣。

余光中还为未来的新唐诗选做了设计，比如编排问题，他认为可尝试以年代为顺序，以反映初、盛、中、晚唐的诗歌发展轮廓。当然，以诗体分也有好处，容易让读者辨识各种体裁和各体的大家，缺点是不能体现史的线索。如果认为按时间顺序过于简单，也可以按主题分类，如把各类作品安排在田园、边塞、宫廷、羁旅、咏史、游仙等方面，以便做专题性的比较研究，并便于读者各取所需。

余光中主张唐诗新选，主要是为了适合现代读者的口味。《唐诗三百首》是乾隆时代的产物，其中所代表的那个时代的审美趣味已过时了，落伍了，如书中选的奉和应制之作，是为了少年读者长大后去应试，然后做官。像这些为科举取士选的诗，以及慰友人落第、罢官的诗，对现代读者便失去了针对性，读起来难免"隔"，故余光中建议新的唐诗选必须由具有现代观念的现代诗人来选。这样一件工作，意味着现代诗人既不是反传统，也不是泥古，而是整理传统，重塑传统。这项工作对于现代诗人将是一个重大的考验，因为反传统也好，重认传统也好，毕竟不是喊口号就可以成功的。现代诗人如果面对传统而茫然束手，则他对于传统的态度，最多只能成为一种自欺欺人的姿态。如何编选这样一部诗选，如何提出一个新观念来诠释那些诗，如何写一篇有分量有见地的序言，等等，恐怕不是现代诗人所能逃避的责任。余光中期望由现代诗人来主持唐诗选，这里应加个定语，即由学院派出身的现代诗人来选唐诗，才更能体现新选本的学术眼光。台湾不少现代诗人缺乏严谨的学术训练，如由他们来选，恐怕只会更糟。

关于重编唐诗，在中国大陆有人尝试过。那是大跃进的 1959 年，北京中华书局出了一本《新编唐诗三百首》，在序文中高高标出"古为今用,政治第一"八个大字,把旧选本的作品大刀阔斧砍去了三分之二,像贺知章的《回乡偶书》、陈子昂的《登幽州台歌》、李白的《将进酒》等诗,被编者指责为"由于封建阶级出身的知识分子又是多么缺乏革命彻底性"而不合政治标准被除名,另选进了许多所谓思想性强的平庸之作。这个选本连著名诗人臧克家也接受不了,他曾写了《从〈新编唐诗三百首〉说起》加以批评。到了改革开放时期,武汉大学中文系古典文学教研室也出版了《新编唐诗三百首》,由权威的人民文学出版社推出,但没有也无法取代蘅塘退士编的那本。在台湾有无出版过"新编唐诗三百首",限于见闻,笔者未看到,但见过现代诗人仿照《唐诗三百首》编了《新诗三百首》。由于是当代诗人编选当代诗,没有经过时间的严格筛选,故余光中在为其写序时有所保留。

这不是说唐诗选本到清代已经编完,更不是说余光中的批评和期望会落空,只是真正"新编"起来,要得到社会的公认,尤其是时间老人的认同,是十分困难的事。无论是在中国台湾还是在内地,均不重视选家的培养。君不见,高校评职称,著作才算成果,编选是拿不出手的,也是不被承认的。在这种学术氛围下,谁能指望会出现像蘅塘退士那样的选家呢?

第五章

星空无限蓝

诗社不比政党，切忌成为百年老店。诗人不是家人，不必"长相左右"。

淡蓝为美

在 20 世纪 50 年代中期，纪弦初组现代诗社，"领导新诗再革命，推行新诗现代化"之类的口号喊得震天响，吸引了不少诗人，当时的台湾诗坛参加者几乎有三分之二。

也是从中国大陆去台的资深诗人覃子豪对纪弦的做法很不以为然，便和另一位元老级诗人钟鼎文到台北厦门街去看文坛新秀余光中，言谈之中表示要另组诗社和纪弦抗衡。1954 年初春的一个晚上，覃子豪、钟鼎文、邓禹平、余光中等人在夏菁家里聚餐。他们边吃边议，对当下诗坛的走向和各人的诗学观互相交换了看法，事后决定成立一个不拘形式的沙龙式雅集诗社。颇富诗人气质的覃子豪，认为既然是结社就必须有一个基本信条，希望大家能采纳他的主张。对理论冷感的钟鼎文、富于幽默感的邓禹平、一听主义就头痛的夏菁，均不赞成覃子豪的意见，认为诗社固然有志同道合之意，但不一定要打旗称派。新组的诗社应是松散的团体：不发宣言，不选社长，不设组织章程。这不等于说，社员之间没有较一致的看法，他们都反对纪弦提出的"新诗乃横的移植"和"打倒抒情"的主张，对放逐散文而用散文为诗之工具，也有不同的看法。基于这一点，他们有别于激进的现代派，而成了温和的现代主义组织。

关于诗社的名字，余光中等人苦苦思索了多时均没有结果。一次在台北中山堂的露天茶座里，大家一边品茶，一边谈诗。正当彼此传阅诗作时，覃子豪突然望了望天上的星空，灵机一动说："就叫蓝星行吗？"大家觉得这个名字有一股诗意，至于它象征着什么，也来不及研讨，便很快举手通过了。当时除钟鼎文、覃子豪外，各人写诗才起步，大家写得多而认真，均希望通过沙龙的形式互相传阅，互相激励。

（右起）蓝星诸诗人：夏菁、黄用、吴望尧、余光中

余光中觉得"那真是一个天真而且可爱的时期，也许幼稚些，可是并不空虚"。

在成立诗社时，夏菁曾想请蓉子参加，后来她有事未能成为发起人。诗社正式开张后，这位美女诗人的加入给这些男诗人的聚会增添了绚丽的色彩，另有好逞幻想的吴望尧和善作思辨的黄用的加盟，壮大了蓝星的阵容。在后来保卫现代诗的论战中，黄用无疑起到了重要作用。

在纪弦组社的刺激下，南部的军旅诗人张默、洛夫也于1954年另组创世纪诗社，并亮出"新民族诗型"的口号。这个诗社另张新帜，除要扬弃当时像翻译文的诗作外，更重要的是为了与纪弦对垒。既然创世纪和蓝星都不服现代派，故蓝星决定"联创抗现"：

一是分化"现代派"，如罗门投"蓝"弃"现"时，就在《蓝星诗选》上发表文章，申明他加入蓝星的理由，余光中将这种行为戏之为"向纪弦掷出一只铁手套"。

二是"蓝星诗奖"除颁给同仁黄用、吴望尧外,也颁给创世纪的痖弦,以便争取别的盟友一道向现代派"出击"。当时覃子豪和余光中均为这种"联创抗现"政策的实施沾沾自喜。

1954年至1964年,由于蓝星同仁还没有出国,人力、财力较为雄厚,尤其是彼此均保持着年轻人的朝气与冲劲,故蓝星除拥有周刊、季刊、诗页等各类型诗刊外,还经常举办各种诗奖和朗诵活动,同仁又接连出版诗集,这是蓝星的全盛时期,余光中称其为"小小的盛唐"。当时,一些创作力旺盛的诗友,常在余宅即厦门街113巷聚会到深夜。聊天的话题天南地北,但均离不开诗,正所谓"但觉高歌有鬼神,焉知饿死在沟壑"!诗人爱冲动,说话不喜欢转弯抹角,其中以批评家的锋芒和青年人的冲劲著称的黄用,在他的周围聚集了一小批少壮派,与他过从甚密的不仅有亲近蓝星的叶珊,还有创世纪的洛夫。

黄用参加蓝星诗社伊始,就看不惯阵容欠整齐的"诗风",对领头人覃子豪的外语水平和诗学见解有些不屑一顾,后来黄用对覃子豪的不敬表面化,以前辈自居的覃子豪觉得这位年轻人太狂妄,因而蓝星"内讧"是迟早的事。这种不迷人的场面到黄用"拉拢"痖弦、洛夫、叶珊、夐虹结成"五人帮",后又邀余光中加盟而达到白热化,可余光中舍不得离开密友夏菁,同时也不愿与交情甚笃的吴望尧分手,于是黄用设计的"五人帮"便从此杳如黄鹤。

1963年,覃子豪去世。蓝星的中坚人物黄用和吴望尧也先后告别了缪斯,蓝星的发展便进入后半期。这时期支撑蓝星局面的主要有罗门、向明、周梦蝶、张健、蓉子、夐虹,而余光中取代了覃子豪,成了新的掌门人。

1963年至1966年,即余光中在美国的两年期间,岛内的社友除举办过蓝星成立10周年的社庆外,诗社的活动基本上陷入了停顿状态,但蓝星并没有因此降下半旗。1987年,蓝星成立32周年,诗社策划了庆祝活动,同时出版蓝星诗选《星空无限蓝》。余光中在为此诗选写序时,曾标出该诗社的四大特色:不划界限、不呼口号、不相标榜、不争权位。这"低调"的四不主义,看似消极,实为自许和自勉。

正是这"四不"，造成诗坛对蓝星这样的评价："蓝星的个人成就往往掩盖诗社的光辉。"其实，蓝星中个人成就拔尖的只有覃子豪、余光中、周梦蝶、罗门、蓉子等数位。其同仁对这"四不"也没有充分修炼好，他们之间较少互相标榜，但时有互相攻击的现象出现，如近年向明与罗门的"对骂"，是人尽皆知的事。

1992 年，九歌出版社不再资助蓝星，蓝星便出现了只有招牌而没有营业的状况，同时留下蓝星还能否在中国台湾诗坛继续闪光的问题。六年后的 1999 年 3 月，《蓝星》季刊又奇迹般起死回生，由淡江大学中文系复办。这不是老刊物"借尸还魂"，而是"借腹生子"，借中文系的财力、人力，让诗刊走进校园。作为《蓝星》发行人的余光中，写了卷首语《淡蓝为美》，其中云：

> 一份诗刊，甚至一个诗社，如果办得认真，十年也就够了。诗人和艺术家最宜发挥个性，所以应戒"党性"。诗社不比政党，切忌成为"百年老店"。诗人不是家人，不必"长相左右"。一个诗社维持几十年，很容易沦为帮派，党同伐异，少有宁日。所以现代诗史若是还困在当年所谓的"三大诗社"的格局里，像说《三国演义》那样，就太把缪斯政治化了，读来未免粗糙无趣。倒是十几年来的年度诗选，编辑委员来自各家各派，选诗只以艺术为标准，根本不考虑什么诗社的背景，颇有"欧盟"的气象。

这里取的仍然是低姿态。可惜的是淡江大学的《蓝星诗学》2004年又停刊——如此停停复复，复复停停，蓝星已有晚唐的兴叹，所谓"星空无限蓝"已成为历史了。

与覃子豪的恩恩怨怨

覃子豪在 20 世纪 50 年代被人们尊称为"诗坛三老"之一，又被喻之为"诗的播种者"。他在中国台湾诗坛的影响力比纪弦虽稍逊一筹，但正如彭邦桢在《覃子豪评传》中所说："他却是最初对台湾有过深远影响与贡献的诗人。"

20 世纪 50 年代是台湾诗坛最为兴旺也最为活跃的时期。当时的"诗坛三老"，其实都在五十岁上下，覃子豪大纪弦一岁，生于 1914 年的钟鼎文小纪弦一岁。他们三人的诗观不完全相同，其中纪弦显得最为前卫。他倡导现代诗运动时，曾邀覃子豪、钟鼎文参加，可他们都婉言谢绝了。稳健的覃子豪当然不会同意"信条"中所说的"新诗乃是横的移植，而非纵的继承"。有一次，覃子豪曾当面斥纪弦狂妄任性。纪弦仗着自己口号响亮，从者甚众，把覃子豪的话当耳边风。

成立蓝星后，覃子豪借《公论报》每周半版篇幅出版《蓝星》。该周刊原决定各人轮流主编，后来是覃子豪一人担任。此外，《蓝星诗选》也由覃子豪主编。1957 年，在现代诗论战中军容壮大的蓝星诗社，议定要另办一个季刊，由钟鼎文等四人各编一期。后来覃子豪弄到一笔钱，又演成他一人独编之局。他在诗刊封面上赫然印上"覃子豪主编"几个大字，令钟鼎文、余光中等人不悦。

1958 年 10 月，余光中到美国进修。在《蓝星》诗刊停摆之际，余光中把自己经手的《文学杂志》的诗稿交给挚友夏菁，《文星》诗页则交给覃子豪打理。1959 年春天，蓝星内部发生了摩擦，主角是上节所述的黄用与覃子豪。次年余光中回国后，便扮演着鲁仲连的角色从中调解，以减轻这次龃龉的负面作用。双方均给足余光中面子，从此不再争吵。

覃子豪的个性独特，他有时给人谦谦君子的印象，有时却使人感到他既固执又倔强。洛夫的感觉是：覃子豪对人对诗，态度均严肃认真。1961年7月，洛夫发表长文批评余光中的长诗《天狼星》，蓝星诗社为此召开紧急会议，商讨对策。覃子豪认为这是洛夫针对余光中而非针对整个诗社，应慎重而行，结果弄得不欢而散。这内中的隐情，有覃子豪与余光中个人之间的矛盾。在编《蓝星诗选》时期，覃、余之间的合作是愉快的。正如余光中在《蓝星诗社发展史》中所说："两人在诗坛上的渊源相异，交游的圈子不同，不过对于新人的欣赏，大体上趋于一致。"但两人待人处事上有所不同。覃子豪做事喜欢包打天下，有时也爱摆老资格，余光中就难免有想法。尤其是对覃子豪的外语水平和诗学修养，余光中一直不能感到由衷的敬佩。余光中虽然欣赏覃子豪对诗的专一和赤忱，但难免私下嘲笑他的虚张声势。余光中后来对诗的看法有较大的改变，不可能与覃子豪处处同进共退，如余氏的《幼稚的"现代病"》发表后，引起激进现代派的"公怒"，覃子豪也认为余光中的态度来了个180度大转弯，因而两人难免有隔阂，有误会，甚至不相往来。加以纪弦的现代诗派已经解散于无形，而与余光中及覃子豪私交甚笃的吴望尧又远去越南，正如余光中所言：用马基亚维利的口吻来说，去了一个共同的"敌人"，又走了一个共同的知己。这样的情形下，覃、余之间再有什么误会，就不那么容易冰释了。

不管是激进的现代派，还是温和的现代主义，在文坛上均遭到一些人的强烈质疑。"大敌"当前，团结很重要。正因为如此，作为前期蓝星诗社领袖的覃子豪与作为后起之秀的余光中，他们之间的摩擦并未表面化。在与苏雪林、纪弦的"外战"中，覃子豪却表现出一种"虽千万人而吾往矣"的精神。余光中本人虽然和苏雪林没有打过笔仗，但也有过间接"过招"：那是1967年1月，余光中和司马中原到台南成功大学演讲，作为东道主的苏雪林也坐在听众中听余光中朗诵。那些听众多半是苏雪林的学生，她已无能力去劝他们远离现代诗。出于礼貌和为了表示对这位五四文学前辈的尊敬，余光中在言辞中对她十分客气，且为了不使对方有不必要的联想，把已准备好朗诵的《七十岁以后》删去。即使这样，苏雪林对这位覃子豪的"战友"仍不满意，事后在《纯文学》上对余光中冷嘲热讽，并搬出徐志摩镇压余氏。这显然是对覃子豪攻击的延续。余光中由此感叹说：

> 十年来，现代诗人一直在求进步，不但在学问上做功夫，而且在文学史观的透视上，适度调整了自己对中国传统和西洋时尚的看法。相反的，当今抨击现代诗的人士，十年来多半一成不变，仍然在五四的襁褓里牙牙自语，那就不能怪时代和读者要遗弃他们了。①

在覃子豪去世将近八年后，余光中回忆蓝星诗社时说：

> 我仍然认为当初和他（覃子豪）的结合是有意义的事情，和他的交往不无愉快可忆的日子，且认为，他对现代诗毕竟功多于过，不失为早期现代诗运动的核心人物之一。相信夏菁也有近似的感想。②

余光中对覃子豪的评价是客观的。不仅夏菁，别的蓝星同仁也会同意余氏的这个看法。

在蓝星星座出没的诗友

任何人都不可能遗世独立，不交朋友。

哪怕是没有妻子或丈夫的独身主义者，朋友仍不可少。

可以谈心、交心的朋友，其重要性不亚于夫妻、儿女。余光中曾假设自己有九条命，其中一条命便用来做朋友，可见交友对一个人来说，

---

① ② 余光中：《蓝得诗社发展史》，《蓝星诗学》创刊号，1999年3月。

是多么重要。

在《朋友四型》中，余光中将朋友分为高级而有趣、高级而无趣、低级而有趣、低级而无趣四种。余光中是著名的作家、学者，他在居室之内，山水之间，当然谈笑多鸿儒，往来无俗客。像著名诗人叶珊，就是余光中结交的一位高级而有趣的诗友。余光中每次去美国，差不多都要去拜访这位老朋友。1969 年第三次去美国时，叶珊是他见面很多的故人，两人握手言欢的机会也不少，而这位老友也会尽地主之谊热情接待。和余光中在香港中文大学结识的宋淇一样，叶珊最喜欢坐定下来聊天，且一面聊一面饮酒。叶珊不但学问渊博，而且舌锋凌厉，一谈起台湾文坛诗坛，便唇掀古今，舌动风雷，作滔滔不绝状。诗、散文和翻译是两人的同好，他们在摇曳的烛光下，谈起来更是兴致勃勃。基于两人深厚的友谊，余光中除写过《在水之湄》的散文外，还写过一首诗《调叶珊》：

死后三年
切勿召朋呼友
上我的墓来诵诗，饮酒
小便后，对月光一股劲儿发抖
说鬼，谈狐，讲低级的笑话
耳根辣辣地
把花生壳撒得我一头
最后大家静下来
蟋蟀哀哀的清歌中
忽然有谁说：
"我说余光中那小子
去了那里头
该再也写不出诗来了吧！"
切勿切勿
就在你背后
冷沁沁地

一个死不服气的鬼，咦，怎么
竖起

以开玩笑的口吻着笔，可见两人友谊之深厚。此诗旨在表明作者"死不服气"，就是到了阴间还要做诗人。作者很善于抓住叶珊性格的特点以及"高级而有趣"和"低级而有趣"的矛盾加以点染，用超现实的手法产生谐趣，让读者从中感到这位既诵诗喝酒，又说鬼谈狐的朋友与作者如何亲密无间。

叶珊只是蓝星的"票友"，在蓝星投稿并在该社出诗集，并不是蓝星的正式成员。而夏菁就不同了，余光中与他的友谊牢不可破，甚至被人误以为兄弟而有"两马同槽"的说法流传。

夏菁原名盛志澄，是一位农业专家，"他的诗清朗冷静，有佛罗斯特风，也颇受另一美国诗人狄瑾荪的影响"①。余光中除写过《宛在水中央》的散文记叙他们之间的友情外，另还有两首诗专门写给他，其中《诗人和花贩——给夏菁》云：

莫向我诉说天才的诗章
　　竟然是如此的贱价：
这世界原来是一个菜场，
　　谁教你菜市来卖花？

萝卜，芋头，冬瓜和青菜，
　　最受市场的欢迎；
你这位花贩偏偏只出卖
　　百合和康乃馨。

这里写诗歌由于曲高和寡，不能走向市场，读者甚少，这该怪谁呢？不能光怪读者，诗人应反省自己。余光中后来从摇滚乐中获取了灵感，

① 张健:《蓝星诗人的成就》,《蓝星诗学》创刊号(1999 年 3 月),第 23—24 页。

130

从《诗经》的复沓唱法中汲取了营养，写出了《乡愁》这样广为传诵的作品。它虽然也是"百合和康乃馨"，但像萝卜、青菜那样受读者欢迎。可见"天才的诗章"只要注意民族形式，不一定就会"贱价"。

作为蓝星健将的黄用，其诗有古典的美，曾获蓝星诗奖；评论更具功力，思想锐敏而深刻，进可以攻，退可以守，在论战中颇具杀伤力。对这位忘年交，余光中有一首诗《植物园——怀夏菁、望尧、黄用》，结尾写"航空信的秋季／鸟在风中，风在水上／国际邮筒在厚厚的云上"。读这些出国朋友寄来的航空信，是一种美妙的享受。当时还没有电子邮件，"一切距离都伸得很长"。这种"相去万余里，各在天一方"的情况，真如《古诗十九首》所说的"思君令人老"啊。

有"现代诗僧"之美誉的周梦蝶，是蓝星诗社中年纪最大的一位，所谓"半个诗人，半个和尚"。他是名副其实的苦吟诗人。对这位"诗中有禅，禅中有诗"[1]的同仁，余光中和他诗来文往。除早年托周梦蝶销过自己的处女诗集外，还写有窥探周氏诗境的文章《一块彩石就能补天吗？》，对周氏的人品和诗品做了精辟的分析：

> 四十年来在台湾的新诗坛上，周梦蝶先生独来独往的清癯身影，不但空前，抑且恐将绝后。
>
> 在我们的诗人里，他是最近于宗教境界的一位，开始低首于基督，终而皈依于释迦。在一切居士之中，他跌坐的地方最接近出家的边缘，常常予人诗僧的幻觉。他的笔名起于庄子的午梦，对自由表示无限的向往。不求名利，不理资讯时代的方便与纷扰，无论在武昌街头与否，他都是不闻市声的大隐。对现实生活的要求，在芸芸作家里数他最低了，所以在诗中他曾以荻奥琴尼斯和许由自喻。可是另一方面他又一诺千金，不辞辛苦为朋友奔走的精神，却又不愧于儒家。都到了 1990 年了，台北之大，似乎只有他一人还在手持莲花，抵抗着现代或是后现代的红尘。今之古人，应该是周梦蝶了。

---

① 　张健:《蓝星诗人的成就》,《蓝星诗学》创刊号(1999 年 3 月),第 23—24 页。

这里用"今之古人"喻周梦蝶，真是再准确和传神不过了。

罗门，是蓝星诗社最具前卫色彩的健将。他在蓝星后期的二十年中，无形中担负着蓝星的社务工作。他的灯屋，或商谈社务，或讨论作品，一度成了诗社的办公室。

1987年，罗门到香港大学演讲，与余光中同游九龙"船湾长堤"等风景区。这两位56岁的同庚诗人，对海天之空阔忽萌起玩掷石片的游戏的童心，余光中为此写了一首《漂水花——赠罗门之二》：

在清浅的水边俯寻石片
你说，这一块最扁
那撮小胡子下面
绽开了得意的微笑
忽然一弯腰
把它削向水上的童年
害得闪也闪不及的海
连跳了六、七、八跳
你拍手大叫
摇晃未定的风景里
一只白鹭贴水
拍翅而去

童心未泯的余光中在漂水花

这里纯用有真意、去粉饰、不做作的白描手法写漂水花的过程。不像在作诗，而"削向水上的童年"的谐趣充满在字里行间。"他写罗门俯寻之后，而说话，而得意，而微笑，而弯腰，而削，而拍手，而大叫，这一连串动态多么生动传神。

动态的白描，描得如此简明，如此紧凑，如此妙，似这般笔法，可能上溯到《史记》的名篇。至于音韵之妙，倒是末技。"①

罗门另有回赠余光中的同题诗《漂水花》。它虽然也是应酬式的小品，但同样将诗人不泯童心的抽象时空假借具体的描绘生动地表现出来：

六岁的童年

跳着水花来

找到我们

不停地说

石片是鸟翅

不是弹片

要把海与我们

都飞起来

一路飞回去

如果说，"余光中的《漂水花》是陶渊明式的旷达，罗门的《漂水花》却是杜甫式的苦痛。他们的表现方式虽有差异，但同样达到神妙的意境"②。

现代诗保卫战

蓝星诗社早期出了24种"蓝星诗丛"，后期也出了10多种"蓝星丛书"。这些"诗丛"和"丛书"，培育了不少诗坛新秀。就其规模来说，不亚于兄弟诗社甚至超过了某些以老大自居的诗社。由于诗社动作大，

---

① 流沙河编：《余光中一百首》，四川文艺出版社1988年版，第248页。
② 陈宁贵：《论作两篇》，《蓝星》第1号（1984年10月），第164页。

影响面宽，再加上这些诗丛中的不少诗难以索解，便遭到一些文学观念守旧人士的攻击与奚落。最典型的是苏雪林于 1959 年 7 月 1 日在其《文坛话旧》的《新诗坛象征派创始者李金发》一文中，借谈李金发为名攻讦当今的新诗"更是像巫婆的蛊词，道士的咒语，匪盗的切口……"；"这个象征诗的幽灵……传了无数徒子徒孙，仍然大行其道"，把新诗弄得"随笔乱写，拖沓杂乱，无法念得上口"。她这里说的今日新诗，便包括蓝星同仁的诗作在内。性格耿直的覃子豪，看了后便写了《论象征派与中国新诗——兼致苏雪林先生》，认为"中国台湾诗坛的主流"，"既不是李金发戴望舒的残余势力"，也非"法兰西象征派新的殖民"。新诗的进步不可抹杀，谓苏氏的评语"未免有失公平"，并讥苏氏为"不前进的批评家"。苏氏紧接着写了《为象征诗体的争论敬答覃子豪先生》，对有关象征派问题——作出答辩。覃子豪又写了《简论马拉美、徐志摩、李金发及其他——再致苏雪林先生》，除了反复论及象征派问题外，另指出苏氏文风恶劣："把诗作者比作'巫婆'、'道士'已欠诚意与严肃；比作'盗匪'、'贼子'就简直是在骂街了。"苏雪林是内地成名的老作家、老教授，由于她在书斋里讨生活，对文艺创作实际不甚了解也不愿理解，因而成了保守势力的代表人物，这就是为什么她要抓住现代诗的某些毛病大骂的原因。覃子豪在反驳时，"对现代诗的特质虽有较详尽的剖析，但大部分是拾取早一代西方诗人的意见，并没有以中国现代诗为例做分析，也未能深入地解释何以在那时候这种'曲高和寡'的'发掘人类生活本质及其奥秘'的新诗会被我们的许多诗人接受的背景"。再加上论战双方所提的李金发、戴望舒的诗大部分读者都没有读过，因而这场论争影响有限。

如果说以上的论争还只限于个人之间的话，那后来的论战就涉及了整个诗坛。事情是由台湾"《中央日报》"副刊杂文专栏作家言曦（邱楠）的《新诗闲话》引起的，时间距上次论争已有 4 个月。言曦从苏雪林接到匿名信说起，广泛地批评中国台湾诗歌界，并一概将其贬为"象征派的家族"。他提出"造境、琢句、协律"这三条自以为"比较客观的尺度"，认为诗"最低的层次是可读，再上是可诵，最上一层是可歌"。用这个标准衡量，言曦认为许多新诗是以艰涩的造句来掩盖其空虚，浅入而深出。由于言曦用的是传统观点，对现代诗的本质及其表现技巧缺乏深入的了解，故未能击中新诗的要害。

言曦的言论一刊布，诗坛顿时变得不平静起来。卷入这场论争的人很多，其中恒来、风人、梁容若是站在旧诗的立场看新诗的；钟鼎文、羊令野、洛夫等现代诗人则站在革新的立场上为现代诗辩护，其矛头均一致指向言曦。正当堂堂皇皇的现代诗论战开始时，自愿冲到前线的余光中在大力鼓吹现代诗、现代小说、现代画以及一切现代艺术的同时，接连发表了《文化沙漠中多刺的仙人掌》和《摸象与画虎》，认为台湾的新诗不能用象征主义去概括。台湾的三个主要诗社蓝星、现代诗、创世纪曾受象征派的影响，但现在"已经超越了象征派，甚且不屑一谈象征派了"。余光中这番言论，算是回答了苏雪林等人对新诗的诘难。余光中还举了许多例子，说明"不可歌"的诗之价值，是远高于"可歌"的。谈到"艺术大众化"问题，余光中以鄙视的口吻说：诗人"在气质上"或多或少是"异于常人"的，"大众之中，究竟有多少人能在沙中见世界，在鸦背上见昭阳日影？"要使大众都了解诗，是几乎不可能的。即是说，余光中认为诗是象牙塔中产生的艺术，它带有贵族性，诗人"不屑于使诗大众化，至少我们不愿意降低自己的标准去迎合大众"。"大众"不了解诗，不是诗人的错，而是大众本身艺术修养太差。余光中的这种看法，是偏颇的。诗人自然不必为了迎合大众降低自己的艺术水准，但也不能完全忽视群众的艺术趣味，并认定他们的趣味就一定是低下的。诗人应首先反省：为什么自己的作品不受群众欢迎，这里有无主观上的原因？

作为文化刊物的《文星》，也出版过专辑，从不同角度为新诗辩护。其中余光中、黄用、夏菁、覃子豪等人的观点，大致认为几十年来新诗比"五四"以后的"新月"等时期有进步；现代诗虽然反传统，但并未与传统一刀两断；苏雪林、言曦等人的批评不恰当，所诘难的诗句并非不可解；诗无法做到大众化。其中余光中的《大诗人艾略特》，还对现代派的鼻祖艾略特做了简要的介绍。言曦针对他们的反驳，再写了四篇《新诗余谈》作答，孺洪也出来助战。他们把矛头指向态度激烈、口吻强硬的黄用。黄用则抓住他们不是诗人的弱点，影射他们的批评为"瞎子摸象",提出"唯诗人可以论诗"的观点，不仅火药味浓，而且霸气十足。

正当论战高潮快要过去的时候，一向"寡言"的诗人陈慧，写了《新诗的一些意见》，站在中间立场与言曦、余光中商榷。他认为，"可歌"与"不可歌"不能作为论诗的优劣标准。诗人虽不必降低水准迎合大众，但也无须瞧不起大众，对他们不屑一顾。他这个意见较为客观、冷静，得到一些人的赞同。

这场延续了好几年的论战，虽然出阵的多半是蓝星诗社成员，但毕竟将现代诗的国防巩固下来了，使现代诗并没有像苏雪林等人期待的那样退出历史舞台，反而得到了蓬勃发展。通过这场论战，蓝星也调整了自己的步伐，诗中意象转向爽朗和清晰，避免过于不可解。其中一个重要途径是通过大型现代诗朗诵会的举办，吸引更多的读者和听众。1964年春天举办的"莎士比亚诞辰四百周年现代诗朗诵会"，陈芳明就带着近乎"朝圣"的心情进入会场。后来成了著名科幻小说家的张系国，那晚也以台湾大学吉他社社长的身份为诗人伴奏。

再见，虚无！

不同于20世纪50年代是纪弦的时代，20世纪60年代的诗坛成了余光中大展拳脚的舞台。

创世纪诸君子接过纪弦的火炬，将现代诗推向超现实主义的极端，一向甚为前卫的纪弦也为之摇头。他一气之下，于1965年提出要为中国新诗正名，过了一年又提出要取消"现代诗"一词，而洛夫们却乐意接棒，领导起现代诗的新潮流。乍看起来，20世纪60年代的诗坛是创世纪在执牛耳，其实由表及里地看，诗坛乃至文坛的主要焦点都离不开余光中。

余光中自称是"艺术上的多妻主义者"，其诗风多变：1949年至

1955 年，他服膺的是新月派格律诗的诗风；从 1956 年到 1960 年，他开始向西天取经，走西化之路；由美国回台湾，却主张回归传统，长诗《天狼星》就是他这方面的实践。此诗通过自我，将海峡两岸和中国几千年的历史糅合在其中，做了视野宽广的抒情描写。作品发表后，余光中收到许多有赞有弹的读者来信，属于后者并形诸文字的是洛夫长达万余言的《天狼星论》。他认为：

一、现代诗作者应该具有"一种属于自己的，赖以作为创作基础的哲学思想"。什么是这种哲学思想呢？答案是存在主义。"在现代艺术思想中，人是空虚的，无意义的……研究人的结论只是空虚，人的生活只是荒谬……在现代文学中，我们常看到'神圣'、'光荣'、'伟大'等空洞的名词，这些对我们已成为一种无法忍受的枷锁，它使我们痛苦，使我们虚伪，使我们变得丑陋。"接着，《〈天狼星〉论》的作者又引用海明威的话："诸如光荣、勇敢、荣誉或神圣等抽象的字，和村名、道路的编号、河名、部队的番号和日期等具体的字眼相形之下，前者显得秽亵下流。"基于上述的哲学思想，洛夫认为《天狼星》注定要失败。

二、另一构成《天狼星》失败的基本因素，是"《天狼星》饶有具象性，面目爽朗，脉络清晰，乃流于'欲辩自有言'，'过于可解'的事的叙述"。也就是说：《天狼星》不符合达达主义或超现实主义的创作方法论，意象与意象间，有比例、有发展、有统一性，没有做到"不合逻辑，不求读者了解"的地步。同时洛夫同意法国心理学家赫依波的看法，认为艺术创作可以分为经验的与直觉的两型，"前者的创作是先有一个主体，就这一主体作有意义的运思，运思完成而后有创作，创作而后有修改，这是传统的创造过程。后者的创作并非先有一个主意，而是广泛的酝酿，之后始有中心观念之涌出，再后始有此一观念的发展以及作品之完成"。由于《天狼星》是"拟就大纲的计划创作"，且属于前一种创作过程，所以它是"传统的""失败的"。

洛夫写《天狼星论》正值他研读和实践超现实主义的时期。他难免以自己的嗜好要求他人。蓝星诗社的另一理论家张健便认为，洛夫的推论纯是"观念中毒"的表现。鉴于洛夫的文章在措辞上对余光中的社会地位及其尊严有所损害，于是，余光中写了《再见，虚无！》

作出回应，批评洛夫的文章体现了虚无思想：在这种颓唐的气氛之中，神、道德、社会、文化传统被全盘否定，最后被否定的是诗人自己的灵魂。这种虚无之风吹走了一切固有的价值，而又始终不能（或不愿）建立新的价值。无论用什么哲学理论来辩护，一种文学或文化，总不能建立在否定之上。这些虚无崇拜者生活在一个无所适从的"现在"，他们否定过去，因为过去只是文化渣滓的堆积，只是可耻的传统，他们否定将来，因为他们是绝望

《天狼星》书影，台北，洪范书店

的。这样的"存在"毫无延续性……事实上，这些虚无崇拜者大可不必写诗，因为这样适足表示他们未能免于积极，未能忘情于文化。如果诗既不反映生活，也不表现自我，则诗究竟要表现什么？如果诗要反映生活且表现自我，则生活是没有意义的，自我是不可认识的，这样做岂非徒劳？洛夫的理论是很矛盾的。一方面他说明人是"空虚的，无意义的，模糊不可辨认的"，在另一方面又指摘《天狼星》的作者"忽略了周梦蝶人格的与艺术思想的发掘"。既然人毫无意义，则我们何必斤斤计较"人格"与"思想"？接着洛夫又说："周梦蝶是人，他生活，他写诗，他的智慧与我们的同样光芒四射，他突破传统藩篱的叛逆精神与我们的同样不为学院派所悦纳。"余光中非常惊讶于洛夫使用"智慧"这种传统而唯心的字眼。智慧而竟"光芒四射"？这究竟是浪漫主义的用语，还是存在主义的词汇？至于说周梦蝶具有突破传统的叛逆精神，则是违背事实的……洛夫是崇拜现代文艺而唾弃传统的。可是他对传统了解得不够，因而他的扬弃传统相当武断。如果他曾博览古典，他也许会发现他所喜爱的虚无主义并不始于存在主义诸哲学家，

甚至也不始于陀思妥耶夫斯基或屠格涅夫。

对赞成意象孤立和切断联想，拥护达达和超现实主义的洛夫，余光中无论对其理论还是创作均持否定的态度。他引洛夫《睡莲》中的一段：

> 或许这是最初的一瓣，晨光中
> 有人扛着一排白齿向墓地而去
> 任其成形，那美丽的不安
> 任死者染白了衣裳

余光中说：像这样的诗，当然没有《天狼星》那种"工整而准确"的毛病，但是就我而言，也似乎没有什么"可感"的东西。我完全不能把握这些字背后的实体。现代诗固然不是给"大众"读的，但至少它应该能满足一些"被选择的心灵"，一些同道。我可以很诚恳地说：对于读诗、译诗、写诗、编诗、教诗、评诗皆略有经验的我说来，《石室的死亡》中有不少段落实在难以感受——如果不是难以"了解"的话。我认为《石室的死亡》是一首甚有分量的重要作品，然而由于某些段落处理的手法过于"晦涩"（除了"晦涩"之外，没有别的形容词），乃使许多读者（本身即诗人的读者）无法作恰如其分的感受，这实在是非常可惜的。

余光中与洛夫在台湾诗坛均很有影响，两人的争论可谓是棋逢对手。那时洛夫以激进的现代派著称，在观念上比余前卫。由于洛夫觉得虚无问题过于玄妙和复杂，双方开战之日也就成了终战之时。两人后来还做了不同程度的自我批评。洛夫在论覃子豪的文章《从〈金色面具〉到〈瓶之存在〉》中说："数年前笔者曾秉着艺术良心写过一篇万余字的《〈天狼星〉论》的诗评，由于在措辞上对作者的由社会地位所养成的'尊严'有所损及，致使作者大为震怒，为此我一直深感歉疚与愚昧。"在写于 1977 年 1 月的《洛夫诗论选集·自序》中，也说："其中某些看法浮泛而零碎，至今读来自己都难免为之失笑。"余光中在出版《天狼星》所写的后记中亦说："《天狼星》旧稿在命题、结构、意象、节奏、语言各方面都有重大的毛病。"后来，余光中对《天狼星》做了程度不同的修改。

在《〈天狼星〉论》出现之前，还未有人写过这种严肃而规模大的现代诗评论。洛夫有偏颇的批评带动了后来者对现代诗严肃而认真的研究，并促使余光中提前与虚无再见，倒是这场论争的意外收获。

"最终目的是中国化的现代诗"

20世纪50年代末的中国台湾文学在传统和现代之间徘徊。那些被西化之风刮得晕头转向的诗人们，只知道争先恐后去西天取经。在这种氛围下，余光中远没有后来写《古董店与委托行之间》那样清醒，也无法免俗写了像《我不再哭泣》（1954）、《世纪的梦》（1957）那样眉目不清、近乎改写西方诗作的作品，正如他在后来所言："所酿也无非1842年的葡萄酒。"这里讲的"葡萄酒"，是指1956年的晚春某夜，余光中偕夏菁谒拜梁实秋，梁公乃出1842年葡萄酒款待，余光中便于这年秋天写了《饮1842年葡萄酒》，其中唱道：

> 何等芳醇而又鲜红的葡萄的血液！
> 如此暖暖地，缓缓地注入了我的胸膛，
> 使我欢愉的心中孕满了南欧的夏夜，
> 孕满了地中海岸边金黄色的阳光，
> 和普罗旺斯夜莺的歌唱。

这里写用西方血液"来染湿东方少年的嘴唇"，倒是作者真情的流露。他这时期出版的《舟子的悲歌》（野风出版社1952年版）、《蓝色的羽毛》（蓝星诗社1954年版）、《钟乳石》（香港中外画报社1960年版）和作于1954年至1956年的《天国的夜市》（三民书局1969年版），表现了作者对西方的向往和钦羡之情，但经得起时间沉淀的作品不多。

在1959年新诗大论战中，余光中也明显地站在现代派一边，用他自己在《从古典诗到现代诗》中的话来说："在对外的论战中，我一直站立在最前线，从不退却。"余光中反驳反西化的大将邱言曦等人对现代诗的批判，极力维护现代诗的尊严；一会儿担当诗坛论战的重要角色，一会儿又分兵声援现代画家，为卫护抽象派呐喊。但比起创世纪的几员大将来，余光中的嗓门还没有这么高，调子也稍弱。如他在写于1959年底的论战文章《文化沙漠中多刺的仙人掌》中说："不错，我们反叛传统，可是反叛只是最高度的学习，我们对于传统仍保留相当的敬意。"由此可见，余光中在新诗论战时与其说是现代主义的辩护士，不如说是现代主义的同情者。他固然毫无保留地支持、声援过现代派，但他与激进的现代派不完全相同：主张扩大现代诗领域，采取广义的现代主义，并反对晦涩和虚无，反对以存在与达达相为表里的"恶魔派"。

余光中的诗观自20世纪60年代后有巨大的转变。这一转变和新诗论战给他带来的教训有关，也和他多次赴美分不开。1958年秋，余光中去美国爱荷华大学研究美英现代诗和现代艺术，其目的显然是接受西方文艺的洗礼，使自己的缪斯丰满起来，摩登起来。他这时也的确从西方艺术中吸取了不少有益的养料，诗风变得比过去活泼。尤其是返台后，不仅是诗风而且在作品内容上都发生了重大的变化，用他自己在《从古典诗到现代诗》中的话来说："抽象化乃告缓和，继之而来的是反映现实，表现幻灭，批评工业文明，且作古今对照的那种作品。""我已经畅所欲言，且生完了现代诗的麻疹，总之我已经免疫了。我再也不怕达达和超现实的细菌了。""我看透了以存在主义（他们所认识的存在主义）为其'哲学基础'，以超现实主义为其表现手法的那种恶魔，那种面目模糊、语言含混、节奏破碎的'自我虐待狂'。这种否定一切的虚无太可怕了，也太危险了，我终于向它说再见了。"以后余光中又数次赴美，但目的不再是进修、取经，而是任教、讲学。比起过去"发誓不要再见中国的海岸"的心态来说，这时他开始怀乡、思念故国，启程东返了。

这种转变，是因为余光中将西方现代文学钻研透后，再用它去和中国古典文学比较，便发现月亮并不是外国的圆。过去他言必称艾略特、叶芝，现在心仪的却是李杜。特别是接触到摇滚乐后，他发现现代诗在美国早已不再领导新潮流，时过境迁已不受欢迎了。他还在一些文章中一再说，由于唯西方马首是瞻，中国台湾诗坛已沦为西方殖民地，再不能一味向西天取经不回头。"浪子"们尽管"有活力、有胆量、有志向。他去了巴黎，做得很波希米亚，很蒙马特，他对艾菲尔铁塔敬礼，他饮塞纳河而甘之，他蓄了一部杜步西的胡子，养了一只波德莱尔的猫，且穿海明威式的猎装。可是他忘了一件事，他忘了回家了"。余光中在国外还亲身体会到，那些碧眼黄髯儿并不欢迎中国台湾现代诗，尽管现代诗人模仿艾略特、叶芝、魏尔伦等人几乎达到了乱真的地步。他还发现西方人津津乐道的只是唐宋诗词。至于新诗，西方只知艾青、田间，在翻译中国新诗时常用他们的作品作压卷之作。余光中本人尽管在台湾出尽风头，可西方人对他仍一无所知。这些反应促使他做出认真的反省，认为中国人一定要写中国味的诗，否则就无法得到别人的承认。回想自己过去甚至把徐志摩也归入僵死的传统之列，与别人一块起哄火葬徐志摩、降"五四"半旗，这算是一种"幼稚的'现代病'"。

这里还应提及本章第五节谈到的余光中与洛夫在 20 世纪 60 年代初有关《天狼星》的论争。这本是现代派内部之争，但洛夫对《天狼星》的批评，对余光中其实是另一方式的拯救，它刺激了余光中加速和虚无主义"再见"。本来，"拯救"有不同的方式：一种是别人认为自己反传统不彻底，便连忙改正，这是一种正面的反应；而余光中的反应是负面的，你认为我反传统火力不足，我就偏偏不添柴助焰。这并不是意气用事，而是从负面中吸取教训。余光中在答辩文章《再见，虚无！》中说：现代派面临的第一个危机便是虚无。虚无主义否定了神、社会、文化传统，然后又否定了诗人自己的灵魂，既放弃了固有的价值又无法建立起新的价值。诗人既然面对的是没有任何价值和意义的生活，那他到底要写什么、反映什么内容呢？余光中下定决心与虚无主义一刀两断，这是一种明智的举动和有胆识的选择。如果说过去在创作《天狼星》时，他还在传统与现代之间游移不定：认为传统是包袱，但又颇有值得留恋之处；现代颇富诱惑力，但它是一个未知数。通过论争，现代派对他的诱惑力已在逐渐减弱。这是他成为"回头浪子"的良好开端。"浪子"一词是余光中在回忆自己走过的创作道路时一个自嘲性的称号。还在1955年左右，余光中厌倦了传统的格律诗又无缘亲近"五四"新文学，便选择了西化这条路，一直到1961年为止，这便是他的"浪子"时期。在与虚无告别后，他便回归东方，向中国丰富的古典文学寻宝。对此，覃子豪称他是180度的大转弯，现代派则称他这种行为是"妥协""复辟""骑墙"，将其作品贬称为"新古典主义"。余光中则干脆把"新古典主义"当褒义词用，旗帜鲜明地提倡"新古典主义"。他在《迎中国的文艺复兴》中说：新古典主义"是一种重新认识传统的精神。它利用传统，发扬传统，使之与现代人的敏感结合而塑成新的传统；它绝非复古。它在今日中国的文艺界，已逐渐形成一股普遍的自觉潮流，并非我一人的'复辟阴谋'"。他还形象地说："我们也许在巴黎学习冶金术，但真正的纯金仍埋藏在中国矿中，等我们回来采炼。"他就是用采矿的方式写了具有浓郁的民族风格的30首诗，均收在《莲的联想》中。在这部诗集的后记中，他辩证地阐述了传统与现代的关系。他的努力方向是中西合璧，这就难怪当时守旧派骂他激进，激进派则嫌其守旧。

余光中在1962年还发表有两篇重要文章：一是《论明朗》，二是前面提及的《迎中国的文艺复兴》。

《论明朗》把批判矛头指向晦涩诗风。在反潮流的力作《迎中国的文艺复兴》中，余光中告诫台湾的中国诗人，既不要做死保传统"守株待兔的孝子"，也不要做彻底否定传统的"流亡海外的浪子"，而要做融合中西的"回头的浪子"。他说："我们的理想是，要促进中国的文艺复兴，少壮的艺术家们必须先自中国的古典传统里走出来，去西方的古典传统和现代文艺中受一番洗礼，然后走回中国，继承自己的古典传统而发扬光大之，其结果是建立新的活的传统。"这里讲的"新的活的传统"，既反对了"踏着平平仄仄的步法，手持哭丧棒，身穿黄麻衣，浩浩荡荡排着传统的出殡行列，去阻止铁路局在他们的祖坟上铺设轨道"的保守僵化，又反对了"无论知性的血枯肉干，或是兽性的血肉模糊"的"恶性西化"。这里讲的"恶性西化","是指诗人全面向国际的现代主义投降，全盘接受西方的诗派"。《在中国土壤上》一文中，余光中痛心疾首地质问道："这个民族的自信心到哪里去了？是否已经随屈原俱沉在汨罗江底了呢？几千年来，中国的大陆上，好像从来没有产生过任何天才。头脑外流，并不可怕，比起灵魂的外流！"这说得何等尖锐，又何等深刻！

余光中在20世纪60年代诗坛的影响力，除了靠作品外，主要是靠他的评论文章发挥出来的。通过论争，他的观点才愈辩愈鲜明。尤其是他在20世纪60年代初讲的："西化不是我们的最终目的，我们的最终目的是中国化的现代诗。这种诗是中国的，但不是古董，我们志在役古，不在复古；同时它是现代的，但不应该是洋货，我们志在现代化，不在西化。"在另一处又说："我认为，中国文艺的现代化运动应该是中国文艺复兴的前奏，它是民族文艺本身的纵的发展，不是国际化了的横的输入，它要西洋文学艺术服役于中国文艺，不愿沦中国文艺为西洋文艺的殖民地。它必须先是中国的，然后才是世界的，必须先是现代中国的，然后才是现代世界的。"这说得多么辩证和全面。他的"最终目的是中国化的现代诗"的主张，对内地诗坛也同样具有借鉴意义乃至指导意义。要说贡献，这正是余光中对中国新诗的贡献。

步雨后的红莲，翩翩，你走来
像一首小令
从一则爱情的典故里你走来
从姜白石的词里，有韵地，你走来

咪咪的眼睛

台湾的《联合文学》杂志,开辟过《阅读女人》专栏。编者说:"文章的感性,如同女人的慧黠和多情。"

对写了许多情诗的诗人余光中来说,他写作时阅读了大量的女人,并得到众多女人的滋润,正如傅孟丽所说:

> 余光中生命中最重要的人几乎都是女性。女性的温柔,母性的宠爱,影响他至巨。婚前他有母亲,婚后有妻子,然后是四个女儿,八条小辫飞舞。母亲去世后,岳母又搬来和他们同住。他身边的女人都爱他,宠他,敬他,让他,一切以他为中心。

余光中阅读得最多最仔细的女人,是他初恋的情人后成为永远的新娘的范我存。

范我存是余光中的远房表妹,常州人。在范我存的一位姨妈家中两人初次见面时,余光中对这位江南表妹的印象是像一朵瘦弱的水仙,楚楚可怜讨人喜欢,气质高雅而有魅力。那年余光中只有17岁,范我存14岁,再加一层远亲关系,余光中当时还不敢有非分之想。范我存后来回忆说:刚认识这位表哥时,他曾把自己写的一篇小说给我看,内容是一个中学生暗恋女同学的纯洁的爱,一看就知道是他自己的经验。

开始时,两家的大人都不愿意这对少男少女如胶似漆黏在一起。范家不太欣赏余光中的书呆子气,而余家则认为这位表妹体质欠佳。后来,他们都长大了,对情窦初开的大三学生及因肺病休学在家闲居的高中女生来说,两人的接触难免在交会时互放出爱慕的光亮。他们

有共同的话题，一谈起文学、绘画、音乐，兴致勃勃以至于忘了吃饭。他们还成双成对出入电影院。当时还未普及摩托车，只好骑着老式自行车在淡水河边踏青，到永和的青翠竹林中絮语。余光中每篇变成铅字的作品，在见报前范我存是第一位欣赏者。这位表妹多才多艺，对西洋现代画特别是梵谷的作品，有丰富的知识，这填补了余光中艺术生活的空白。余光中一直认为，范我存了解自己，对文艺敏感而有品位，这便像磁铁一样吸引着他。

1965 年，余光中在国外写的一篇游记中，这样描述这位皮肤白皙、五官清丽的表妹：一朵瘦瘦的水仙，袅娜飘逸，羞涩而闪烁，苍白而瘦弱，抵抗着令人早熟的肺病，梦想着文学与爱情，无依无助，孤注一掷地向我走来⋯⋯而范我存对这位理平头、穿麻布制服，看起来有点老成又有点害羞的表哥，其印象是才华出众，年纪轻轻就在文坛崭露头角。她感到这位表哥内涵丰富，说起话来有幽默感，和他一起生活，一定有情趣并稳妥可靠。他们因战乱在四川分别生活了七年，以至交流时，为了增强亲切感，均用流利的四川方言交谈。就是以后到了台湾，四川话仍是他们共同的爱好。余光中后来深情回忆起邮票和车票如何成为他们爱情频率的象征：

一个秋末的晴日下午，他送她到台北车站，蓝色长巴士已经曳烟待发。不能吻别，她只能说，假如我的手背是你的上唇，掌心是你的下唇。于是隔着车窗，隔着一幅透明的莫可奈何，她吻自己的手背，又吻自己的掌心。手背。掌心。掌心。这些吻不曾落在他唇上，但深深种在他的意象里，他被这些空中的唇瓣落花了眼睛。

　　诗人皆浪漫，余光中更不例外。当坠入爱河不能自拔时，他曾用一把小刀，在自己院子里的枫树干上，刻下"YLM"三个英文字首，Y代表余本人，L代表情爱，M是范我存。

　　读余光中的诗和散文，总会看到咪咪、宓宓的名字，这均是范我存的代称。余光中从年轻时到垂暮之年，一直称自己的妻子为咪咪。笔者有一次和他在香港开会时，余就当着我的面这样称呼她，以至于他的学生也受到感染，如香港浸会大学文学院院长钟玲，也用"咪咪"称呼余的妻子。

　　下面是余光中写于 1954 年秋天的《咪咪的眼睛》：

　　　　咪咪的眼睛是一对小鸟，
　　　　轻捷地拍着细长的睫毛，
　　　　一会儿飞远，一会儿飞近，
　　　　纤纤的翅膀扇个不停。

　　　　但它们最爱飞来我脸上，
　　　　默默脉脉地盘旋着下降，
　　　　在我的脸上久久地栖息，
　　　　不时扑一扑纤纤的柔羽。

　　　　直到我吻着了我的咪咪，
　　　　它们才合拢飞倦的双翼，

不再去空中飞，飞，飞，

只静静，静静地睡在窝里。

　　余光中可说是深得"神在两目，情在笑容"，"眼为心苗，目传心声"
的奥秘，因而他在描写女朋友的肖像时，最重视人物眼睛的刻画，不
像有些人专在樱桃小嘴或瀑布般的头发上做文章。而写眼睛，他只着
重写情人一双睫毛的纤纤柔羽，便将里面所蕴藏着的缠绵的话语，多
少柔情和多少幻梦表现得淋漓尽致。至于"咪咪"的名字，比其他命
名更能表现范我存娇美温存，更能使人想见她与"我"说情话时假怒
佯嗔的娇媚的情态。这种软性的爱情小品，是余光中热恋时的结晶。

　　余光中对咪咪的眼睛一往情深。这位缠绵的情人乃是他的一位文
学助手，余光中1955年翻译《梵谷传》，全文30多万字均由这位表妹
抄写。那时还没有电脑，抄起来该多费劲。但范我存把抄文稿当作写
情书，故她不但不觉得累，反而感到为自己心爱的人做了一件事而十
分开心。

余光中与范我存的结婚照

　　到了结婚时，为了避
开铺张浪费和恶作剧式的
闹洞房，余光中的婚礼选
择在台北市新生南路的卫
理公会举行。1956年9月
2日，成了这对夫妇"在天
愿作比翼鸟，在地愿为连
理枝"的好日子。婚礼气
氛热烈而隆重，著名作家
梁实秋、《文学杂志》主编
夏济安均到会祝贺。

　　婚前娇柔羞涩的范我
存，婚后成了一窝雌白鼠
的妈妈。她已经向雷诺瓦
画中的女人看齐了。余光

中事后回忆说："她帮我摒挡出一片天地，让我在后方从容写作，我真的很感谢她。"婚后忙于写作和备课，天天关在书房的余光中几乎忘记了他人的存在，好像天塌下来都要范我存这位主妇承担。刚开始时她无法适应新郎的不理睬，后来觉得他的创作进入了"无我之境"，只要他能写出佳作，自己为他牺牲也值得。

人们说好的妻子是贤内助，可对余光中来说，范我存更是贤外助。从操持家务、领取稿费到余光中对外交往所做的准备工作，全由她一人独立支撑。这位四个女儿的母亲和丈夫的保姆，就这样成了全家的精神支柱。她是一位永远的新娘。当然，再好的夫妻，生活时间长久了，都难免有发生矛盾的时候。碰到这种情况，双方均退让。余光中认为："家是讲情的地方，不是讲理的地方，夫妻相处是靠妥协。婚姻是一种妥协的艺术，是一对一的民主，一加一的自由。"

余光中写给范我存的诗，早年有《咪咪的眼睛》《灵魂的触须》《当寂寞来袭时》等，晚年有《三生石》《东京新宿驿》《停电夜》《私语》《削苹果》《风筝怨》等。下面是余光中 36 岁时，身在异国他乡怀念咪咪的诗作《神经网》：

> 匍匐在神经质的空鱼网
> 等也等不到一片鳞，一片鳞
> 唇焦，眼涩，心痒痒
> 听潮起，潮落，疑真疑幻的音乐
> 传说有一尾滑手的雌人鱼
> 覆肩的长发上黏着海藻
> 在香料群岛间懒懒地仰泳
> 昂然的恋乳峙一对火山
> 时隐，时现，随细纹的波涟

当余光中对爱情的渴望焚烧到沸点时，会对着高空喊："咪咪！咪——咪！咪——咪！"1965 年岁末，范我存终于带着两个女儿来到芝加哥，这才结束了余光中一年多的孤寂生活。

余光中、范我存和父母于台北厦门街寓所

在结婚 30 周年纪念的日子里，余光中专门在香港购买了一条珍珠项链送给这位辅佐丈夫、照顾孩子、伺候公婆的爱妻，并写了一首题为《珍珠项链》的诗：

> 滚散在回忆的每一个角落
> 半辈子多珍贵的日子
> 以为再也拾不拢来的了
> 却被那珍珠店的女孩子
> 用一只蓝磁的盘子
> 带笑地托来我面前，问道
> 十八寸的这一条，合不合意？
> 就这么，三十年的岁月成串了
> 一年还不到一寸，好贵的时光啊
> 每一粒都含着银灰的晶莹
> 温润而圆满，就像有幸

跟你同享的每一个日子

每一粒，晴天的露珠

每一粒，阴天的雨珠

分手的日子，每一粒

牵挂在心头的念珠

串成有始有终的这一条项链

依依地靠在你心口

全凭这贯穿日月

十八寸长的一线因缘

这首诗所表达的不论是"晴天的露珠"还是"阴天的雨珠"均能心心相印的真挚情感，感动了不少女读者。正如傅孟丽所说："简直是羡煞了范我存，又得珍珠，又得名诗，真是双倍的圆满。"

在"女生宿舍"遭遇"假想敌"

余光中有四个女儿，长女余珊珊在堪萨斯大学读完艺术史后，长居纽约，已有一对儿女，其兴趣是艺术批评，曾为远流出版公司翻译了两大本《现代艺术理论》，并担任台北《新潮艺术》北美特约撰述；次女余幼珊在英国曼彻斯特大学拿到博士学位后，现任教于高雄中山大学外文系，以文学批评见长，成了华兹华斯研究专家；三女余佩珊是行销学博士，回台湾后在东海大学任教，为天下文化、远流出版公司翻译了三种企业管理方面的名著；幺女余季珊在法国学广告设计五年，常住温哥华，她曾帮父亲所译的王尔德的《理想丈夫》设计封面。

四位千金受父亲的熏陶，有较高的文学修养，有的还有艺术家的气质，可她们没有一个成为作家。她们均以自己再努力创作也超不过父亲为由，做别的事情。余光中见自己的创作后继乏人，便埋怨她们过于贪玩，不够勤奋。

余光中之所以把第一个女孩取名珊珊，原本是姗姗来迟的意思，另一方面也希望她像珊瑚一样美。在第三次赴美时，珊珊的功课比较深奥，余光中在晚上做起"家教"工作，耐心地帮其讲解课文。珊珊对这段旅美时期的印象特别深刻："那时，爸爸每天早上开车送我去上学。在车上，父女两人一起听收音机里传出的音乐，说说笑笑，一下子就到学校了。冬天冷得不得了，世界一片雪白，可是车里的感觉很温暖。"后来回到台湾，因工作繁忙，反而缺乏这种亲子时间。从小到大，四个女儿的学校余光中都没有到过，更不可能知道她们的老师是谁。余光中把主要精力放在教学和创作上。每到夜晚，他神游于自己缔造的艺术世界，很少跟女儿们谈天说地。家人在一起，他的谈话主题也离不开文学艺术。

余光中右手写诗，左手写散文。有人认为，他的散文甚至比诗还好。《我的四个假想敌》，诙谐风趣，情味俱足，便是最佳的例子。

余光中的不少散文写到"战争"：《牛蛙记》写的是人蛙之战，《我

（左起）四位千金：余佩珊、余季珊、余珊珊、余幼珊

153

的四个假想敌》写的是作为未来岳父的"我"与作为四个未来女婿"假想敌"的"搏斗"。

之所以有这场"搏斗",是因为"我"太爱自己的四个女儿了。生怕女儿出嫁后,晚餐桌上不再热气腾腾,大家共享灿烂灯光的日子将一去不复返。可见,作者"四"面树"敌",一是怕老来寂寞,二是对女儿的爱使其舍不得一个个"珊瑚"之宝被人"掠走"。将一个"男大当婚,女大当嫁"的寻常题材作喜剧形式处理,是余光中的独特创造。

全文以"战斗"为基喻,将愿意离家"出走"的女儿比作"内奸",把和女儿秘密联系的男友比作"鬼鬼祟祟的地下工作者",把谈恋爱的照片比作不轻易给人看的"机密文件",将寻求情感的发展比为"攻城的军事",把追女儿的香港小伙子比作"广东部队",把未过门的女婿来访说成是"入侵余宅",无不以装满笑料的语言,以谐寄意,以趣诱人。然而更能显出作者诙谐风格的,是下面一段文字:

> 只知道敌方的炮火,起先是瞄准我家的信箱,那些歪歪斜斜的笔迹,久了也能猜个七分;继而是集中在我家的电话,"落弹点"就在我书桌的背后,我的文苑就是他们的沙场,一夜之间,总有十几次脑震荡。
>
> ……信箱被袭,只如战争的默片,还不打紧。……可怕的还是电话中弹,那一串串警告的铃声,把战场从门外的信箱扩至书房的腹地,默片变成了身历声,假想敌在实弹射击了。更可怕的,却是假想敌真的闯进了城来,成了有血有肉的真敌人,不再是假想了好玩的了,就像军事演习到中途,忽然真的打起来一样。真敌人是看得出来的。在某一个女儿的接应之下,他占领了沙发的一角,从此两人呢喃细语,嗫嚅密谈,即使脉脉相对的时候,那气氛也浓得化不开,窒得全家人都透不过气来。这时几个姐妹早已回避得远远的了,任谁都看得出情况有异。万一敌人留下来吃饭,那空气就更为紧张,好像摆好姿势,面对照相机一般。平时鸭塘一般的餐桌,四姐妹这时像在演哑剧,连筷子和调羹都似乎得到了消息,忽然小心翼翼起来。

把充满儿女情长的书信比作弥漫硝烟味的炮火，把铃声扰人夸张为"脑震荡"，把"信箱被袭"比作"实弹射击"，这与朱自清在《荷塘月色》中爱用阴柔、软性的女性笔法譬喻设拟的风格完全不同。余光中喜用阳刚之象去写儿女情长的生活镜头，极富戏剧性和独创性。不仅如此，作者进一步引申"假想敌"的比喻，把留下吃饭的来客直呼为"敌人"，把无生命的餐具想象为"似乎得到了信息，忽然小心翼翼起来"。总之，作者凭着狡黠的智慧、丰富的联想，把耳接目受的东西统统"军事化"、谐趣化，使文章显得情味具足。

如果说诙谐风趣是一个作家天才的标志的话，那富于幻想，则是一位散文家成功不可缺少的因素。余光中最杰出的艺术本领之一是善于想象，且是创造性的想象。这种想象，能比直接描写更神妙地揭示作者对女儿的厚爱之情。别人看见女儿长大，不过是用"女大十八变"去形容，而余光中不同，他认为女儿长大，是"昔日的童话之门砰地一关，再也回不去了"。在他看来，女儿最可爱是在十岁以前，因为她那时候天真、纯情，就像童话中的公主那样惹人喜欢。为了使稚龄的女儿永远完美，作者竟异想天开"用急冻术把她久藏"，但马上来了一个否定："这恐怕是违法的，而且她的男友迟早会骑了骏马或摩托车来，把她吻醒。"这女儿的天真、活泼、美丽，不正是借"用太空舱的冻眠术"的奇想，得到更为美妙的传达吗？那个"假想敌"，竟能把冷冻多年的女孩"吻醒"，一个"吻"字，道尽了爱情力量的伟大。这当然是罗曼蒂克的幻想，可正是依靠这一幻想，使读者看见平常看不到的年轻人的情爱之美。这种奇想替我们内心视觉扫除了那层凡胎俗眼的薄膜，看到了我们人生中的神奇。

余光中的想象是一种开掘，一种扫描，一种雷达式的探求。叙述达不到的效果，描写难以奏效的地方，想象依靠它的彩翼，把那最动人的镜头摄下来。只有幻想才能高于生活，而不会停留在对生活状态的模拟上。想象还可以跨过时空：

冥冥之中，有四个"少男"正偷偷袭来，虽然蹑手蹑足，屏声止息，我却感到背后有四双眼睛，像所有的坏男孩那样，目光灼灼，心存不轨，只等时机一到，便会站到亮处，装出伪善的笑容，叫我岳父。

谁见过这样蹑手蹑足、屏声止息的"少男"？或许只有作者自己。别人只能看见小伙子与女孩约会，作者却感悟到这种处于热恋期的"坏男孩"目光灼灼，心存不轨。作者比别人看得更清楚，更有深度。因为作者有想象这种"特异功能"，所以他能在冥冥中"感到背后有四双眼睛"。这里贬词褒用，正话反说，使调皮的"少男"形象呼之欲出。

《我的四个假想敌》比起《催魂铃》《牛蛙记》来，语言更加口语化，使人感到有"清水出芙蓉，天然去雕饰"之美。如戏称有四个小妇人的家庭为"女生宿舍"，并顺水推舟自封为"女生宿舍"的舍监，说明情思的表达不一定要靠华丽的辞藻。像"女生宿舍"这样的寻常语，于质朴中见谐趣，见力量，剥去豪华的外表愈发显出作者对生活的热爱。和《牛蛙记》一样，余光中仍爱用成语，如"锲而不舍"。更多的是对成语加以改造，如将"有教无类"改为"有婿无类"，还将"混血儿"改为"混血孙"等，均增添了作品的幽默感。也有典故的运用，如"结成秦晋""严夷夏之防""二人同心，其利断金"，尤其是引用袁枚诗把生女儿说成"情疑中副车"，虽是僻典，但极为生动。经过诠释，作者没有男孩的遗憾心情得到了释放。作者学贯中西，中国古典与西洋古典兼顾运用，如以未来女婿为假想敌早在美国诗人纳许诗中已有先例，使作者的怜女之情找到了知音。这虽是一种安慰，其实是一种"无可奈何花落去"精神的体现。

此文不仅有谐趣，而且有理趣，如"学者往往不是好女婿，更不是好丈夫"，这虽是夫子自道，却有极大的概括性。又如"同一个人过街时讨厌汽车，开车时却讨厌行人"，这用来说明一个人往往随着时间地点的转移而心情不同，真是再恰当不过了。再如"人生有许多事情，正如船后的波纹，总是过后才觉得美的"，这里显然蕴含着生活的哲理，是作者人生经验的总结和升华，它道出了洞察人生的学问和机智，显得广博恣肆而笔笔收放得体，惜墨如金。

这是一篇以写人为主的散文。它写了多种人物，其中写得最成功的是"伪作轻松，博得一个开明的父亲的美名"的"我"的形象。父亲的形象历来都是严肃的，板起脸孔教训后辈，可作品中的"我"，行为"荒唐"，说话诙谐，传统的威严被"内奸""假想敌"攻击得几乎片甲不留，这种鲜明的艺术个性，是对传统严父形象的反叛。至于余光中给未来女婿封的"假想敌"的绰号，在内地一些知识分子家庭中已成了女儿"男友"的共名。由此可见，这一绰号不见得那么逆天拂人，可为天下有幽默感悟的人所接受，所使用。

余门女学士

余光中从 1956 年下半年走上杏坛起，从教已有半个世纪。他从台湾教到香港，乃至教到美国，所教的学生至少有 2000 人。他喜欢端坐

西子湾，余光中与研究生在一起

在教室里看一排排年轻而美丽的面孔，其中对男生要求较严厉，对女生则多有偏爱。表面上成熟稳重的他，仍有一颗年轻的心。他戏称女学生为"村姑"，而"村姑"们也不敬畏他，和他一起开玩笑、吃盒饭。"村姑"们毕业后，余光中还叮嘱她们勿忘母校："不要以为毕业离校，老师就没有用了。写介绍信啦，作证婚人啦，'售后服务'还多着呢。"

在余光中的学生中，钟玲算是一个大弟子。她1966年进台湾大学外文研究所时，选过余光中的英美现代诗课程。她上课时不敢坐在前排，对老师有点敬而远之。她这样描述初识余光中的印象：

> 他端坐在三轮车上驰过，挺直的身躯，肃穆的面容，好像校园里盛开的杜鹃花只不过是云雾，路上步履轻快的学生只是一团团水汽。望着他蜡白的脸，我心想，他真像一座大理石雕像，飞行的雕像。他一副稳如泰山的架势，开口非常慎重，一个字一个字好像金子一样吐出来。有时下了课，我鼓起勇气去问问题，也要先斟酌措辞，才敢上前，生怕说错了话。

钟玲很有灵气和才气，现今活跃在台港文坛，出版过小说集、诗歌散文集以及评论集多种。她对诗的研究尤为深刻。还在当学生时，她就敢于挑战权威，给老师找毛病。1967年，余光中发表了《火欲》。钟玲读了，感到此诗有美中不足之处，作品中的凤凰只有动作，没有形象，在凤凰的动作的描绘上又没有创造新的意象，便写了一篇不算短的评论投给林海音主持的《纯文学》杂志，后没有被采用。钟玲不甘心此文被"封存"，便把文章交给被评对象。余光中看后，不但没有批评这位女生狂妄，反而推荐到《现代文学》发表，并虚心接受她的批评，把《火欲》重新加了一段，在诗后附上小跋："现在我接纳了她的意见，从原有的四段扩充到目前这种格局，不知道她看后会不会多加我几分？"余光中这种虚怀若谷的精神，一时传为文坛佳话。

钟玲是香港著名导演胡金铨的妻子。余光中在香港中文大学任教期间，钟玲也在香港大学任教，因而她和沙田的余家走得很近，有段时间还成了范我存的玉伴：一起赏玩古玉，摩挲其光彩，谛视其心痕。

属宠物一派的钟玲，无论是自己刚杀青的诗作，还是刚买到的玉器，她都跟余光中一起切磋和研讨。1987年，钟玲出版诗集《芬芳的海》，余光中欣然为其作《从冰湖到暖海》的序，指出"钟玲是一位气质浪漫的短篇抒情诗人，所抒的情具有浓烈的感性，且以两性之爱为主"。余光中70岁寿辰时，钟玲和高雄中山大学外文系的张锦忠、余季珊一起策划"重九的午后：余光中作品研讨及诗歌发表会"，并写了一首诗献给老师：

> 上课，我总坐最后一排
> 因为你的面容石雕般冷凝
> 诗坛主将的威势太炙人
> 用一排排同学来挡开
> 是最安全的距离
>
> 即使在丹佛雪城亲眼见到
> 你的谈笑、你的眉飞色舞
> 即使你的沙田七友我都熟
> 有一位甚至曾是我的伴侣
> 仍然小心翼翼地保持距离
> 因为文字王国中的你
> 雄踞王者巍峨的高度
> 这都是一九八四年以前的事
>
> 那年一通电话你邀我爬飞鹅岭
> 一条条脉络——通向你的，通向
> 你一生伴侣我存的——全打通了！
>
> 领军的你竟然如许真挚近人：
> 砾滩上跟巨石们一起缩头淋雨
> 学你在霞光的怀里放纵童心

原来人可以像树

接近而不贴近

常常安坐在樱桃红丰田车的后座

前面的你在操盘、我在引路

大道是条热气腾腾的河流

但车厢总有清凉的心境

我们一同望晶亮的窗外

绿意渐浓的风景

驰向垦丁

台湾作家陈幸蕙没有上过余光中的课，属私淑余光中的晚辈。从少女时代到现在，她一直是余光中的忠实读者，属"编外"女学士。在漫长的时光中，陈幸蕙总是通过作品和余光中亲近。她以读者的身份向自己景仰的作家请教，而余光中又准时回信，这是余光中偏爱女生的又一铁证。

陈幸蕙最早给余光中写信是 1982 年。那时，她出版了第二本散文集寄给他指正。余光中以诲人不倦的精神导引一位文学青年，指出她创作中的盲点：

你分段似乎较短较频，其利在思路转折灵便，但如果经常如此，恐"其积不厚"。短段是轻骑兵疾行快攻；但大军长征却须较长之段落。当然也不可一概而论，但不妨短段与长段间用。另有一点，便是引古人之句不宜太多，太多则"无我"。变化之方，或在引古人言而翻其案，或加以修饰——王安石、杜牧等人最擅此道，不知你以为然否？

其后则不断予以温煦的鼓舞与策励：

在你的作品里我见到一颗热心和一支活笔，充分发挥小品文无拘无束敛放随心的长处……

出身中文系之女散文家中，琦君温柔敦厚，洪素丽文笔奔放恣肆，林文月近琦君，张晓风能放能收，兼两者之长。你的风格介于两者之间——柔时近琦君，热时近晓风；望你博采古今中外各家之长，而益之以阅历与旅游，当能层楼更上，自成一家。

余光中每次见到陈幸蕙，只见她总是笑得那样自在，说起话来也那样从容自信。对人间万事，好的她充分欣赏，不好的乃至坏的她也尽可能给予宽容。当陈幸蕙出版第四本散文集《黎明心情》时，余光中为其作长序加以鼓励。陈幸蕙依据自己对余氏作品的积累和探讨，编著了诗赏析《悦读余光中》。

在香港，余光中也有一小批崇余的"编外"女学士，如现任浸会大学语文中心副教授的胡燕青，余光中一直鼓励她从事诗歌创作，而胡燕青也把余光中的作品当作范本学习，以至于成了香港"余派"诗人之一。

余光中不仅在台港任教时怜香惜玉，而且在国外授课时也对金发碧瞳的女生呵护有加，如为她们取中文名字：栗发的是倪娃，金发的是文芭，金中带栗的是贾翠霞。美国女生比中国女生开放大方，主动又富侵略性，每次到余光中家里或办公室，就毫不客气地翻箱倒柜，对老师来自东方的私人用品很好奇，如翻出象牙筷，便调皮地夹每一样东西。还搜他的冰箱，戴他的雨帽，疯疯癫癫，嘻嘻哈哈，心中根本没有师道尊严这一条。而余光中也乐得跟她们聊天，戏称她们为疯水仙、希腊太妹。

人如果缺乏情感，尤其是作为诗人而没有七情六欲和丰富的情感，对异性没有一点偏爱，那这个人很可能是不良导体，但太自作多情，又难免有损自己的形象。由于余光中对自己的感情有节制，所以他才能在学生中保持良好的形象。

像莲一样的小情人

翻开余光中的早期诗集,可看到《昨夜你对我一笑》《再给叶丽罗》《别罗莎琳》等诗。这里的"你""叶丽罗""罗莎琳",是哪位女子呢?《下次的约会》记录了从夏到秋的一小段罗曼史,这是生活真实的写照,还是出于艺术的虚构?

诗是空灵的、浪漫的,当然不能作现实解,但作品来自生活,作者也不可能凭空杜撰,总该有一点现实依据吧。

作为余光中妻子的范我存十分明白,丈夫的不少情诗如《碧潭》《咪咪的眼睛》是写给自己的,可有些情诗却与自己无关。好在范我存涵养好,对自己的男人非常宽容,从不刨根问底诗中的原型是谁,这也就给了余光中充分的创作自由,使他在《莲的联想》一类的作品中大胆联想。

在 20 世纪 60 年代,《莲的联想》掀起了一股新古典主义的诗风,倾倒了不少年轻人,曾再版过多次。这本爱情诗集中的莲,不仅是花,而且是古典美人的象征,在某种意义上还带有宗教意味。

身为一半的江南人,余光中钟情莲的化身。由于莲为水生,令人联想到巫峡和洛水,联想到华清池的"芙蓉如面",联想到来自水而终隐于水的西子。在余光中的心中,自池底的淤泥中升起并向其招手的莲,绝不止一朵。

下面让我们欣赏余光中的名篇《等你,在雨中》:

等你,在雨中,在造虹的雨中
蝉声沉落,蛙声升起
一池的红莲如红焰,在雨中

你来不来都一样，竟感觉
　　每朵莲都像你
尤其隔着黄昏，隔着这样的细雨

永恒，刹那，刹那，永恒
　　等你，在时间之外
在时间之内，等你，在刹那，在永恒

如果你的手在我的手里，此刻
　　如果你的清芬
在我的鼻孔，我会说，小情人

喏，这只手应该采莲，在吴宫
　　这只手应该
摇一柄桂桨，在木兰舟中

一颗星悬在科学馆的飞檐
　　耳坠子一般地悬着
瑞士表说都七点了。忽然你走来

步雨后的红莲，翩翩，你走来
　　像一首小令
从一则爱情的典故里你走来

从姜白石的词里，有韵地，你走来

　　这首诗写一个翩翩少年，在莲池旁等他古典型的"小情人"。小伙子因等她心切，所以感到时间过得很慢，这就是所谓"时间之内"；"小情人"误了约会时间，小伙子等了许久还不见她来，这就是所谓"时

163

间之外"。一"内"一"外"，细致地刻画了少男等人的矛盾心态。第六段把悬在科学馆飞檐上的一颗星比作少女的耳环，与此诗描写的题材相吻合，且符合小伙子等人的心态。作者不写"七点已到"而让无生命的瑞士表发言，这是"睹影知竿"的写法：连表都在埋怨"你"不守约，更何况表的主人呢？最后一段写得很美，画面很漂亮。全诗所用的吴宫、木兰舟、小令、姜白石等意象，使我们感受到了古典风味；而科学馆和瑞士表，又使我们领略了现代味。立足于传统又不拘泥于传统，大胆吸收外国诗歌的长处又不"恶性西化"，这便构成了此诗东西诗艺汇通之美。

余光中自恨不是杜步西或莫内，但自信半个姜白石还做得成。白石道人的莲，固然带有浓厚的情感，但是他的亭亭和田田毕竟还是花和叶，不是"情人不见"。余光中的这首诗中的莲，做到了神、人、物三位一体的"三栖性"。这首诗中像莲一样的"小情人"，以及别的诗中一再出现的甄甄，到底是谁的化身？这位小情人柔睫闪动，长发飘飘，有唐诗的韵味，更像一首小令。这位古典温婉灵巧的美人，被余光中写得似真似幻，扑朔迷离，让人猜不着看不透。

余光中自己解释说：如果"没有动心，莲的联想在哪里啊"。他不否认自己是情感丰富的人，只不过是自己比别人幸运："因为我的婚姻体质好，就算生几场病也不碍事。如果婚姻体质不佳，生一次病恐怕就垮了。"虽然说得抽象朦胧，不过从中是否也透露出作者"生过几场病"的信息？

余光中认为：情人的角色不一定要转换为妻子。两人相爱，不一定要结合在一块："以哲学眼光看，不了了之，反而余音袅袅，真要结合，倒不一定是好事。爱情不一定要结婚才算功德圆满，以美学的眼光来看，遗憾也是一种美。"这句话是否在为同居式的情爱开脱？是否意味着余光中曾有过几次这样的"遗憾"，才领悟出这个道理？

《茱萸的孩子——余光中传》的作者傅孟丽不同意这种看法，她为余光中辩解道：

余光中认为自己是个保守的人，外出吃饭都在固定的餐厅，买东西也认定了原来的商店，缺乏革命性。所以这一生的感情，不可能再有什么大变化了。

其实，谈情说爱远比购物和外出吃饭复杂得多，故这种辩解似缺乏说服力。另一方面，余光中那种模棱两可的解释，无法冰释读者的悬念和研究者的推理与猜测。余光中希望这些"直奔主题"的人就此打住，因那美丽动人的情诗"是一笔糊涂账"——不知这"糊涂账"的反面是否还有一本他现在和将来都不愿公开的"明细账"呢？

对此，有不少好奇的人分析过，其实这都是瞎猜。范我存对他的情诗倒是有自己的看法，她认为："有些情诗不一定写实，何必去认真研究？有很多事情别追根究底。"作为浪漫诗人的余光中，其私生活是读者感兴趣的话题。认识并研究余光中十多年的笔者，就曾听过香港一位著名诗人"瞎猜"，说余的"小情人"就是香港某高等院校的教授。但他没有证据，完全是凭感觉判断，不足以服人。范我存不想让这无聊的猜疑破坏夫君的圣洁形象，因而她一再称余光中是模范丈夫。

余光中在不少诗文中喜欢用"情人"一词，甚至用"香港是情人，欧洲是外遇"来说明他离台后的复杂经历。如果现实生活中没有情人、外遇，怎么会不断把这些词挂在嘴上？

傅孟丽认为他不可能有外遇，并请出余光中的挚友向明作证："崇拜他的女性一定很多，但他是个极理性的人，而且他和咪咪的感情那么好，从来没听说过他有什么风流韵事。我绝不相信他会搞什么婚外情。"至于《莲的联想》中的那朵莲，《联合报》资深编辑痖弦认为："也许是把咪咪的另一重人格加以美化，也许是另有其人，总之是花非花，雾非雾，像镜花水月，捞不起来的。其实，一个诗人的感情，流窜性有多大，诗里的想象空间就有多大。"痖弦这些话倒留下了"另有其人"的悬念。

余光中在《莲的联想》自序中说："一座莲池藏多少复瓣的谜。"这"复瓣的谜"，就等待后人去考证、去钩沉吧。

作为一本自传，必然会向读者交代传主的婚姻家庭和私人感情生活。但狡黠的余光中不主张写自传，他谦称："自己不敢蓦然回顾，更不肯从实招来。"因而他的传记不是出自他的左手。即使这样，他仍认为"写传的人也就成了读者的代表，甚至是读者派来的户口调查员、心理医生，甚至是私家侦探"，故他层层设防，步步为营，即使说到了某些不便公开的事，也叫作者不要写在书上。尤其是牵涉到他的隐私时，更是金口难开，但又故意留下一点蛛丝马迹，以吊读者的胃口。

想说又不敢或无法明说，这实在是一大矛盾。不妨听听他的解释吧：

> 因莲通神，而迷于莲，莲虚莲实，宁有已时？太上无情？太上有情？莲乎莲乎，恋乎，怜乎？

颇受争议的性爱诗

为了创作爱情诗，余光中借鉴了不少外国作品。如他就是在读了奥登（W.H.Auden）的 *Lay Your Sleeping Head* 后，才创作出《双人床》。当时各种社会矛盾还没有解冻，包括"性"方面这样的领域仍处于神秘待开发的状态，这便为余光中长袖善舞提供了开阔的舞台。

余光中在为其女弟子钟玲诗集作序时指出：

> 《芬芳的海》里的情诗还有一个特点：不避讳性爱。传统的情诗大抵强调心灵而不及情欲。这原是自然的趋势，而出于女诗人的笔下，更无可厚非。不过，欲既然是情的另一面，至少也是人性之常，则以欲入诗也无非是正视人性，值不得大惊小怪，斥为不雅。雅不雅，要看艺术的成品，不能执着于艺术的素材。纯情的诗可以成为好的情诗，不纯情的诗也可以成为好的，甚至多元而繁复的情诗。

肯定不拘泥保守的钟玲，其实也是作序者为自己大胆突破性爱禁区辩护。这辩护是有说服力的。余光中的性爱诗，早期有《吐鲁番》和《海军上尉》。留美时期写有《火山带》，其中作于三度赴美归国之初的《鹤嘴锄》，由于是纯粹写男女做爱过程，因而被某些道学家认为太"黄"了：

　　吾爱哎吾爱
　　地下水为什么愈探愈深？
　　你的幽邃究竟
　　有什么样的珍藏
　　诱我这么奋力地开矿？
　　肌腱勃勃然，汗油闪闪
　　鹤嘴锄
　　在原始的夜里一起一落

　　原是从同样的洞穴里
　　我当初爬出去
　　那是，另一个女体
　　为了给我光她剖开自己
　　而我竟不能给她光
　　当更黑的一个矿
　　关闭一切的一个矿
　　将她关闭

　　就这么一锄一锄锄回去
　　锄回一切的起源
　　溯着潮潮湿湿的记忆
　　让地下水将我们淹毙
　　让矿穴天崩地摧塌下来
　　温柔的夜

将我们一起埋藏
　　吾爱哎吾爱

　　如此栩栩如生再现两性爱得欲仙欲死的情景，如果没有相当高的艺术造诣，是写不出来的。

　　由于题材的禁忌，有人不假思索地认为此诗猥亵淫秽，趣味低级，有伤风化，是典型的色情诗。

　　其实，衡量一首诗是否色情，不在题材本身，而在于作者如何表现。如用极端露骨的语言写器官、写动作，便是贩卖色情，而用含蓄手法尤其是用隐喻寄托的方式写，这就有可能给读者愉悦和美的享受。以此诗而论，余光中不是自然主义写色情，而是另有象征意义。香港著名教授黄国彬说：不能把这首诗当作淫亵作品看。作品始于性爱而终于深远的象征。从在原始的"夜里一起一落"开始，鹤嘴锄已带有很浓厚的象征意义，到了第二段的矿，整首诗已辐射向外，牵涉到重要课题——生和死。钱学武进一步引申道：自人类的老祖宗开始，就不断重复夜里一起一落这一动作传宗接代。"矿"是诗眼所在，象征女性的下体，"原是从同样的洞穴里 / 我当初爬出来"，是生，"矿"也是真正的矿，是坟墓，"当更黑的一个矿 / 关闭一切的一个矿 / 将她关闭"，便是死。以性爱始，扩展成丰富的象征，接触到生和死的严肃课题，便是此诗的主题思想。

　　另一首被认为代表余氏色情作品达到登峰造极地步的，是开头提及的《双人床》：

　　　　让战争在双人床外进行
　　　　躺在你长长的斜坡上
　　　　听流弹，像一把呼啸的萤火
　　　　在你的，我的头顶窜过
　　　　窜过我的胡须和你的头发
　　　　让政变和革命在四周呐喊
　　　　至少爱情在我们的一边

至少破晓前我们很安全

当一切都不再可靠

靠在你弹性的斜坡上

今夜，即使会山崩或地震

最多跌进你低低的盆地

让旗和铜号在高原上举起

至少有六尺的韵律是我们

至少日出前你完全是我的

仍滑腻，仍柔软，仍可以烫熟

一种纯粹而精细的疯狂

让夜和死亡在黑的边境

发动永恒第一千次围城

惟我们循螺纹急降，天国在下

卷入你四肢美丽的漩涡

　　台湾左翼评论家陈鼓应认为：此诗读后感到颇为蹊跷，作者为什么要把性交和战争扯在一起呢？烽火连天，"诗人"却安然于床笫之间，只顾片刻的色欢，即使革命和政变发生在周围，皆与我无关。这给人的感觉是：他的生命中只有性。钱学武持相反意见：《双人床》用"弹性斜坡"比喻女性身体，"跌进你低低的盆地"和"卷入你四肢美丽的漩涡"比喻性爱，用的是隐喻式的语言，占的分量不多。更重要的是，诗的主题非描写性爱，而是透过爱情和战争的对比，以强调个人对群体的关怀。写性爱是为了不忘社群，故性爱的描写很重要。这是余光中关心社会、介入时代、表现知识分子忧患意识的代表作。另一些诗评家，对此诗也十分赞赏，如旅居美国的奚密评论道："字面上，诗说的是以性爱来逃避战争，但是通过夸张、对比和反讽的手法，它真正要说的是逃避之无力与无效。别忘了整首诗是以祈使句的语气来陈述的，它代表一个不可能实现的臆想，一个知其不可的恣态。"台湾大学外文系教授颜元叔也认为：所谓最"黄"的段落"当一切都不再可靠……跌进你低低的盆地"，这其实是余光中最佳的诗行，也是中国现代诗最佳的一些诗行——最有文字的机智，最形而上！最能把爱情与战争，创造与毁灭，群体的命运与个人的陶醉熔冶在单一的意象之中！……诗是从恋爱的男子的意识中浮现出来的，他的意识不只把握着当前恋爱的世界，更把握了恋爱之外的大世界。小世界有的是爱情与安全，大世界却充满了战争、流弹、政变和死亡。余氏能够从个人的小世界，影射到大世界，以小世界和大世界对比，进而暗示大世界笼罩着小世界。总之，《双人床》通过两个世界的鲜明对比，表现了诗人对战争的谴责，对爱情的渴望和对和平的追求。连做爱也不能"忘我"进行，还要担心外界的炮火焚毁后的败井颓垣，难道不值得同情吗？①

把残酷的战争和剧烈的做爱并举，以蒙太奇的手法使二者互为穿插的作品，还有《如果远方有战争》：

> 如果远方有战争，我应该掩耳
> 或是该坐起来，惭愧地倾听？
> 应该掩鼻，或应该深呼吸
> 难闻的焦味？我的耳朵应该
> 听你喘息着爱情或是听榴弹
> 宣扬真理？格言，勋章，补给
> 能不能喂饱无餍的死亡？
> 如果有战争煎一个民族，在远方
> 有战车狠狠地犁过春泥
> 有婴孩在号啕，向母亲的尸体
> 号啕一个盲哑的明天
> 如果一个尼姑在火葬自己
> 寡欲的脂肪炙响一个绝望
> 烧曲的四肢抱住涅槃
> 为了一种无效的手势。
> 如果我们在床上，他们在战场

---

① 颜元叔：《余光中的现代中国意识》，《纯文学》第八期，1970年5月。

在铁丝网上播种着和平

我应该惶恐，或是该庆幸

庆幸是做爱，不是肉搏

是你的裸体在臂中，不是敌人

如果远方有战争，而我们在远方

你是慈悲的天使，白羽无疵

你俯身在病床，看我在床上

缺手，缺脚，缺眼，缺乏性别

在一所血腥的战地医院

如果远方有战争啊这样的战争

情人，如果我们在远方

郭枫认为，这首诗和《双人床》一样，性爱是主题，战争是衬托；性爱是纪实，战争是写意。即使用了鲜活的词语和别致的隐喻，也无法掩盖这首诗的色情本质。而颜元叔认为：不能以色情来概括这首诗，而应该看到这是一首充满悲悯的诗。如同前面的诗一样，一位恋爱的人意识到在远处发生的战争（如越战）。所以，这首诗的主题结构也基于爱情与战争的对比。不同的是，《双人床》的战争就发生在床外的四周，战争世界环伺着爱情世界；而《如果远方有战争》却把恋爱世界和战争世界隔离开来，相距遥远。前者以爱情世界反抗战争世界，强调生命力量；后者以悲悯的情怀，要求恋爱的人关怀发生在辽远处的战争，怜悯战火中的他人。诗中交织着战争与爱情、恋爱的人与战火中的人、小我与人类的对立。恋爱的人说，"我们在床上，他们在战场"，床上不仅是恋爱肉搏的场所，在诗人的同情与移情之下，恋爱的床也是被战争加害的死亡之床："看我在床上缺手，缺脚，缺眼，缺乏性别……"总之，这是爱情与战争、小我与人类的结合；这是通过诗人的移情与同情而形成的结合。无论是情操还是技巧，《如果远方有战争》都是余光中的最佳诗篇之一。

文学作品描写性爱，不一定就会沦为不洁。关键在于作者是否言在此而意在彼，是否能从审美的高度处理这类题材。内地有所谓"下半身"写作，而余光中的作品虽然涉及了"下半身"，但与那种充斥着同性恋、性别倒错、乱伦、器官书写的"下半身"和"同志文学"，区别甚为明显。此外，不能用道学家的眼光看待这类诗。陈鼓应、姚立民认为"卷入你四肢美丽的漩涡"是非常低劣的一句诗，郭亦洞在香港著文说，他"倒是颇为赞赏。曾经领略过人生妙谛的人，该有会心的微笑。漩涡的感觉，是可遇而不可求。也许陈、姚两位尚未证道吧？如已证道，而斥为低劣，便等而下之假道学了。作诗讲究灵性，读诗讲究会意。读者不必强作解人，也不可断章取义。而且诗贵含蓄，有时不懂较懂更有趣，故不必求其必懂"。

余光中的乡愁诗曾进入内地大中学校教材。这类性爱诗，则可作为研究生分析现代诗的案例，以便弄清情色与色情、性爱与淫秽的界限。

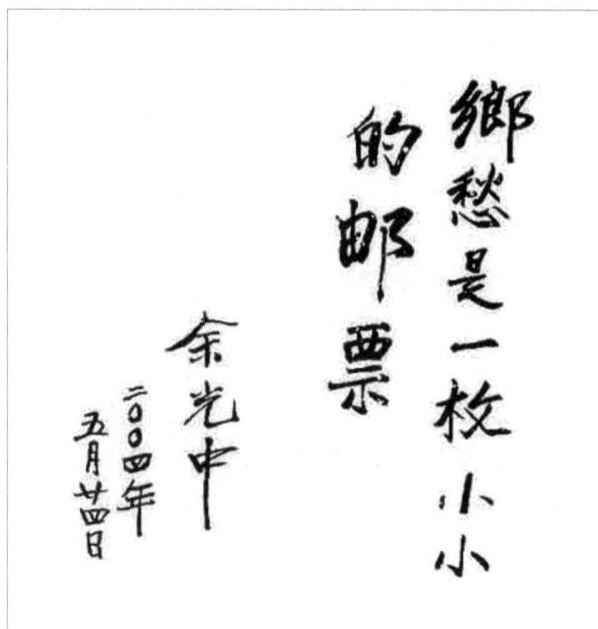

余光中手迹

172

第七章

书斋内外的风景

深宵不眠，俨然已得道登仙
蒲团一夕的净土坐着
电话不惊的界外醒着
一壶苦茶独味老镜
只为这感觉恍若在仙里

书斋·书灾·书债

余光中一生最爱两件东西：一是汽车，二是书刊。汽车是衣食住行的一个重要方面，爱车之心可以理解，但余光中爱车不像有些人那样追求名牌，而是对车极尽爱惜保养之能事。如同他喜欢把车擦得一尘不染一样，他进书房一见书本沾了尘灰，便迫不及待用衣袖或随手抬来的毛巾或袜子擦拭，十分不情愿他心爱的书被灰尘所捞。

余光中说，如果一个人有九条命，一定将一条命专门用来读书。如此嗜书当然特别在意书房的布置。余光中的书斋，"既不像沃波尔中世纪的哥特式城堡那么豪华，也不像格勒布街的阁楼那么寒酸"①。小说家伍尔芙生前最大的愿望不过是有一间属于自己的书房，余光中却有三间书房，且都在楼上，令人羡慕。遗憾的是，这三间书房并不在一块。第一间书房在他以前住过的台北厦门街。这个在二楼的书斋，横亘二十五尺的墙壁全嵌了书柜，从地下一直升到天花板。守着这样卷帙浩繁的书，的确给人坐拥书城的印象。刚搬进去时，余光中为自己拥有这宽敞的书房而自豪，可不到几年工夫，书满为患，这时只感到书房小了。

20世纪70年代中期，余光中到香港中文大学教书后，第二间书房面积比第一间缩小了一半，可这书斋临海，朝西的长窗所映入的是层层山色。室虽小而可纳天地，另是一番气象。

香港的教授每人有一间办公室。这办公室对教授来说，其实也是一种兼用书房。它位于中文大学太古楼六层。由于在长廊的尽头，没有人打扰，从从容容享受着免于噪音的自由，余光中喻之为"耳朵的放假"。可过了不久，这第间三书房里的书也像香港人口一样急剧增长，

---

① 《余光中集》第四卷，百花文艺出版社2004年版，第116页。

（左起）吴宏一、余光中、林文月、黄维樑，于香港八仙岭

只好把无法安置的书搬回第二书房。家中的书，早已满坑满谷，除书架外，案头上，椅子上，唱机上，窗头上，床上，床下，遍地都是。由于编刊物和给杂志投稿，余光中的书城中除"常住居民"外，还有许多来来往往的"流动户口"：有自己参与编辑的《文学杂志》《现代文学》《蓝星》，以及投过稿的《作品》《文坛》《自由青年》，最多的是又编又写的《文星》。

凡读书人藏书，均是"书到用时方恨少"。余光中藏起来却方恨多，无处放，与人争地，只好让书入侵客厅、饭厅、卧室、洗衣间乃至女儿的闺房。

余光中的藏书主要有三类。

一是自己购买的中英文书籍，其中中文书与英文书比例约三比七。由于书房有限，在 20 世纪 70 年代初期每月只买几百元港币的书刊。如果不考虑书房面积和节约原则，买上十万元也不嫌多。

二是朋友送的。赠书最多的是中文新诗集，也有小说、散文、评论和译著。这类书（还包括刊物），平均每月要收到三四十种。

三是自己写的书。这类书早期的已绝版；有的出版时购了上百册送人后，只剩十余本留待急用；有些是出版商以书抵酬，故有的作品多达数百册，在书架中整整占了好几排。

　　四是借来的书。有人喜欢借别人的书，看后长期不还，据为己有。余光中生平最恨这种"雅贼"。因他自己的好书乃至绝版书被人借去后，催了又催仍然杳如黄鹤。正当他想声讨这类"雅贼"时，发现自己也受了这种风气传染，书架上正摆着向友人久借未还的书，由"侨居"到差不多"归化"了。余光中在《书斋·书灾》一文中"坦白交待"说："有一本《美国文学的传统》下卷，原是朱立民先生处借来，后来他料我毫无还意，绝望了，索性声明是送给我，而且附赠了上卷。在十几册因久借而'归化'了的书中，大部分是台大外文系的财产。它们的'侨龄'都已逾11年。据说系图书馆的管理员仍是当年那位女士，吓得我十年来不敢跨进她的辖区。"

　　余光中的书房犹如圣地，一般人难以进去。女儿有这个优先条件，她形容自己进去时"总觉得是到了另一个世界，另一个空间，由书墙书壁构成，连空气都不太一样。诗人在其中，被古今中外文人墨客所包围，所注视，这中间数十年，穿越时空，而百年间的对话，不知是如何的热闹"。碰上较熟悉的朋友，余光中也会把他们引进书房聊天。不到客厅去高谈阔论，是因为余光中觉得书房是自己的"文化背景"。不到这里坐，友情的铅锤落不到自己的心底。正是在书房里，他曾听诗友吴望尧为其讲一些猩红热和翡冷翠的鬼故事。也是在这里，另一诗友黄用把自己的绝大部分作品给余光中看，经余氏的指点和提携，后把批评的武器擦得更加锋利。

　　作为资深的书呆子，余光中的大部分时间都在书斋里度过。"腹有诗书气自华"，余光中谦称那些诗书大半不在腹中，而在架上、架下、墙隅甚至书桌脚下。他这个经常闹书灾的书斋，令余光中的妻子、岳母和打扫清洁的女工顾而绝望。不太读书的女工每次拖地板，总把架后或床底的备用书不管三七二十一堆在书斋主人的床上。岳母为了解决这个问题，建议用秦始皇的办法，才能一劳永逸。

　　余光中在同一篇《书斋·书灾》中曾这样形容朋友家闹书灾的情况：

有一次刮台风，水灾也跟来了，夏菁家里数千份《蓝星》诗刊随波逐流，等风不再刮水也退了之后，便发现地板上，厨房里，厕所中，狗屋顶，甚至院中的树上，或正或反，或直或卧，举目皆是《蓝星》。余光中感叹说：如果自己住的厦门街也发一次水灾，则在水灾过后，会有更严重的书灾。

余光中另有还不完的书债。

这里讲的书债，一是指海峡两岸三地的某些研究者或读者，要求余赠书给他们，余光中好似欠了他们的债似的。当然，有些书债是必须"偿还"的，不还不但不近人情，而且友情还会中断。但还不胜还，因而余光中大都以"欠债"的方式处理。余光中常想：如果索书者能附上一个写有通讯处的大信封就好了。即便是这样，包扎和去邮局仍十分费事，因而想了又想只好不了了之。对索书的朋友不复信，"也绝非什么乐事。书架上经常叠着百多封未回之信，'债龄'或长或短，长的甚至在一年以上，那样的压力，也绝非一个普通的罪徒所能负担的。一叠未回的信，就像一群不散的阴魂，在我罪深孽重的心底憧憧作祟。理论上说，这些信当然是要回的。我可以坦然向天发誓，在我清醒的时刻，我绝未存心不回人信。问题出在技术上。给我一整个夏夜的空闲，我该先回一年半前的那封信呢，还是七个月前的这封？隔了这么久，恐怕连谢罪自谴的有效期也早过了吧？在朋友的心目中，你早已沦为不值得计较的妄人。'莫名其妙'是你在江湖上一致的评语"。

二是出版社催稿。台湾就不用说了，20世纪90年代以来，内地差不多每省的出版社都出过他的集子，在出书前不是电话就是传真，催他快快交稿，弄得他招架不住。笔者就曾受内地两家出版社的委托两次找他出书，他均以各种理由拒我于门外。

为怡情养性读书

在资讯发达的时代，各类书籍如排山倒海奔来，任谁也读不完，这就要讲究方法。

美学大师朱光潜曾说，拿到一本新书，通常先翻一两页，如发现文字不够通顺，就激不起读的欲望了。余光中的读书经验也是如此。这不能认为是先入为主，因为文字都没有过关，怎能期望这位著者写出好书？当然，余光中更清楚，有些书文字不够流畅，内容却厚实，这也不可轻视；而有些文字流畅乃至生动的书，内容却浅薄，这亦不值得读。

余光中劝人们读书要读智慧之书。叔本华说过："只要是重要的书，就应该立刻再读一遍。"一本书是否属智慧之书，值得人们再三诵读，时间是最公正的裁判。古代的文学经典就不用说了，今人的诗作也要看能否经得起读者再三玩味，反复咀嚼，不断印证。就余光中而言，"峨眉山月半轮秋"和"岐王宅里寻常见"，读了几十年至少也读了几百遍，却还想再读，故赵翼说"至今已觉不新鲜"对余光中不适用。"其次，散文、小说、戏剧，甚至各种知性文章等等，只要是杰作，自然也都耐读。奇怪的是，诗最短，应该一览无遗，却时常一览不尽。相反地，卷帙浩繁，令人读来废寝忘食的许多侦探故事和武侠小说，往往不能引人看第二遍。凡以情节取胜的作品，真相大白之后也就完了。真正好的小说，很少依赖情节。诗最少情节，就连叙事诗的情节，也比小说稀薄，所以诗最耐读。"[1]这里将诗与小说比较，的确很能说明问题，但认为小说吸引人的地方主要不是情节，则值得讨论。

读书有众多方法，其一是遵循教科书的指导去读书。这种方法常

---

[1] 余光中：《记忆像铁轨一样长》，洪范书店 1993 年版，第 100-101 页。

常发生在求学时期，如余光中在大学时代，出于一种攀龙附凤、进香朝圣的心情，按照某本文学史的指导，鼓起勇气读完七百页左右的《虚荣市》、八百多页的《汤姆·琼斯》，甚至咬牙切齿、边读边骂地咽下了《自我主义者》。毕业参加工作后，余光中读书就没有这么被动了，尤其是后来五马分"诗"——写诗、译诗、编诗、教诗、论诗，读书的时间就少得可怜。另一种方法是精读与泛读相结合。像智慧之书，均值得精读。对《诗经》《离骚》以及李白、杜甫的作品，余光中均采取再三诵读的态度。正因为熟读精读屈原赋，所以当他看到台北的故宫博物院珍藏的白玉苦瓜时，便吟出"钟整个大陆的爱在一只苦瓜"。这诗句是一种象征，"他那屈原般的对故国九死不悔的执着的爱，已全部凝聚到创造中国新诗艺术上，他要做承继屈原开创的伟大诗歌传统的'肖子'，这是他作为'茱萸之子'对乡土对祖国的大爱！"[①]

精读有两种情形：一是主动精读，像雪莱、济慈、艾略特等人的作品，余光中随时随地读，自由度较大；二是被动地读，为完成评论任务或教课、翻译需要而精读，故评论家、教授、翻译家都是特殊的读者，被迫精读的读者。余光中在《分水岭上》曾说过一段妙语："读者读诗，有如初恋。学者读诗，有如选美。诗人读诗，有如择妻。"作为精读者的余光中，他读诗时一会儿有如"选美"，一会儿又有如"择妻"。精读时最烦人的是软封面的平装书，由于反弹力强，使用时要用手去镇压。遇到写评论时需众多的参考书，就动员放大镜、墨水瓶、字典乃至台灯一起去压书。碰到这种情况，余光中说他恨不得自己的书桌大到像乒乓球桌，或是扇形桌，自己就坐在那扇柄的焦点。

"有的人看书必借，借书必不还。有的人看书必买，买了必不看完。"这"不看完"不等于没有看，也就是说泛读过了。对一些大学者来说，泛读是精读的妥协。限于时间和机缘，许多好书只能草草掠过，无法深读。不过，这点头之交似的掠读，是必不可少的功课，因为一旦要精读，才能知道书的位置，很多精读正源于这种粗读，粗读之网撒得愈宽愈好。至于朋友送的书，有的由于内容不对路，或书名和装帧设

---

① 　杨景龙：《蓝墨水的上游》，《诗探索》2004年秋冬卷，第335-336页。

计很俗气，根本激不起读的欲望；有的出于礼貌勉强接受下来，也不准备拜读，就是读也往往一目十行。

为解忧而读书。余光中认为：读诗，不失为解忧的好办法。不是默读，而是读出声来，甚至纵情朗诵。年轻时就不用说了，就是到了晚年忧从中来时，余光中仍会朗诵雪莱的《啊世界，啊生命，啊光阴》，竟也有登高临远而向海雨天风划然长啸的气概。一旦朗诵完毕，余光中顿时感到胸口的压力减轻许多。但余光中更常做的，是曼吟中国古典诗词。忧从中来，五言绝句不足以抗拒。七言较多回荡开阖，效力大一些。最尽兴的，是狂吟起伏跌宕的古风如"弃我去者昨日之日不可留"或"人生千里与万里"，当然要神旺气足，不得嗫嚅吞吐，而每到慷慨激昂的高潮，真有一股豪情贯通今古，太过瘾了。不过，能否吟到惊动鬼神的程度，还要看心情是否饱满，气力是否充沛，往往可遇而不可求。尤其一个人独诵，最为忘我。拿来当众表演，反而不能淋漓尽致。1984年年底在台北，余光中演讲《诗的音乐性》，前半场空谈理论，后半场用国语朗诵新诗，用旧腔高吟古诗，用粤语、闽南语、川语朗诵李白的《下江陵》，最后以英语诵纳什的《春天》，以西班牙语诵洛尔卡的《骑士之歌》与《吉打吟》。可惜那天高吟的效果远不如平日独吟时那么浑然忘我，一气呵成；也许因为那种高吟的声调是余光中最私己的解忧方式吧。

为交友而读书。现代人时间有限，不可能维持庞大的通讯网。读书便是交友的延长。通常交友，只能以认识的人为对象，而这些人中可以做朋友的人并不是很多，至于读书，便可扩大交友面，包括交认识和不认识的朋友，异地乃至外国朋友，交健在的乃至不在人间的朋友，比如早已作古的莎士比亚，余光中居然可以给他写信；李白也早已仙逝，可余光中居然可以和他同游高速公路。"英国文豪约翰生说：'写作的唯一目的，是帮助读者更能享受或忍受人生。'倒过来说，读书的目的也在加强对人生的享受，如果你得意；或是对人生的忍受，如果你失意。"①

---

① 余光中：《记忆像铁轨一样长》，洪范书店1993年版，第99页。

对学外文教外文的人来说，翻译也是解忧的良策。译一本好书，等于让原作者的神灵附体，原作者的喜怒哀乐变成了你的喜怒哀乐。"替古人担忧"，总胜过替自己担忧吧。译一本杰作，等于分享一个博大的生命，而如果那是一部长篇巨著，则分享的时间就更长，神灵附体的幻觉当然也更强烈。法朗士曾说好批评家的本领是"神游杰作之间而记其胜"；翻译，也可以说是"神游杰作之间而传其胜"。神游，固然可以忘忧；在克服种种困难之后，终于尽传其胜，更是一大欣悦了。武陵人只能独游桃花源，翻译家却能把刘子骥带进洞天福地。余光中译《梵高传》，就是解忧的典型例子。

为怡情养性而读书。这种读书方法，既不为求知所困，也不为功名所累，纯粹是一种休闲方式乃至娱乐方法。如果说余光中翻译《梵高传》是为了解忧，那么，翻译《不可儿戏》便能取乐。这出戏（原名 The Importance of Being Earnest）是王尔德的一小杰作，用他自己的话来形容，"像一个空水泡一样娇嫩"。王尔德写得眉飞色舞，余光中也译得眉开眼笑，有时更笑出声来，达于书房之外，家人问余光中笑什么，余如此这般地口译一遍，于是全家都笑了起来。1984 年 6 月，杨世彭把此剧的中译搬上香港的戏台，用国语演了五场，粤语演了八场，丰收了满院的笑声。坐在一波又一波的笑声里，作为译者的余光中忘记了两个月伏案的辛劳。

和怡情养性相联系的一种读书方法是不读书而"玩书"。作为一位资深的书呆子，余光中在读书的同时常常玩书。"读书是读书的内容，玩书则是玩书的外表。书确是可以'玩'的。一本印刷精美，封面华丽的书，其物质的本身就是一种美的存在。我所以买了那么多的英文书，尤其是缤纷绚烂的袖珍版丛书，对那些七色鲜明设计潇洒的封面一见倾心，往往是重大的原因。'企鹅丛书'的典雅，'现代丛书'的端庄，'袖珍丛书'的活泼，'人人丛书'的古拙，'花园城丛书'的豪华，瑞士'史基拉艺术丛书'的堂皇富丽，尽善尽美……这些都是使蠹鱼们神游书斋的乐事。资深的书呆子通常有一种不可救药的毛病，他们爱坐在书桌前，并不一定要读哪一本书，或研究哪一个问题，只是喜欢这本摸摸，那本翻翻，相相封面，看看插图和目录，并且嗅嗅（尤其是新的书）怪好闻的纸香味和油墨味。就这样，一个昂贵的下午用完了。"①
玩书之所以是读书的一种方法，是因为这种方法寓玩于读。乍看起来，
书的内容未很好被读进去，但玩书玩得多，余光中便相当熟悉这些未
读进去的书。一旦要参考某一观点，或引用某段文字，很容易信手拈来。
事实上有些书是非玩它一个时期不能欣赏的。如梵高的画集，康明思
的诗集，就需要玩久了才能玩熟。

　　比起有些人的书房书籍整理得井然有序，余光中的书却摆得不那
么整齐划一，有些乱象：不要的书就在眼前，需要急用的书却神秘失
踪，等你不用时又突然出现。余光中常常在书海中寻找一本书而不可
得，便长叹一声说："什么井然有序，根本脱序无序！"因而有人劝余
光中把书整理一下，以便让其各就其位，取之即来，可余光中回答说：
"不可能，不可能！"对一位书呆子来讲，理书纯属剪不断理还乱的麻
烦事，同时也消耗时间，影响写作进度。此外，理书对余光中来说还
带一点回忆的哀愁："喏，这本书的扉页上写着：'1952 年 4 月购于台北'
（那时你还没有毕业哪！）。那本书的封底里页，记着一个女友可爱的
通信地址（现在不必记了，她的地址就是我的。可叹，可叹！这是幸
福，还是迷惘？）。有一本书上写着：'赠余光中，1959 年于艾奥瓦城'
（作者已经死了，他巍峨的背影已步入文学史。将来，我的女儿们读文
学史读到他时，有什么感觉呢？）。另一本书令我想起一位好朋友，他
正在太平洋彼岸的一个小镇上穷泡，好久不写诗了。翻开这本红面烫
金古色古香的诗集，不料一张叶脉毕呈枯脆欲断的橡树叶子，翩翩地
飘落在地上。这是哪一个秋天的幽灵呢？那么多书，那么多束信，那
么多叠的手稿！我来过，我爱过，我失去——该是每块墓碑上都适用
的墓志铭。而这，也是每位作家整理旧书时必有的感想。谁能把自己
的回忆整理清楚呢？"②

　　凡是从事创作或科学研究的人，书都不可能放得整整齐齐。读书
人宁愿书多得成灾，也不愿它少得寂寞。"从封面到封底，从序到跋，
从扉页的憧憬到版权的现实，书的天地之大，绝不止于什么黄金屋和

---

① 《余光中集》第四卷，百花文艺出版社 2004 年版，第 120–121 页。
② 《余光中集》第四卷，百花文艺出版社 2004 年版，第 117 页。

颜如玉。那美丽的扉页一开，真有'芝麻开门'的神秘诱惑，招无数心灵进去探宝。"正因为余光中嗜书如命——"为学问着想，我看过的书太少；为眼睛着想，我看过的书又太多了。这矛盾始终难解。"所以书斋闹书灾是常有的事。鉴于许多书无处存放，故余光中曾对他的太太说："总有一天，我们车尾的行旅箱也要用来充书库了。"

抨击胡兰成新出的旧书

还在 20 世纪 60 年代，就有人向余光中推荐曾任汪伪宣传部次长的胡兰成的《今生今世》，赞扬那是一部慧美双修的奇书。当时余光中看后，觉得文笔轻灵，用字遣词别具韵味，形容词用得颇为脱俗，但是对于文字背后的情操与思想，则嫌其游戏人生，名士习气太重，与现代知识分子相去甚远。

由于台湾有不少张迷，故爱屋及乌，许多读者对胡兰成在《今生今世》中回忆与张氏相爱的过程津津乐道，认为很有看头。余光中称赞张爱玲的《秧歌》，但远不算张爱玲的崇拜者，对胡兰成更是保持一定的距离。

余光中并不一笔抹杀胡兰成的文字才能。对胡的另一本旧书《山河岁月》，余光中读后总的感受仍是"憎喜参半"。不过，比《今生今世》少了"喜"的成分，多了"憎"的内容。在《山河岁月话渔樵》一文中，他"先说喜的一面。《山河岁月》的佳妙至少有二。第一仍然是文笔，胡兰成于中国文字，锻炼颇见功夫，句法开阖，吞吐转折回旋，都轻松自如。遣词用字，每每别出心裁，与众不同。'这真是岁月静好，现世安稳，事物条理，一一清嘉，连理论与逻辑亦如月入歌扇，花承节鼓。''中国人是喜欢在日月山川里行走的，战时沿途特别好风景……年青学生连同婉媚的少女渡溪越岭，长亭短亭的走。'这样'清嘉'而又'婉媚'的句子，《山河岁月》之中，俯拾皆是。'胡体'的文字，文白不拘，但其效果却是交融，而非夹杂"。第二个优点，在于作者的博学。从书中所运用的知识看，胡兰成学贯中西，对中国的传统文化与民情风俗都有一定的认知，且能处处跟外国文化做比较，时有灼见。此外，作者可谓胸襟恢宏，心肠仁厚，对天地间的一切人物不是表尊重就是表同情，充溢着乐观主义精神。胡兰成对中国的历史一往情深，对中国文化也表示了高度的信任。

一个人的长处在一定的条件下，往往会变成短处。就以胡兰成对中国传统文化的态度来说，他只见其精华，未见其糟粕。他如此全盘肯定五千年的中华文化，乍看起来是一种爱国主义精神，可余光中认为："当作一种知性的认识来宣扬，则容易误人。胡先生在书中一再强调'知性的指导'，可是在自己立论时，又摆脱不了民族情绪的束缚。本质上说来，胡先生学高于识，是一位复古的保守分子。"余光中还认为胡兰成理想的士不事生产，不食人间烟火，不与庶民为伍，其志却在天下的农业时代与贵族社会，已经一去不复返了。我们目前急需提倡的是民主意识与科学精神，而不是思古的幽情。读经可以叫大学生和研究生去做，但一般老百姓不用这样专门化，对他们来说，主要是做好手中的日常工作。

胡兰成当过汉奸，后受到法律的制裁，可他在《山河岁月》中仍不改对日本的赞扬态度。以有过抗战这一强烈而惨重经验的余光中来说，不会对日本军国主义有任何好感，胡兰成在书中如此避重就轻并用模棱两可的口气叙述抗战，余光中无论如何不能认同。下面一段文字：

> 抗战的伟大乃是中国文明的伟大。彼时许多地方沦陷了，中国人却不当它是失去了，虽在沦陷区的亦没有觉得是被征服了。中国人是能有天下，而从来亦没有过亡天下的，对其国家的信是这样的入世的贞信。彼时总觉得战争是在辽远的地方进行似的，因为中国人有一个境界非战争所能到……彼时是沦陷区的中国人与日本人照样往来，明明是仇敌，亦恩仇之外还有人与人的相见，对方但凡有一分礼，这边亦必还他一分礼……而战区与大后方的人亦并不克定日子要胜利，悲壮的话只管说，但说的人亦明知自

《青青边愁》书影，台北，纯文学出版社

己是假的。中国人是胜败也不认真，和战也不认真，沦陷区的和不像和，战区与大后方的战不像战。

胡兰成又说：

凡是壮阔的，就能够干净，抗战时期的人对于世人都有朴素的好意，所以路上逃难的人也到处遇得着贤主人。他们其实连对于日本人也没有恨毒，而对于美国人则的确欢喜。

余光中对此评论道：这两段话岂但是风凉话，简直是天大的谎言！这番话只能代表胡兰成自己，因为在水深火热的抗战之中，他人都在流汗流血，唯独胡兰成还在演"对方但凡有一分礼，这边亦必还他一分礼"的怪剧。也许胡兰成和敌有方，"有一个境界非战争所能到"，可是在南京大屠杀、重庆大轰炸中，无辜的中国人却没有那么飘逸的"境界"。只因为胡兰成个人与敌人保持了特殊友善的关系，他就可以污蔑整个民族的神圣抗战说的是假话，打的是假仗吗？这么看来，胡兰成的超越与仁慈岂非自欺欺人？看来胡兰成一直到今天还不甘忘情于日本，认为美国援助我们要经过日本，而我们未来的方针，还要与"日本印度朝鲜携手"。胡兰成以前做错了一件事，现在非但不深自歉咎，反图将错就错，妄发议论，歪曲历史，为自己文过饰非，一错再错，岂能望人一恕再恕？

评《山河岁月》一文是在台湾极具影响力的杂志《书评书目》上发表的。余光中在《青青边愁》后记中，称这是自己"'讨胡'的首次战役"。当时余光中对才高于德的垂暮老人恻恻然心存不忍，未将书评投给大报副刊，不料竟触怒了出版此书的老板，事后不但国恨移作私嫌，且在该社的宣传刊物上删掉余光中的大贬，突出他文中的小褒，断章取义运用这篇书评。余光中认为，在民族的大节之下，一家出版社的荣辱得失不过是芝麻绿豆般的小节。那家出版社无论是什么人，哪怕是自己父亲开办的，胡兰成那本书仍是要评的。余光中并不否认那家出版社出过不少好书，但这个污点必须擦掉，而不应采取逃避的态度。

这里讲的"那家出版社"，是指颇负盛名的远景出版公司，其老板沈登恩有出版界的"小巨人"之称。该公司有众多的第一：第一个把金庸的武侠小说引进宝岛，第一个把倪匡的科幻小说引入台湾，第一个给出狱后的李敖出书，第一个在台湾推出《诺贝尔文学奖全集》，还有第一个出胡兰成的书。"远景"出了胡书后，不但引发余光中的上述批评，还引起张爱玲的不快，这是原来未料到的。因而有浓厚"张爱玲情结"的沈登恩，永远失去了与张爱玲合作的机会。沈登恩与张爱玲通过几次信，曾谈及出书一事，终于功亏一篑，这是沈登恩的终生遗憾之一。

余光中当年批评胡兰成对日本侵略者持肯定态度，后来台湾在李登辉、陈水扁的误导下，不少人比胡兰成更露骨地宣扬日本为台湾带来"近代化"，余光中对此言论同样不以为然。他就曾公开著文对陈水扁"去中国化"及其媚日倾向表示了深深的忧虑。

赞助李敖卖牛肉面

余光中曾说，20世纪60年代初期是"我的文星时代"。这里讲的"文星"，系指萧孟宁夫妇于1952年在台北开的一家以"文星"命名的书店，另指创刊于1957年11月15日的《文星》杂志。这本侧重学术文化的杂志，以"生活的、文学的、艺术的"为宗旨，其内容很像美国新闻处办的《今日世界》，以报道新知或其他重大事件为主，设有校园之声、文学评论、时事评论、艺术、现代诗、电影、人物等栏目。书店开张十年，杂志办了五年，均显得平淡无奇，未能鼓动风潮，造成声势。直到中西文化论战爆发，《文星》成了主战场，各路人马纷纷在该刊发表不同意见，尤其是李敖发射了《老年人和棒子》《播种者胡适》《给谈中西文化的人看看病》三颗重磅炸弹，《文星》一时洛阳纸贵，才有了真正的生命。

余光中虽然不像李敖那样在《文星》出尽风头，但他也是《文星》舞台上的重要角色。他获取台湾文坛的通行证，主要靠的是"文星"。他先后在文星书店出过两本诗集《莲的联想》和《五陵少年》，三本散文集《左手的缪斯》《掌上雨》《逍遥游》。余光中在出版自己的作品时写下了这样的广告词："中国文坛最醒目的人物之一，余光中是诗人、散文家、翻译家。减去他，现代文艺的运动将寂寞得多。他右手写诗，左手写散文，忙得像和太阳系的老酋长在赛马。"这里说的"赛马"，一点也不夸张。余光中除主持《文星》诗页外，从 1962 至 1965 年的许多重要诗作和文章都在《文星》发表，如颇具冲击力的《下五四的半旗》。

在《文星》月刊出版六周年之际，余光中写了《迎七年之痒》，祝贺《文星》迎来它第七个春秋。他这样高度评价《文星》的出现：

> 不按牌理出牌的《文星》月刊，居然打出了好几张王牌。《文星》的出现，是近年中国文化界的一个奇迹。用化学元素比喻，它是稀金属，是镭，是精神癌症的克星。用血型比喻，则它是新血型，是 C 型（Courage）。《文星》是勇敢的，它不按牌理出牌，而且，只要看准了，往往全部 show hand，决不逃避。

接着余光中将《文星》的风格概括为"年轻""独立"，这里说的独立且超然的精神，正是《文星》的精神。他郑重地宣告："知识青年正等待《文星》以全力支持第二个五四"，即支持当时初具规模的在中国台湾轰轰烈烈开展的现代文艺运动。由于《文星》为中国思想趋向求答案，在挖根上苦心焦思，在寻根上慎终追远，在归根上四海一家，在定向方面言辞激烈，立论大胆，尤其是有"愤怒青年"之称的李敖的炮击式文章，一再触怒了党政要人，因而国民党当局先是查禁该刊98期，再处分其停刊一年，最后是用铁腕手段将其强行封闭。

在四年的"文星"风云中，落得"朝野双方，共同追杀"结局的李敖，眼看前路布满刀丛，似无靠笔杆子维生的活路，于是宣布出版《李敖告别文坛十书》，把书款做本钱，然后改行去卖"李敖"牌牛肉面。

梁实秋十分欣赏李敖的才华，曾为其写书评。当他得知李敖被陶希圣踢出文献会工作无着落，暗中为其着急，并秘密写信给党政要人王世杰等帮其找工作，余光中则从中帮梁实秋传话。基于这种背景，李敖在1966年9月3日给余光中的信中云：

> "下海"卖牛肉面，对"思想高阶层"诸公而言，或是骇俗之举，但对我这种纵观古今兴亡者而言，简直普通又普通。自古以来，不为丑恶现状所容的文人知识人，抱关、击柝、贩牛、屠狗、卖浆、引车，乃至抹镜片、摆书摊者，多如杨贵妃的体毛。今日李敖亦入贵妃裤中，岂足怪哉！岂足怪哉！我不入三角裤，谁入三角裤？

李敖不仅决心下海经商卖牛肉面，而且钻研了商业知识，准备大干一场。他在给余光中的信中还写道：

> 我在旧书摊上买到一本宣纸的小折页册，正好可作签名之用。我盼你能在这本小册的前面，写它一两页，题目无非"知识人赞助李敖卖牛肉面启"之类，然后由我找一些为数不多的我佩服的或至少不算讨厌的人士纷纷签它一名，最后挂于牛肉面锅之上，聊示"招徕"。此"启"只负责"赞助"，不负责牛肉面好吃与否或有毒与否，大家尽可安心签署，不必回家抱着老婆吓得睡不着觉也！

余光中接到李敖的信后立刻写了一段文字，为李敖卖牛肉面做广告：

近日读报，知道李敖先生有意告别文坛，改行卖牛肉面。果然如此，倒不失为文坛佳话。今之司马相如，不去唐人街洗盘子，却愿留在台湾摆牛肉面摊，逆流而泳，分外可喜。唯李敖先生为了卖牛肉面而告别文坛，仍是一件憾事。李先生才气横溢，笔锋常带感情而咄咄逼人，竟而才未尽而笔欲停。

　　我们赞助他卖牛肉面，但同时又不赞助他卖牛肉面。赞助是因为他收笔市隐之后，潜心思索，来日解牛之刀，更合桑林之舞；不赞助，是因为我们相信，以他之才，即使操用牛刀，效司马与文君之当炉，也恐怕该是一时的现象。是为赞助。

　　这篇短文未曾收进余光中的各类文集，不仅很有史料价值，而且可供今日读者奇文共赏。

　　作为"文星"同一战壕的战友，余光中与李敖不仅有文字往来，而且有时还在一起聊天。

　　在李敖看来，余光中为人文高于学、学高于诗、诗高于品，聊天时高级而有趣，尤其善于巧思。他看不惯余光中招朋引类、结党营诗。李敖这种看法，打上了文人相轻的烙印。他这里说"结党营诗"而非"结党营私"，这有什么不好？"结党"，大概是指余光中参与发起组建蓝星诗社。其实，该诗社在同类组织中"党性"最低。即使不组社，不"招朋引类"，对才学均高人一等的学者、作家，他总要刻意贬低。不管李敖对余光中如何看，余光中还是把他当朋友对待，邀请这位文坛新贵以贵宾的身份参加台湾师范大学的"现代诗朗诵会"。余光中还拿梁实秋和李敖的文章在师大的翻译课班上试由学生翻译。试验的结果，是常用西化句法的李敖文章比梁实秋的更容易翻译。余光中又请李敖到他的课堂上做了一次演讲。李敖认为这是拉拢他，余光中却觉得这是在尽一个朋友的义务。

　　后来李敖与余光中交恶。据李敖说，余光中和他的"老师"梁实秋一样是软骨头，对国民党血手封店不敢揭露，不敢抨击，反而在香港说"文星"停业不是政治原因而是经济不景气、不善经营造成的。

为了报复"可恶"的余光中，过了十多年后，李敖受萧孟能夫人之托，到法院告余光中违反著作权，因为他把卖断给"文星"的作品又卖给别人。李敖对余光中的评价是"一软骨文人耳，吟风月、咏表妹、拉朋友、媚权贵、争职位，无狼心，有狗肺者也"。

对李敖的"恶评"，余光中一直无言以对。他觉得跟这样目空一切的"狂人"论理，有如鸡同鸭讲。李敖要求所有的人都像他一样做斗士，像他那样不怕坐牢、杀头，一起向国民党冲杀，无论是梁实秋还是余光中，都不可能这样做。每个人的背景和处世方式不同，何况斗争要讲究策略。讲究策略，不等于就是软骨头，如余光中在"文星"查封后就曾写诗表示他的震惊和悲情。其中《黑天使》一诗，把"文星"比作在任何黑名单上均临危不惧的民主斗士；哀婉中有不屈的《有一只死鸟》，所体现的也绝不是什么软骨头精神。

2005年，李敖利用在香港凤凰卫视主持节目的机会，大骂余光中，说什么"你们大陆常常被骗，台湾一个骗子叫余光中，像余光中这种人在台湾可以招朋引类，大家就知道台湾的'国民''国文'水平是多么坏，文化水平是多么低。余光中现在跑回中国大陆到处招摇。有些人觉得他的诗写得好，我就不服这口气。如果还有一批人肯定他，我认为这批人的文化水平有问题。"李敖对一位著名诗人进行道德指控是如此随意，如此偏激，使人觉得口出狂言的李敖说话不负责任。人到中年以后，成了资深书呆子的余光中深悟论战之虚妄误人，对逆来的诬评不再接招。最近他只简单回应了一句："李敖屡次诬我文章不通，我也只拈花微笑。因为当年请我这不通之人写《赞助李敖卖牛肉面序》的，正是李敖自己。"

如果余光中文章不通，2004年第二届华语传媒大奖评委也不会给余光中如下授奖词：

> 余光中的散文雍容华贵。他的写作接续了散文的古老传统，也汲取了诸多现代因素，感性与知性，幽默与庄重，头脑与心肠交织在一起，构成了他散文的独特路径。他渊博的学识，总是掩盖不了天真性情的流露，他雄健的笔触，发现的常常是生命和智

慧的秘密。

正如《南方周末》记者夏榆所说："跟余光中面对面，在切近的距离看到他额前稀疏的银发，看到他温和充满书卷气息的面孔，看到他瘦弱的手臂矮小的身体，听着他温软的南方的普通话，李敖的批评就显得独断而可疑。"

不美丽的选举和美丽的选举

选贤举能，领导人不由上级钦定而由老百姓直选，这是台湾政局开放和不断民主化的一个重要步骤。这种政界选举，每次均如一阵狂风骤雨席卷整个宝岛。2000年"总统"直选，导致政党轮替，有人欢呼"选票出政权"比四千余年的"枪杆出政权"文明多了；有人则觉得"选票出政权"哪有什么文明可言，里面充满了尔虞我诈，上演的是一出又一出的闹剧和丑剧。2004年台湾最高领导人的选举，其负面作用远大于正面意义：族群意识被蓄意挑拨，整个宝岛撕裂为两大营垒，"泛蓝军"与"泛绿军"互相攻讦，仇恨之火漫天燃烧，疑云重重的"枪击事件"，使当选者的诚信度降到最低点。人们惊奇地发现，刚赞扬过的属不流血革命的"选票出政权"，所"用的却是'枪杆出政权'的文化"。对选举所产生的族群矛盾、暴力冲突及其带来的不公正性，不但岛内选民关注，而且所有中国人乃至世界华人均十分关切。与时代同呼吸共命运的作家们，用自己犀利的文笔，对这种在大民主外衣包裹下的贿选、骗选及发毒誓、骂对手的诸多劣行进行了无情的揭露和鞭挞。

"选举文学"，顾名思义就是以选举为题材的文艺作品，包括小说、报告文学、散文、杂文、新诗等品种。具有匕首和投枪功能的杂文，在批判劣质的选举文化中起到了先锋作用。如台湾大学张健写的《选举六多》，将这场"选举'秀'"概括为六多：噪音多、电话多、广告

191

布条多、垃圾多、争辩多、暴力多。其中噪音多系指拜票声、喇叭声、广播声、呼喊声、宣传车的声响等，严重干扰了人们的正常生活秩序，影响了人们的身心健康。暴力多是指打架、枪伤、推倒、焚车、捣毁竞选总部，严重地破坏了社会治安。如此多弊端，这样的选战到底给市民的生活带来什么好处？这种质疑，充分体现了作者的深重忧患意识。

余光中的诗不以写实性、社会性见长，但他同样是一位富有使命感和责任感的作家。他对台湾选战中出现的丑恶现象的刻画，做到了入木三分。他写于1981年11月，后收入《梦与地理》的名作《拜托，拜托》，描绘了他看到的因候选人文化素养严重不足而导致的种种伤风败俗的现象：

> 无辜的鸡头不要再斩了
> 　拜托，拜托
> 阴间的菩萨不要再跪了
> 　拜托，拜托
> 江湖的毒誓不要再发了
> 　拜托，拜托
> 对头跟对手不要再骂了
> 　拜托，拜托
> 美丽的谎话不要再吹了
> 　拜托，拜托
> 不美丽的脏话不要再叫了
> 　拜托，拜托
> 鞭炮跟喇叭不要再吵了
> 　拜托，拜托
> 　拜托，拜托
> 管你是几号都不选你了

语言明快晓畅，直接痛快，表现了诗人对选举期间批量生产的"美丽的谎言"严重不满。其中"无辜的鸡头不要再斩了",系指台湾媒体经常报道的"发誓一窝蜂,动辄斩鸡头"的丑恶现象:"例如北部某市长候选人,屡邀对手斩鸡头不成,便在助手和支持者簇拥下,携钢刀和黑公鸡赴城隍庙,大开杀戒以'表明心迹'。当这位穿着绣有'佛在我心'字样背心的候选人,把'誓约书'和'神明鉴证'摆在香案上,一阵念念有词后,竟真以屠夫嗜血之姿,高举亮晃晃利刃朝桌面猛劈!手起刀落之际,血沫飞溅,可怜黑公鸡立时身首异处,'助手把黑布盖住这连叫都未叫一声的公鸡,擦拭鸡血'后,一干人等始悻悻然扬长离去,……""江湖的毒誓不要再发了",是指把菩萨一类的神像,搬到竞选现场,当着选民的面下跪,对天发誓"若违背竞选诺言,必绝子绝孙"。"鞭炮跟喇叭不要再吵了","是指宣传车高分贝喇叭放送的喧嚣、候选人现身时震耳欲聋的鞭炮巨响,所制造的噪音公害"。本来,无论是选地方官还是"中央官",均应由候选人拜托大家投信任票,可全诗颠倒主客关系,反过来写老百姓一再拜托参选人不要做这做那,这便造成强烈的反讽效果。乍看起来,此诗调子不高亢,批判火力不足,但从最后一句否定这场不美丽的选举看,作者是柔中有刚,绵里藏针。

"选举文学"是政治文学的一大重镇。在强人不再、老贼下台的时代,在金权主义泛滥的日子里,张大春等人的小说铭刻竞选给社会带来的各种乱象,给老百姓带来的各种灾难,有时还透露出不和谐的政治信息。《拜托》所体现的则是诗人不与当局合作:不但不参加选举,而且对劣质的选举文化极尽讽刺之能事。

余光中对选举歪风的讽刺还有《敬礼,木棉树》。1992 年 4 月,高雄市选市花,木棉以 16000 多票压倒群芳而当选。落选的花伴包括玉叶金花(13000 多票),木兰(13000 多票),马樱丹(11000 多票),红仙丹(10000 多票),黄槐(8800 多票)。余光中说:"这真是一次干干净净的竞选,没有意气,没有迷信,更没有贿赂,令人高兴。木棉素有英雄木的美名,不但高大雄伟,合于'高雄'的标准,而且其为形状,树干立场正直,树枝姿态朗爽,花萼颜色鲜明,肝胆照人,从树顶到树根,没有一寸不可以公开。这种民选的市花才能真正地为民代表,值得我国的民意代表奉为典范。"原诗如下:

这才是美丽的选举
不骂对手，不斩鸡头
要比就比各自的本色
红仙丹与马樱丹
黄槐与木兰

把路人引诱过来
不是红苞，是红葩
你最生动的竞选演说
是一路烧过去
满树的火花

千万拜美的信徒
选你豪放的形象
来激发南方的大港
接受我们注目礼吧
堂堂的英雄树

开头说的"美丽的选举"，便是指高雄选市花这件事。"红苞"系双关语，既指花苞，又指贿选时送的"红包"。"豪放的形象"，指又名英雄树的木棉树。"南方的大港"，指台湾南部的高雄。作者希望台湾的选举没有污染，都是一派君子风度，无你争我斗的现象。可台湾的民主选举从1987年解除戒严算起，只有短短的32年。充满缺陷，存在卑鄙、血腥现象，是意料中的事。无论是民进党还是早先执政的国民党，"美丽的选举"的出现均属乌托邦的幻想。即使这样，诗人对"美丽的选举"的呼唤，在消除"不美丽选举"的污浊方面，仍有一定的积极作用。

余光中虽是资深的书呆子，但不是两耳不闻窗外事。他对世界和台湾本土的重大事件，十分关注。他还有一首《慰一位落选人》。不过，该诗写的是 1976 年的美国总统大选，所慰的对象是竞选失败者福特，这里就不评介了。

诗人的夜生活

　　余光中是一位情感丰富的诗人，有众多崇拜他的女性读者和女性朋友，又长期生活在灯红酒绿的台北、香港、高雄等现代大都市，他的夜生活一定很浪漫吧？

　　与一般教书匠不同，余光中与文艺界有广泛的联系。他的夜生活不是泡酒吧或上歌厅、舞厅，而是参加诗歌朗诵会，听摇滚乐，欣赏名剧。1983 年，余氏在香港翻译了王尔德的名剧《不可儿戏》，由杨世彭指导香港话剧团演出，连满 13 场。余光中观看后，感到由衷的高兴。1990 年 8 月，《不可儿戏》又到台北"国家剧院"演出，余氏这次带着夫人范我存坐在第一排贵宾席上欣赏。当他看到自己的劳动成果得到广大观众认可时，心里有说不出的高兴。

　　余光中不可能一天到晚都看书。作为文化名人，难免有某些必要的应酬，如出席晚宴之类。1999 年 4 月中旬，"香港文学国际研讨会"在香港中文大学举行。这个研讨会由香港艺术发展局与香港中文大学新亚书院合办。出席者有港内外学者逾百人，宣读的论文有 60 多篇，是历年来规模最大的香港文学研讨会。余光中和笔者也出席了这次会议。在研讨会闭幕的晚宴上，大家一致要求余光中讲话。在这种场合，他不是说什么"祝贺会议成功召开，感谢主人盛情款待"之类的套话，而是从宴席说起。只见他对着横排分行的菜单，像说顺口溜地说菜单如诗歌，账单如散文……逗得大家十分开心。像他这种高级而有趣的学者，高级得使人尊敬，有趣得使人喜欢。不摆出一副名人或长者的架子，使人敬而不畏，亲而不狎；交往时间越长，芬芳愈醇。

　　白天上课紧张了一天，晚上同诗友一起聚会，正好放松神经。和余光中接触过的人都有这种印象：他跟人交谈不走神，而是十分专注。因他愉快而诚恳的态度，诗人沙白遂称其为"真诚愉快的缪斯"。1985年11月，余光中出席高雄文艺界的一次聚会时，余问沙白体重几公斤，对方说70公斤，余说自己才50公斤，并说坐飞机他最吃亏，因为他才50公斤，只能带20公斤的行李，而七八十公斤的人，也能带20公斤的行李。沙白说："我从来没有想到我们的世界会有这样不公平的事实存在。但是，这句话出自名诗人余教授口中，就显得很幽默了。他知道我是位牙医，他说你为人治好了牙病，人家应当送你一块'没齿难忘'匾额致谢，说得大家都笑起来了。"

余光中从小就喜欢天文地理。每当写文章写累了，便会走到户外，欣赏天上的星星和万家灯火。比起灯火来，他更爱星星。"星空，非常希腊"，是他传诵一时的名句。余光中当然不想做天文学家，但却爱看阿西莫夫等人介绍天文学常识的书，以及欣赏令人幻想无边的星象插图。读夜观星不是闲得无聊，观星可激发想象力，有时甚至可以解忧。余光中说："读一点天文书，略窥宇宙之大，转笑此身之小，蝇头蚁足的些微得失，都变得毫无意义。"常观星的人，性格容易开朗，这样还可以延长寿命。余光中举例说："从彗星知己的哈雷（Edmumd Halley，1656—1742）到守望变星（Variable Star）的赫茨普龙（Ejnar Hertzaprung，1873—1967），很多著名的天文学家都长寿：哈雷享年86，赫茨普龙94，连饱受压迫的伽利略也有78岁。我认为这都要归功于他们的神游星际，放眼太空。"

1999年7月，余光中写过一首与观星有关的诗《读夜》:

星与灯上下平分了夜色
人在中间应如何选择？
天空是一面通窗，无比开敞
太豪阔了，那宏观除了
天文学家，航海家，诗人
反而没有谁抬头去探望
竟让头顶最壮丽的异景

在显赫的高处被人冷落
神的灯市啊自古就寂寞
无量数的灯市啊从不熄灯
一丛丛一簇簇虚悬的吊灯
氢以为体，氦以为魄
无昼无夜，无古无今
无边无际地挂在那上面，到底
是为谁而亮呢？如此的排场
"一夕"挥霍掉多少辉煌？
令光在无涯无垠里奔命
……

在这里，星与灯组合成璀璨的夜色，可诗人无心观赏从不熄灭的灯市，宁在星光下读宇宙，读宇宙的深奥，然后对照自身的渺小，而不愿在灯光下，在全世界重重叠叠的屋顶下去读一幕又一幕的荧光屏，也无空跟着聪明的小滑鼠，去读热络的网络。想想吧，"仰观宇宙之大，谁能不既惊且疑呢，谁又不既惊且喜呢？一切宗教都把乐园寄在天上，炼狱放在地底。仰望星空，总令人心胸旷达"。比起上网聊天和看平庸的电视剧，哪个更有意义，自在不言中。

余光中的夜生活不仅有友情，也有浓浓的亲情。他平时虽然很少管小孩的学习和生活，但对女儿的成长十分关心。他舍不得一个个千金都嫁出去，以免晚年寂寞。他觉得女儿未出嫁前，妻女在身边，可享受天伦之乐，这是人生最幸福的时刻。当然，女儿长大了总是要离开父亲的，与老伴生活在一起，也另有一番情趣。在香港期间，余光中伉俪入乡随俗，有时用粤语交谈，可余光中的粤语不地道，应用范围有限，只能在文友之间沟通，而无法像范我存可以用粤语到市井去购物，因而余光中与学府和文坛的朋友打趣地说："我的粤语，出于士大夫阶级；她的粤语，来自引车卖浆之辈。"

在家庭生活中，余光中最钟情的是全家在一起吃晚饭。对全家共享晚餐一事，他感慨地说："你知道吗？这是我们家最美好的时光了，这样的日子，以后不会再有；一散之后，全家要共聚一堂，共此灯光，就难了。"果然在余光中离开香港中文大学前夕，几个女儿不是去台湾上学，就是到美国深造，厦门街全家共享晚餐已成历史。

一些诗人在写作之余喜欢上夜总会寻欢作乐，沉迷于声色犬马，这些均与余光中无缘。诗人的夜生活以读书写作为主。许多时候他总是关在书斋中，很久都不出来。看书看到眼花

余光中夫妇与四千金在厦门街寓所内院，1968年

时，偶尔听听音乐——他有不少珍藏的原版唱片。更多的时候是用他那支老旧的粗笔尖钢笔写作。他写得不快，但很专注，常常在永恒的卷潮声中深夜独坐，从容写诗，"每次写到全台北都睡着，而李贺自唐朝醒来"。试读他的《深宵不寐》：

> 深宵不寐，恍然有成仙的滋味
> 这么无所逆心地坐着
> 把昼夜间万籁的纷扰
> 把不安之岛的针毡
> 跌坐成一块蒲团
> 潮声和蛙声一前一后
> 接成一道辟邪的符咒
> 为我挡住台北那一簇

七嘴八舌的麦克风

信口乱吐的妄言

而两岸的倒影，反复多变

觉今是而昨非，或先友而后敌？

苏秦来，张仪去，顾盼的雄姿

自有海峡来收入长镜

深宵不眠，俨然已得道登仙

蒲团一夕的净土坐着

电话不惊的界外醒着

一壶苦茶独味着老境

只为这感觉恍若在仙里

这感觉，问遍港上的灯火

似乎一盏也没有异议

就连进港的一声汽笛

　　这里虽然有"一壶苦茶独味着老境"的孤独感，但夜晚读书苦中有乐，它可摒弃白天的一切烦恼、纷扰，让自己在众人皆睡、诗人独醒中挡住七嘴八舌的麦克风和信口开河的妄言。"深宵不眠，俨然已得道登仙"，这是白天享受不到的乐趣，也是诗人笔耕丰收的时刻。

成了余光中的秘书

　　一位文化名人多次在媒体上炫耀自己有秘书乃至有新闻发言人，可不仅是名家而且是大家的余光中，却谦称自己没有秘书——如有，那就是他自己。

　　自己为什么会成了余光中的秘书呢？余氏的幽默散文《我是余光中的秘书》开头说：

"请问这是余光中教授的办公室吗？"

"是的。"

"请问余教授在吗？"

"对不起，他不在。"

"请问您是——"

"我是他的秘书。"

"那，请您告诉他，我们还没有收到他的同意书。我们是某某公司，同意书一个月前就寄给他了——"

接电话的人是我自己，其实我哪有什么秘书？这一番对答并非在充场面，因为我真的觉得，尤其是在近来，自己已经不是余光中，而余光中的秘书了。

做自己的秘书，余光中本人很不乐意，他最称心的是从事新诗、散文创作，或写评论和翻译名著。而处理一些杂务，如把同意使用自己作品的合同及时寄回，把演讲和评审的承诺记上日历，这些既不需

余光中、黄维樑，2004 年于高雄

要创造力，也不需要判断力的工作，做起来既不古典，也不浪漫，只是超现实，"超级的现实"而已，不过是秘书的责任罢了。可是余本人并没有秘书，只好自己来兼任了，不料杂务愈来愈烦，兼任之重早已超过专任。

为了应付这些琐事，忙成千手观音的余光中，只好对不太重要的事情采取不回复的办法。当然，欠信并不是一件快乐的事，时间长了，就会觉得欠了人家的债似的，可狡黠的余光中以王尔德的话作自我解嘲："要过好日子，就得戒除回信的恶习。"

有不少官员，接到群众的来信时常叫秘书代复。余光中没有这种条件，复不胜复，只好不复，累犯这种不回信的"错误"。交游千百，几乎每一位朋友都数得出他这种"前科"。据说大陆著名诗评家谢冕曾给他写过信，谢迟至一年后才得到他的复信，这还算好的。笔者与其交往十多年，给余写过不少信，也仅在十年前得到两封回信。此信虽然不似手机短信寥寥数行，但毕竟等苦了收信人。

余光中退休后，仍然在高雄中山大学教课。至于演讲和评审，更是无法退休。演讲对余氏来说，已是轻车熟路的事，难不倒他，"麻烦的倒是事先主办者会来追讨讲题与资料，事后又寄来一大沓零乱的记录要求修正。所谓'事后'，有时竟长达一年之后，简直阴魂不散，真令健忘的讲者'忧出望外'，只好认命修稿，将出口之言用驷马来追"。

评审是有地位的人才能担当的。工作虽庄重，做起来却枯燥无味，尤其是看升等论文，则不分事先事后，都得三缄金口，事态非常严重。这种任务纯然黑箱作业，余光中称其为"幕后学术"，其为秘密，不能像绯闻那样找好友分享。极富反讽意味的是，金口虽缄，其金却极少，比起文学奖的评审费来，不过像零头，加以又须守密，余光中又戏之为"黑金学术"。这也罢了，只是学术机构寄来的洋洋论文，外加各种资料，尽管有好几磅重，有时并不附回邮信封。余光中感叹地说："我既无秘书，又无'行政资源'，哪里去找既大又牢的封袋来回寄呢？"

在内地，审阅学位论文或升等论文，同样是苦差事。学位论文作者往往是年轻人，他研究的领域审阅者不一定熟悉，这样就要从头学起。再加上年轻人观念新，研究方法新，所用的术语非常超前，故评审者常陷入尴尬的境地，故内地有"博士生指导博士生导师"之说。余光中虽然没有碰到过这类情况，但没有秘书提供必要的参考资料，其苦衷仍可想而知。

更使余光中苦不堪言的是出书前的校对。这种工作一般可叫秘书代劳，可严肃认真的余光中，就是有秘书也不愿他人越俎代庖，而喜欢亲自动手，像上海文艺出版社出的一套三本选集，末校寄给余本人过目。粗看一遍，问题不少，令余无法袖手，只好出手自校。1200页的简体字本，加上两岸在西方专有名词上的译音各有一套，早已"一国两制"了，何况还有许多细节涉及敏感问题，因此校对之繁，足足花了余光中半个月的时间。

余光中不仅要校对自己的著作，有时还要校对他人的作品，这些作品是指研究他的书，请他审阅甚至写序的书，这又无形中增加了负担。如傅孟丽的《茱萸的孩子——余光中传》和《水仙情操——诗话余光中》，徐学的《火中龙吟——余光中评传》，陈幸蕙的《悦读余光中》，都要他这位"传主"或"始作俑者"亲自过目，"结果是买一送一：我难改啄木鸟的天性，当然顺便校对了一遍"。

在笔者看来，对这类著作完全可以横下一条心，不惧朋友的怒眉与冷眼，像对待回信那样做冷处理。因为别人的著作一经你审定，人家就会把书中的溢美之词算在你身上。说不定这些书还有为尊者讳的地方，这样就难免使传主有瓜田李下之嫌。但做事从来一丝不苟的余光中并不这样认为。他生怕这些著作有的把史实弄错了，有的地方曲解了他的原意，故他乐于为这类书一一校正。

余光中做自己秘书的另一内容是为研究者提供照片。可余氏的照片多如牛毛，根本无时间分类整理，故一旦找起来，便是"只在此柜中，云中无觅处"。就算找到了，年代也难以考证。于是夫妻俩拿起老花眼镜翻阅信史，再三求索。如此一来，哪还有什么兴趣去写文章？处理这些琐事花掉许多昂贵的下午，难怪余光中没有时间上网。在他看来，"上网就是落网，终于都被那只狡诘的大蜘蛛吞没。啊不，我不要做什么三头六臂、八脚章鱼、千手观音。我只要从从容容做我的余光中。而做余光中，比做余光中的秘书要有趣多了。"

第八章

改写新文学史的尝试

因此中卧北京最大的敌人
当他呼吸，半个中国惧怕
半个中国哭，当他瞑目

毁誉参半的胡适

胡适是在现代中国影响力极大的人物，在文化领域的影响和地位与鲁迅堪称双璧。然而他们两人的政治倾向不同，所走的学术道路和创作道路也南辕北辙，以至成了现代中国文化战线代表左右两翼的不同旗帜。

说胡适是右翼知识分子的代表，其实并不完全恰当，他不同于新月时代的好友叶公超完全从政，竭尽全力为蒋家父子服务。相反，胡适对蒋还有许多规劝、批评，一度还差点成为在台湾首次组反对党的领袖，故准确的说法是：这个未曾加入国民党的胡适，是中国自由主义的一面旗帜。

长期游离于左右翼之间和政治与学术之间的自由主义者，常常陷入两难境地，以致"猪八戒照镜子——两边都不是人"。20 世纪 50 年代毛泽东发动的声势浩大的批判胡适的运动就不用说了，单说台湾那边，蒋介石曾下令攻击劝他做"无智、无能、无为"三无"总统"的胡适。正因为如此，余光中说，在台湾"骂胡适是一件最安全的出风头的事……有人说他是中国人的耻辱，有人骂他是学阀，有人甚至主张把他空投大陆"。有人还说他应对大陆失守负责，因为"他抑孔崇洋，造成思想上的混乱，乃使共产主义乘虚而入"。"我的敌人胡适之"和"我的朋友胡适之"，就这样流行于海峡两岸的中国文化界。

年轻气盛的余光中也曾有过骂胡适的冲动。直到 1960 年春天，在一个可纪念的场合余光中首次见到胡适，看到了他自然而诚恳的风度，余光中十分感动，才觉得这位老人既平凡又伟大，和他同一时代是一种幸运，也是一种光荣。

余光中虽然公开批评过胡适的文学民主论，私下里却敬重胡适的政治民主论。他对胡适的总体评价是正面的。他在胡适去世后写的《中国人的良心——胡适》中称：

> 胡先生毕竟是民主的斗士，思想的长城，学界的重镇，中国现代化运动的敲打乐器，新文学运动的破冰船。

又说：

> 胡适是现代中国自由思想的领袖，也是现代化运动的一大功臣。没有胡适，我们眼前偏见之雾将更浓。没有胡适，我们和民主的距离将更远。没有胡适，我们的教育将更不现代化，更不普及。

　　台湾的仇胡派在指责胡适"胡适何适"的同时，还抛给他一顶不爱国的帽子。余光中认为：胡适以古稀之年迢迢来归，虽然学问上并没有取得重大的成就，但总算将这把老骨头光荣地埋在属于中国的台湾这座孤岛上，这难道不算爱国？这难道又是什么"个人主义"？这又何尝不是敢负责的儒家精神的体现？

　　余光中虽然认为胡适是一个伟人，但不主张对他过分崇拜，因为盲目崇拜和盲目诋毁同样有害。有人把胡适浅显至极的新诗一登再登，断章取义把他的话当广告利用，把他的逸闻轶事一传再传，甚至把他称为伟大的作家和诗人，还有人举荐他去做诺贝尔文学奖的候选人，余光中就很不以为然。在余氏看来，"胡适鼓吹白话文学，使文字与语言再度结合，乃年轻了久已暮气沉沉的中国旧文学。此举可以比之欧洲的文艺复兴和华兹华斯的反古典运动。然而胡适在中国文学的地位并不足以比拟但丁或华兹华斯。本质上他是一个改革家、运动家，不是一个作家。固然，他也写新诗和散文，可是在他的作品中，思想传达的成分仍浓于艺术的创造，亦即说明多于表现。他主要是一个思想家；他的新诗充其量像爱默生或梭罗的作品，但缺乏前者的玄想及后者的飘逸，不，有时候他的新诗只是最粗浅的譬喻而已"[1]。余光中说他不是

---

① 余光中：《左手的缪斯》，时报文化出版公司1996年版，第36—37页。

一位作家，这是很大胆的论断，他用的是高标准。余光中举例说：

> 我大清早起；
> 站在人家屋角上哑哑的啼。
> 人家讨厌我，说我不吉利——
> 我不能呢呢喃喃讨人家的欢喜。

胡适这首诗尽管可能引用来印证胡适的思想或人生的态度，但在艺术上是不及格的。诗中所用的一点象征浅近而现成，没有联想的余地，就像是盖在思想上的一层玻璃，本身没有什么可观。

在文学欣赏上，胡适不能欣赏杜甫的佳妙，对西洋的艾略特也知之甚少。他有关欣赏的看法过于表面和肤浅，不少地方失去了学者的风度而显得随意，如他对文学的要求仅止于平易、流畅、明朗，这是作文的起码要求，而不是优秀作品必备的条件。这就难怪胡适的散文虽然有平易近人的美德，却缺乏"透过深刻的平易，密度甚大的流畅，超越丰富的明朗"。这样的散文只能算是宜于议论的思想家的散文，而不能算是文学家宜于把握美感经验的美文。作为打倒文言文的语言革命家，胡适还来不及把自己锻炼为语言的艺术家。从本质上来说，胡适不是一位艺术家，"他欠缺艺术的气质和才华，他写不出《神曲》《水仙》《告别武器》，或是《荒原》"。

余光中亲炙胡适的机会远未有拜访梁实秋频繁，但也有可纪念的时刻。1961年，余光中出版英译诗集《中国新诗选》时，美国大使莱德特别为其举行庆祝酒会，胡适也前来祝贺，这给余光中很大的鼓舞。1962年胡适去世，余光中先后写诗作文哀悼这一代启蒙大师。在南港谒过胡适灵堂之后，他写了题为《香杉棺》的诗：

> 盛中国人最美丽的样品
> 盛着新闻，盛着历史
> 六尺的香杉木何幸运

抚隔音的棺盖，有异样的震颤

逆手指而上，逆神经而上

震落一滴晶晶的悲哀

因此中卧北京最大的敌人

当他呼吸，半个中国惧

半个中国哭，当他瞑目

这里说"北京最大的敌人"，是指 20 世纪 50 年代北京发动的大规模的批判胡适运动。"半个中国哭"，是指台湾对胡适的哀悼。这说明余光中一直认为台湾是中国的一个组成部分。

在文学上，胡适的瞑目对余光中来说，那象征着中国新文学史第一章已写完，《尝试集》的作者离去只是最后的一个句号。他深情地、自信地说："第二章已写下了绪论，但仍留下大片的空白，等我们去飞跃。"

清辉不减的梁实秋

清华毕业的梁实秋，21 岁到美国深造，回国后成为非左翼文学团体新月社的重要成员，后因卷入论战成了普罗作家不共戴天的敌人，沦为"抗战无关论"的箭垛。内地中年以上的人，都是从鲁迅的杂文《"丧家的""资本家的乏走狗"》中认识梁实秋的。在"左倾思潮的熏陶下，梁实秋成了不折不扣的资产阶级反动文人。《在延安文艺座谈会上的讲话》，就将梁实秋定性为右翼文人的代表和典型。后来随着改革开放和重写文学史，梁实秋才恢复他优秀散文家的真面目。

说梁实秋是散文大家，是因为他在四十年代写过《雅舍小品》，饮誉文坛，从此奠定了他作为散文大师的地位。"其次，该是翻译家梁实秋，尤其是莎士比亚的传人。再其次，该是学者梁实秋，尤其是中文版英国文学史的作者。一般学生最熟悉的,则是各种英汉字典的编者梁实秋。台湾读者认识的梁实秋,是一位智者,字里行间闪动着智慧与谐趣。"①

余光中最推崇的是作为批评家的梁实秋,即一般读者所不知的勇者梁实秋。在青年时代,梁实秋已经是一位独来独往的批评家,一方面不满为艺术而艺术,一方面反对为革命而文学。他力主文学应处理广阔的人性,而非褊狭的阶级性;另一方面,又标举古典的清明,以补救浪漫的放纵。在语言上,他力主酌取文言之长,摒弃西化之短,并指出硬译之病。为了坚持这些信念,他不惜与人论战,更不幸成了鲁迅的对手,从此成了左翼作家的公敌。今日回顾,我们如果认为梁实秋当日的主张不失其恒久的价值,则他勇者的一面就应予以肯定。

余光中亲炙梁实秋是在 20 世纪 50 年代初。那时余光中在台湾大学读三年级,由同班姓蔡的同学自告奋勇,把他的一包诗稿送给当时在台湾师范学院任教的梁实秋。梁氏不但没有拒绝这位素昧平生的文学青年,反而给他回了一封信。除鼓励外,还指出他今后的努力方向:"师承囿于浪漫主义,不妨拓宽视野,多读一些现代诗,例如哈代、浩斯曼、叶慈等人的作品。"过后不久,余光中在姓蔡的同学陪同下,到台北德惠街一号拜访这位"胡适的同道,徐志摩、闻一多的朋友,莎士比亚的知音,白璧德的门徒,鲁迅的对手"。

"得寸进尺"的余光中,由于求教心切,在 1952 年大学毕业前夕,又要求梁实秋为其处女作《舟子的悲歌》写序。充满幻想的他,预期书一出来便会产生轰动效应,像拜伦那样传奇式的一夜成名。老成持重的梁实秋劝余光中要现实一些,不要盲目乐观:"顶多销个三百本,我看你就印五百本好了。"可余光中认为这个数字太保守,便一口气印了两千本,花了两年多的时间才卖完。

大凡年轻的诗人都有一股冲劲和傲气,余光中也不能免俗。在印数上,他不听梁实秋的忠告超印;对梁实秋的序言,他也有不满意的地方,认为序中的一首三段格律诗未针对自己的集子写。宽厚的梁实秋不但不怪其狂妄,反而温和地说:"那就别用得了,书出之后再跟你

① 《余光中集》第六卷,百花文艺出版社 2004 年版,第 307 页。

写篇评论吧。"

梁实秋是言而有信的长者，他后来果然在《自由中国》为其写了一千字的书评。他首先是赞扬余光中写新诗像写旧诗那样注意炼字，使《舟子的悲歌》语言简洁有力，不少地方"字音和字义充分地在我们的想象中唤起一幅生动的图画"。梁实秋对《暴风雨》《老牛》《清道夫》这三首诗尤为欣赏，特别是《暴风雨》，赞扬的话较多，说他"用文字把暴风雨那种排山倒海的气势都写出来了，真可说是笔挟风雷"。最使余光中铭记在心的，是下面一段文字：

> 作者是一位年青人，他的艺术并不年青，短短的《后记》透漏出一点点写作的经过。他有旧诗的根底，然后得到英诗的启发。这是很值得我们思考的一条发展路线。我们写新诗，用的是中国文字，旧诗的技巧是一份必不可少的文学遗产，同时新诗是一个突然出生的东西，无依无靠，没有轨迹可寻，外国诗正是一个最好的借镜。

1981 年，余光中为梁实秋八十大寿致贺，右为梁夫人

余光中在《文章与前额并高》中回忆说:"朝拜缪斯的长征,起步不久,就能得到前辈如此的奖掖,使我的信心大为坚定……梁先生的溢美之词固然是出于鼓励,但他所提示的上承传统旁汲西洋,却是我日后遵循的综合路线。"

余光中后来的文学道路,的确没有偏离梁实秋所说的既继承传统又借鉴外国的路线。以后他和陈之藩、夏菁、何欣、王敬羲经常出入梁府,共同探讨切磋文学问题。梁实秋在这几个文学青年中虽然对余光中有偏爱,但有时也有批评,如当梁实秋听到余光中在翻译《白鲸记》时,对美国文化不表佩服的梁实秋向其大泼冷水。

梁实秋交游广,朋友多,对友人几乎每信必复,且复得很快。在鱼雁往返这件事上,余光中是出名的疏于回信、不堪"信托"的文友:对朋友"往既不多,还亦甚少,就连梁先生的亲笔华翰,一生所接也不过十封上下。尽管如此,轮到要编这本尺牍,我存为我大索三日,竟然只找到两封,其一还不能全用,只好截取上半"①。这"半封信"为:

　　光中:得来书,甚喜。介绍信附上,希望你能顺利成行。香港在某些方面可能比美国还好些。至于学校好不好倒无所谓,因为教书本非我们的本愿,不得已而为之,在哪里执教都是一样。
　　匆此即颂
　　近安

梁实秋顿首　六二、七、六

由这封信可看出梁实秋对余光中关怀备至。余光中到台湾师范学院教书,就是梁实秋引荐的。

1987年11月3日,正当台湾开放民众到内地探亲前夕,85年前在北京出生的梁实秋却在台北仙逝。当余光中听到这一噩耗,在冥冥中仿佛听见了中国现代文学史又一页翻动的异响。他认为,梁实秋到

---

① 余光中:《尺牍虽短寸心长》,载余光中等编:《雅舍尺牍——梁实秋书札真迹》,九歌出版社1995年版,第5—6页。

台湾，躲开了内地历次政治运动的浩劫，这既是他个人的幸运，也是中国台湾文坛的幸运，否则，前辈之中就缺了这么一位德齿俱尊、才学并茂的硕彦，我们与五四之间的薪传就更其薄弱了。在《秋之颂——敬悼梁实秋先生》一文中，余光中详述了梁实秋对中国文坛的贡献，并盛赞他"大器晚成，春耕而秋收，始而为勇者，终而兼智仁。新月人物，始于徐志摩之浪漫而终于梁实秋之古典，清辉不减，已经近于满月了"。

1988年1月27日，在梁实秋87岁冥诞的腊八之日，余光中和梁实秋的生前好友前往淡水北海墓园参加《秋之颂》焚祭典礼。此书由余光中等编辑，原拟1987年腊八面呈梁氏，不料出书迟了，祝寿的喜悦变成追思的哀伤。当大家来到墓前时，余光中带领何怀硕、罗青、刘绍唐、蔡文甫、苏伟贞、韩菁清、丘秀芷等二十余人向梁氏致敬，并诵读他亲自写的祭文，其中云：

> 您这一生，兼有智、仁、勇三种品德。青年时代，您是勇者，为了保卫缪斯而大声疾呼，身陷重围而毫不畏惧。中年时代，您是智者，高超的创造与翻译，灌溉了台湾的文坛。老年时代，您是仁者，在您周围的人，无论是家人、朋友、同事、学生，都因为亲近您而得到温暖，受到鼓励。葬您在靠山面海的北海墓园，因为仁者乐山，智者乐水，而勇者敢于面对天地之悠悠。

高度评价《烙印》

20世纪30年代登上诗坛的臧克家，得到闻一多、王统照的热情指导与精心栽培。他创作的《难民》《老马》等诗作，以精炼的诗句表现了旧社会中国农民忍辱负重的悲苦生活。长诗《罪恶的黑手》，揭露了帝国主义欺压人民的罪行及其伪善面孔，是我国现代诗史上的经典作品。

臧克家的创作态度一贯严肃。在《新诗片语》中，他说："诗是容不得虚假的，一点浮矫的情感，一个生硬的事实（没深切透视过的）掺杂其中，明眼人会立即给你个致命的挑剔。"他又说："现在，我们向诗人要求的诗句，不是外形的漂亮，而是内在的'力'！因为时代是在艰困中，我们需要大的力量！力，不是半空中掉下来的，他是从生活中磨出来的！所以，一个诗人必得认真生活，然后才能使得诗句光芒四射，灼灼逼人。"[①]在对格律认真的方面，他曾受新月派的影响，他本人也师出新月派，但不同于徐志摩们。他的诗根植在诗的泥土里。他的坚韧的生活态度，对青年作家影响很大。正如他在《生活》中所云：

> ……
>
> 灾难是天空的星群，
> 它的光辉拖着你的命运。
> 希望是乌云缝里的一缕太阳，
> 是病人眼中最后的灵光，
>
> ……
>
> 在人生的剧幕上，你既是被排定的一个角色，
> 就当拼命地来一个痛快，
> 叫人们的脸色随着你的悲欢涨落，
> 就连你自己也要忘了这是做戏。
> 你既胆敢闯进这人间，
> 有多大本领，不愁没处施展，
> 当前的磨难就是你的对手，
> 用尽力气去和它苦斗，
> 累得你周身汗毛都擎着汗珠，
> 你咬紧牙关不敢轻忽，
>
> ……

---

① 臧克家:《新诗片语》,《文学》9 卷 2 期, 1937 年 8 月。

这样，你活着带一点倔强，

尽多苦涩，苦涩中有你独到的真味。

1949 年 2 月至 8 月，余光中在厦门大学外文系读书。不到半年的时间里，他在厦门的《江声报》《星光日报》上发表了七首新诗、七篇评论和两篇译文，其中《臧克家的诗——〈烙印〉》写得有见地，是研究余光中早期文学观的一篇重要作品。

在写这篇论文前，余光中认真读过闻一多为《烙印》所写的序言。在这篇序文的基础上，余光中更详尽地论述了臧克家在新诗史上的地位及其创作特色。

余光中认为，五四以后的新诗，多数在气氛上或意识上，仍摆不脱旧诗的调子，只能算是旧诗的翻译。至于有些学西洋诗的，也往往只吸收了浪漫派伤感的一面，两者离理想都还很远，而臧克家与这些新诗作者不同，其诗属于"沉着而有锋棱"的前进号角：

> 从他的诗里，我们找不到旧诗人的惆怅和闲逸，或某些新诗人的强调和神秘。在内容上说来，他的诗——正如他自己所希望的——一面暴露了现实的黑暗，一面却讴歌着永恒的真理。形式方面，他的诗打破了传统的羸弱的形式而发挥出散文化的有旋律的力量。

余光中进一步论述了《烙印》的特色：

一是严肃的创作态度。关于这一点，闻一多说过臧克家的诗绝非那些"带着笑脸，存点好玩的意思"的人所能写的。余光中进一步补充说：更不是那些做出一副苦脸，想借以表示或博得同情的人所能写的。因为他的诗是真情的流露，就有同情，也只是同伴的同情，而非"塔里人"对"塔外人"的同情。他写妓女、工人、难民、车夫等，是那么深刻！写生活、希望等又是那么坚毅而且勇敢。

臧克家的诗之所以没有停留在表面的农民悲苦生活的描写上，是因为他的写作是童年所经历和为之震撼的不吐不快的农村生活。对当时的黑暗社会，对命运悲惨的农民，他确实是含着眼泪苦吟，蘸着浓情把它写在纸上的。他深深地同情农民的遭遇，为他们打抱不平，为他们鼓与呼。

试读臧克家的新诗《老马》：

> 总得叫大车装个够，
> 它横竖不说一句话，
> 背上的压力往肉里扣，
> 它把头沉重地垂下！
>
> 这刻不知道下刻的命，
> 它有泪只往心里咽，
> 眼里飘来一道鞭影，
> 它抬头望望前面。

短短八句，写出了成千上万的农民在层层重压下含辛茹苦、屈辱深重的境界，用象征的手法无情地批判了剥削者，对有泪只往肚里咽的善良农民寄予了深厚的同情。

余光中早期的诗作便受了臧克家的影响。如《舟子的悲歌》，就有不少篇幅写瞎子、船夫等下层劳动人民的形象。

二是强有力的旋律。如果把朱湘、卞之琳的作品比作小提琴，余光中认为臧克家的新诗就好似交响曲——而且是贝多芬的第五交响曲。我们不可能用轻快低婉的调子来吟他的诗，只能用深沉而响亮的调子来朗诵，这和马凡陀山歌又有所不同。余光中每次读臧克家的诗，总觉得周身的血被激起，一阵阵的潮在涌进。像"跑去田野听禾稼刷刷地长"和"背上的压力往肉里扣"等句子，是何等铿锵有力！

三是善于炼字。"臧克家善用字，尤善用动词，最善用一字的动词。他用的字往往来得险突有力。"如"一根汗毛，挑一颗轻盈的汗珠"中的"挑"字，便是炼字的典范。

的确，臧克家最善于运用的是形容词和动词。如《洋车夫》：

> 一片风啸湍激在林荫，
>
> 雨从他鼻尖上大起来了，……

这里的"大"字就用得很妙。又如《神女》：

> 她会用巧妙的话头，
>
> 敲出客人苦涩的欢喜，……

这里的"敲"字也用得很生动。再如《生活》：

> 一万支暗箭埋伏在你周边，
>
> 伺候你一千回小心里一回的不检点，……

这里的"埋伏"也用得很形象。

最著名的是《难民》中的"黄昏还没有溶尽归鸦的翅膀"，此"溶尽"先写成"扇动着"，复改为"辨得出"，最终定稿为"溶尽"。这"溶尽"，不但再现难民逃到的古镇由暮入夜的过程，更道尽了比"归鸦"还不如的无"巢"可归的难民的心绪越来越黯淡的过程。[1]

臧克家这种凝练乃至雕琢的语言风格，也深深影响了余光中，正如杨景龙所说：余光中 20 世纪 80 年代以前诗歌的语言风格，总体上也是琢炼清雅的，他早期的《老牛》（系模仿臧克家《老马》，但能自出新意）有句"辣鞭子在麻腿上刷刷地抽"，《算命的瞎子》有句"凄凉的胡琴拉长了下午"，已经相当注意炼字炼意。到《莲的联想》时期，他更是倾尽心力经营语言。

四是散文化。余光中认为《烙印》中 26 篇诗里有半数以上的作品，都是有着适度的散文化而不分节的。不同于 20 世纪 40 年代，在当下诗歌理论界，新诗"散文化"是一个贬词，指语言松弛和诗质稀薄，

---

[1]　郑苏伊、臧乐安编：《时代风雨铸诗魂——臧克家文学创作评论集》，作家出版社 1996 年版，第 640 页。

属张力的消失。而余光中这里讲的"散文化",不带这种贬义,而是指"诗应从散文借来力量和形式,以求适合现实(因为散文比诗接近现实),而不是说诗就要等于散文,就可以随随便便地像竹竿上的晒衣裳似的,把散文一行行地挂起来,臧克家散文化的诗很少这种毛病,因为它紧凑而不松懈"。

五是美的诗意。臧克家的诗之所以能经得起时间的筛选,不仅是因为内容具有积极的人生和社会意义,对苦难的民众流露出深深的同情,还在于他的作品诗意浓郁,充实而有光辉。余光中举例说:"雨从他鼻尖上大起来了"和"静波上把冷梦泊下"等句子,没有灵感是写不出来的。他的如"一阵叹息,黄昏更加了苍茫",我认为不让于钱起的"曲终人不见,江上数峰青";"一支橹,曳一道水纹,驶入了深色的黄昏",我认为不让于柳宗元的"烟销日出不见人,欸乃一声山水绿"。

《臧克家的诗》未收入余光中的任何文集。即使是编《余光中文集》时,余光中也弃而不用。哪怕是"文集"末尾附录的《未收作品存目》,亦未见此文。也许作者悔其少作吧,但这是研究青年余光中的一篇重要文章,很有史料价值,系由厦门大学台湾研究院朱双一于1995年从旧报中发现。当时笔者正在香港中文大学讲学,连忙把这一消息告诉北京的臧克家,臧氏很快地给笔者回了一封信:

远清:

　　来信收到,看到余光中先生评文,甚喜。在前几期《文学报》上的一篇访问余光中先生的文字中,余说:1949年他入厦门大学外文系一年级,特别爱我的诗。他的写作,也受到了我的影响。《访问记》所记余的说法,与他评论《烙印》完全一致。从李元洛同志的口中(十年前?)得知余光中先生的诗,读了《乡愁》还有霍去病断句,我甚欣赏!他的其他诗我没缘读到。近十年来,他的诗论与创作倾向,我不甚清楚。他的这篇评文,我想把它放到为我九十岁生日而编的"论文集"中去……

　　你近况如何,几时由港返校?谢谢你查得光中先生的这篇评《烙印》。这是很难得的,不期而遇!

好！

克家

在床上

1995.8.12

这里说的由笔者发现应为朱双一发现；"论文集"系指郑苏伊、臧乐安编的《时代风雨铸诗魂——臧克家文学创作评论集》，北京，作家出版社 1996 年版。

臧克家晚年和笔者交往密切，仅书信就给我 68 封。他对笔者研究台港文学非常关心，多有告诫。当他得知余光中早年对他赞赏有加时，自然分外高兴。不过，他未看到余光中后来对他在 1949 年后写的应制诗的尖锐批评。

戴望舒是"大诗人"？

余光中去香港前，已出版《掌上雨》的评论专集，奠定了他在台湾文坛的批评家地位。到香港后，他远离了台湾文坛，又转系改行，为香港中文大学中文系本科生讲授"中国新诗""中国现代文学""比较文学"和硕士班的"新文学研究"。由此获得机会，躲在书斋中潜心研究"五四"以后三十年间的新文学。在他用过的教本上，每页都有密密麻麻的红笔眉批，稍加整理后就发表了重评戴望舒、闻一多、郭沫若、朱自清四家的文章。这些文章，是对坊间新文学批评和文学史著作的回应。他认为，内地出版的新文学史，往往政治挂帅，偏于一党之言，而台港地区出的文学史则多半是流水账式的一堆史料，除了作家的生平和书目之外，对于作品本身，反而蜻蜓点水，走马观花，缺乏深入的分析和犀利的评价。余光中重评新文学名家名作，就是为了超越这种"普罗八股"和"泛述草评"的局面，以建立学术的严谨。

在重评过程中，他终于有惊人的发现："早期的那些名作家，尤其是诗人和散文家，真能当大师之称的没有几位。"鉴于20世纪20年代朱自清几篇颇为青涩的"少作"一再盘踞在教科书、散文选、新文学史中的情况，他于1983年大胆地提出"散文史也必须改写"的口号。

余光中不仅是言者，也是行者。他在授课的同时，便实践起自己的"改写"新文学史的主张来。他改写的对象第一个是戴望舒。在《评戴望舒的诗》一文中，他首先肯定戴望舒的艺术成就：戴氏上承中国古典的余泽，旁采法国象征派诗的残芬，不但领袖当时象征派的作者，抑且遥启现代派的诗风，确乎是一位引人注目的诗人。接着，余光中对李金发和戴望舒的诗作进行比较：在诗龄上，"李金发前后不过七年，戴望舒却长达二十余年。其次，两人诗风之异，各如其名：'金发'来自西方，'望舒'出于古典。李的中文欠佳，偏爱使用文言，以致文白夹杂，不堪卒读；戴的中文较纯，文白并用，较能相融。李颇耽于异国情调，诗中简直没有中国；戴的诗中虽有中国意味，却往往陷入旧诗的滥调。照说诗人的散文不致太差，但李金发的散文，就我读过的一些看来，实在不好，令我对他的诗更加存疑。李金发的诗，人称象征派，他却自称神秘派。派别当然无关宏旨，重要的是作品本身。李金发的诗，意象跳跃太过唐突，偶有奇句，但不足于成篇……大致说来，戴优于李，是显而易见的，然而也只是较李为优而已。戴望舒写诗的时间三倍于李，成就当然应该高些，可是就诗论诗，戴的成就仍然是有限的。"[①]

戴望舒的局限，余光中认为一个重要表现是产量不丰。戴只出过四本诗集，其中还有重复之处。他写诗22年，平均一年才写4首，可谓十分寡产。同时，这80多首诗全为抒情短章，最长的《过旧居》也不到60行，因此，无论篇数还是行数均不够丰盛。

产量多寡，当然不是评判大诗人的唯一条件。诗境有无拓展，风格有无变化，更是不可忽视的条件。余光中认为，戴望舒前、后期的变化不明显，其作品虽然可细分为四大类，其实只有两类：第一类比

---

① 余光中：《青青边愁》，纯文学出版社1978年版，第157-158页。

较个人化，耽于虚无的情调；第二类比较社会化，具有现实的感觉。戴望舒的诗风，可用"阴柔雅丽"四字来概括，其语言弹性不够，20多年来看不出蜕变的痕迹，因而这两大类作品的不同之处主要是在题材上而不是在语言上，即是说，两类作品写的东西虽然有差别，但写的方式只有五十步与一百步之差。包括艾青在内，许多人都肯定后期的戴望舒生活态度走向开放，余光中却认为戴望舒早期的象征诗风捕捉的弦外之音不够飘逸，探索的内心感觉也欠深刻，而后期写实道路走得也不够硬朗。如果与臧克家和艾青比较，戴望舒便显得有些做作。余光中以《心愿》第二段为例分析说：

> 几时可以再看见朋友们，
> 跟他们游山，玩水，谈心，
> 喝杯咖啡，抽一支烟，
> 念念诗，坐上大半天？
> 只有送敌人入殓。

这几行诗命意肤浅，节奏松弛，语言没有经过提炼，末行文白夹杂，读起来很不顺口。另一方面，调子不够高亢，"入殓"的形象也不够生动，为了勉强押韵使用文言词语"殓"，破坏了诗的艺术性。

余光中认为，戴望舒诗的毛病出在意境和语言。比起徐志摩的气盛声洪来，戴望舒的作品显得柔婉沉潜，较为含蓄。这只是指他的成功之作，可惜他往往失手，以致柔婉变成了柔弱，沉潜变成了低沉。往往，他的境界是空虚而非空灵，病在朦胧与抽象，也就是隔。早期的成名作《雨巷》，在音调上的确比新月之作多一层曲折，难怪叶圣陶称赞该诗为新诗音节的一个新纪元。然而以今日现代诗的水准看，《雨巷》音浮意浅，只能算是一首二三流的小品。

余光中又说，戴望舒作品的意境，除了空洞外，还过于低沉。人生原多悲哀，写人生，往往也就是写人生之悲哀。可悲哀并不等于自怜自弃，向命运投降。真正的悲剧往往带有英雄的自断，哲人的自嘲，仍能予人清醒、崇高、升华之感，绝不消沉。大诗人的境界，或为悲壮，或为悲痛，或为悲苦，但绝少意气消沉。戴诗的悲哀，往往止于消极，不能给人震撼的力量。以戴诗《我的记忆》为例，一位诗人常与"眼泪""太息"为伍，还要"凄凄地哭"，"沉沉地睡"，同时自己记忆所托的事物不外是"破旧的粉盒""压干的花片""凄暗的灯""颓垣的木莓"，可说在颓废之外，又多了一层脂粉气息。

戴望舒的语言，余光中认为控制不够，不是陷于欧化，便是落入旧诗的老调，能够调和新旧融贯中西的成功之作实在不多。以上面说的那首《我的记忆》为例，全诗32行，记忆的代名词"它"字竟用了20次之多，"的"字用了34次，显得累赘。同时，句法不但平铺直叙有如散文，而且一再重复，显得十分呆板。艾青在《戴望舒诗选》的序中，称赞这首诗"采用现代的日常口语，给人带来了清新的感觉"，足见艾青对于何为口语，何为纯净中文，也认识不清。其实艾青诗中欧化情形之严重，更甚于戴，大巫看小巫，当然看不出毛病来。

对戴望舒《村姑》这首诗，余光中认为构思和布局均有可取之处，可语言冗长而生硬，读起来像西洋诗的中译。一共只有24行，却有12个"她"，一个"他"，9个"她的"，一个"他的"，一个"它们的"，共为24个，平均每行一个代名词；其实多半可以删掉，这样做不会损害原意的表达，而且可以净化语言。其次，形容词用得太滥。为此，余光中在诊断完欧化之病后，把《村姑》作了重写。改过后虽然比原作眉清目秀，但还称不上优秀之作。因余光中只是按照作者原意去芜存菁，删多于改，并无脱胎换骨之意。《村姑》原诗的缺陷太多，使余光中感到改不胜改。

余光中这样大胆"篡改"前贤的做法，引起港台文坛一些作家的强烈不满。香港一位诗人化名"余好问"，仿效余的做法，将余的精心结构之作《白玉苦瓜》《北望》等诗强行修改。[①] 蓝海文后来出版的《现代诗手术台》，赫然也有改余光中诗作的篇什。这些改者一是不赞成余光中擅自修改前辈诗人的"犯忌"做法，另一方面，也认为余光中的诗行不见得十全十美，确有值得修改之处。其实，每个人都有自己的

---

① 香港《当代文艺》，1976年7月，第132—135页。

评诗标准。如果都用自己的标准要求他人，那必然会造成诗坛的混乱。

余光中评戴望舒的文章发表后，香港《当代文艺》（简称"当文"）总123期发表了不少讨论余光中《白玉苦瓜》和为余光中改诗的文章。余光中读了后，给该刊主编徐速写了一封信：

速兄：

屡承惠赠贵刊，并嘱为当文撰稿，甚为感愧，惟恨近日俗务缠身，文债又久积成台，令人有笔不随心之叹。4月中旬，停课以后当较有暇放下粉笔拾起钢笔也，一笑。

一连两期在当文上拜读了现代诗论战专辑，对于贵刊重视现代文学批评之精神及博采无私之胸襟，十分倾心。正反双方之文章，水准不齐，其中固亦有警策之见者。保守人士贵古贱今，盖亦由来已久，老杜岂不有"轻薄为文哂未休"之叹乎？今人之作能否传后，尚有待于诗选文评之青钱万选与乎时间之最后裁定，恐非某时某地某人之某篇文章可以遽加定论。香港在现代诗运动上起步较台湾为晚，宜乎时至今日仍屡见冷嘲热讽之文，但在台湾文坛，此种敌视气氛早已过去，现代诗集再版三版，亦为常事，现代诗朗诵会及演讲会，亦动辄号召三五百人，即弟之诗所谱《中国现代民歌集唱片》，去年10月问世以来，亦竟三版矣。香港之现代文学，在当文之大力鼓吹下，希望亦能打开新局面。至于论战专辑中涉及我个人成败之议论，其尤为溢美者，令我既感且愧，其指摘非难者，亦有益于我之反省自策也。现代诗人本身亦多病态，无讳言，进步之道，乃在不断之修正与创新耳。此即颂

编安

弟　余光中拜启

（一九七六年）三月十日

在内地，质疑余光中重评戴望舒的文章也很多。作为一种学术讨论，这是正常的。但应该承认，余光中的文章也有矫枉过正之处，尤其是以批改学生作文的方式修改前贤的诗篇，会授人以柄，认为这种

做法是显示自己比戴望舒更高明。

由郭沫若谈到新诗的评价

在内地，郭沫若的文学成就曾得到高度评价，被认为是仅次于鲁迅的新文学旗手。这是从政治出发的结果。他从 20 世纪 50 年代起，根据政治形势随风起舞，写了不少颂歌和战歌，可都难经得起时间的检验，正如他自己所说："郭老不算老，诗多好的少。大家齐努力，学习毛主席。"

境外的作家和学者对郭沫若的文学成就基本上不看好。在新诗史上尽管名家如云，但余光中认为真正的大家极为罕见。郭沫若虽不断有新作发表，但给人的印象是艺术上在退步，要求层楼更上，恐怕是希望渺茫。"有一天，时尚的烟雾散去，主义的光芒减色，阶级的定义改观，早期新文学的名作之中，究竟还有几篇能经得起严格的分析而传之久远，诵于后人之口呢？"①这里说的"阶级的定义改观"，联系内地不再提"以阶级斗争为纲"的实践，可看出余光中这段话的预见性。

余光中在抽样评郭沫若的诗时，用的是《新诗的评价》的大题目。为此，他首先亮出自己的诗学观："新诗本身尚未建立起一个新的传统"。其理由是：新诗的历史很短，创作量难以和古典诗词相比，理论和批评也跟不上创作的发展，对古典诗的继承与对西洋诗的吸纳更是不和谐，加之文学评论载负着过重的政治使命。另一理由是新诗还未出现公认的杰作，如在摹状音乐的境界方面还无法找到可以追及唐诗中的《琵琶行》《听颖师弹琴》一类的佳构。既然如此，我们在评定一首诗时，就无法找到公认的杰作加以比较或充当试金石之用。

关于新诗是否建立起一个新的传统，九叶诗人郑敏后来发表过一篇文章，认为自己作为一名教师，作为诗歌创作者和研究者，常常无

---

① 余光中:《青青边愁》，纯文学出版社 1978 年 12 月 3 版，第 197 页。

法具体地说出今天汉语新诗所遵循的诗学和美学准则，用于课堂讲授，指导写作和匡正自己的诗歌创作。因此认为今天的汉语新诗，虽有八十多年的实践，却尚未成熟到有一整套为国人、诗歌界所共同接受的具体诗歌美学准则，也即新诗自己的诗歌传统。[①] 郑敏的文章没有引用余光中的话，她也很可能未读过余光中的这篇文章，但两人"心有灵犀一点通"。

关于"新诗没有形成传统"的观点，在内地学界曾引发一场争鸣。诗评家朱子庆、诗人野曼等先后在《华夏诗报》《文艺报》发表文章展开讨论。吴思敬在《新诗已形成自身传统》中针锋相对地认为：不能对新诗传统采取虚无主义态度，一笔抹杀是不可能的。由这些讨论，可看见余光中对新诗传统看法的超前性。

余光中还认为无论是徐志摩、闻一多、朱湘或郭沫若，都只能算是名诗人而非大诗人。有些评论家喜欢抽刀断水，用假设的中国新文学本身的标准去评估新文学作家的地位，这在理论上是站不住脚的。因为要判断一位作家是否著名比较简单，要认定某某是大师级的作家，却必须先有标尺，然后再加以严密的分析和广泛的比较，否则就不足以服人。

关于什么是"大诗人"，余光中心目中是指屈原、陶渊明、李白、杜甫这一等级。按此标准，郭沫若连一流的诗人都不够格，更何况是大诗人。郭沫若熟读古典诗，对西洋诗也涉猎过，为此，余光中从郭沫若诗中抽出两首性质相近的古典诗及西洋诗做比较。

郭沫若的《上海的清晨》和杜甫的《茅屋为秋风所破歌》，均指控社会不平：杜诗慨叹的是欺老劫贫冷漠无情的社会，但欺他劫他的"南村群童"，本身想必也不是郭诗中所谓的"富儿们"。在社会意识上，两诗都有所同情，甚至认同，即都有点"阶级性"。郭沫若认同的是"赴工的男女工人们"，他称之为"兄弟们"；杜甫认同的则是普天下之"寒士"。换句话说，杜甫的意识跳不出"知识分子的小圈子"，郭沫若却认同无产阶级，走群众路线，意识上似乎"革命"得多。可真正感

---

① 郑敏：《关于诗歌传统》，《文艺争鸣》2004 年第 3 期。

动读者的，是杜诗而不是郭沫若的作品。杜诗感动我们，是因为诗中的世界是真实的：怒号的秋风是真实的，漏雨的茅屋是可感的，公然为盗的群童，踏被恶卧的娇儿，终宵不睡的诗人，都是栩栩如生在眼前出现。郭诗感动不了我们，是因为那里没有充实而逼真的世界，诗中的工人和富儿只是浮光掠影，面目不清。尽管诗人对工人称兄唤弟，并强调"赴工的男女工人们分外和我相亲"，他却无法用形貌、言辞或行动去刻画他们，赋予他们生命，读者也很难体会诗人究竟如何与工人"分外相亲"。两诗结尾都有一个愿望：郭沫若期望的大概是暴动；杜甫所希望的，则是广厦万间以庇天下之寒士。郭诗里的暴动，诗人是否参加，不得而知。杜诗里的奇迹，却是诗人愿意"吾庐独破受冻死"以求的，杜甫的承担十分明确。总之，郭诗是从观念出发，缺乏生活经验的印证，所以写来生硬而勉强，模糊而破碎，难以感动人；杜诗从生活出发，有自身的经历印证，所以写来真实而自然。郭沫若虽然把工人看作兄弟，但他对工人的生活并不了解；杜甫发愿要大庇天下寒士，因为他自己就是贫苦的知识分子，至于怎样贫苦，诗中有生动的描写。杜诗篇末的宏愿，乃推己而及人，他认同的"群众"，是以个人的亲身体会做基础的。

余光中抽样评郭沫若的另一首诗为《晨安》，与美国诗人麦克里希的《你，安诸·马尔服》相比。这两首诗的作者年龄相同，写作时间相近，两首诗还用了许多地名。在云游列国巡行时，两诗的方向都是自东而西，不同之处是用心不完全相同。

余光中指出：《晨安》虽然比《上海的清晨》好些，但还不能算是一首佳作。郭沫若学习美国十九世纪大诗人惠特曼，未学到精华只学到皮毛，首先表现在滥用感叹词和惊叹号，三十多行一"呀"到底，如果再加上"啊啊！"及"睡呀"，一共用了65个感叹词和88个惊叹号，给读者的印象是浮嚣、幼稚，而不是生动。李白诗固然也有"噫吁嚱，危乎高哉"的句子，但都是在感情高潮到来时偶一迸发，并不像郭氏那样通篇呻唔，成为机械化的感叹。此外，郭氏在沿用"枚举法"时，于细目之选择与安排，往往只是兴至漫举，纷然杂陈，并列得不够妥帖和严肃。通观全诗，虽说乐观而轻快，算是表现了一点世界公民的味道，却未能发掘深刻的主题，把握一些永恒的价值。《你，安诸·马尔服》在这方面就要深得多了。

郭沫若的诗作海外诗人普遍不看好，这不仅是因为"用古典诗和西洋诗做试金石来试新诗之坚度"，还因为郭沫若的诗歌观念有偏差，如他认为：

> 诗歌应该是最犀利而有效的战斗武器，对友军是号角，对敌人则是炸弹。
>
> 因此，写诗歌的人，首先便得要求他有严峻的阶级意识，革命意识，为人民服务的意识，为政治服务的意识。
>
> 有了这些意识才能有真挚的战斗情绪，发而为诗歌也才能发挥武器的效果而成为现实主义作品。①

要求诗歌成为"号角""炸弹"，这是郭沫若1949年后诗歌观乃至文学观的核心。这种诗歌观，也是郭沫若在民主革命时期说的"今天的诗歌必须要以人民为本位"的符合逻辑的发展。郭沫若不强调从生活出发，只强调诗的政治与教育作用，强调从"严峻的阶级意识出发"，这便会导致"以主义去作诗"，这就难怪余光中要重评郭沫若用阶级意识写的诗。

在重评二三十年代作家作品中，《新诗的评价——抽样评郭沫若的诗》，是写得较单薄的一篇。此文宏观论述少，只在作品分析与比较上做文章。不过，就该文的副题来看，作者认为郭沫若不是一流的大诗人，言之成理，自成一家之言。

---

① 郭沫若：《关于诗歌的一些意见》，《大众诗歌》1950年第一卷第1期。

不能追随朱自清的"背影"

　　六十多年来，朱自清的散文《荷塘月色》《春》《桨声灯影里的秦淮河》，一直作为经典之作出现在大中学课本里。不管是研究者还是教师，均将这些作品誉为现代散文的典范，并把朱自清看作是白话散文的代名词。余光中以现代人的情怀、作家的敏锐再加学者的慧眼，提出与众不同的尖锐意见。

　　在《论朱自清的散文》[①]中，余光中以《背影》等作品探讨朱自清散文的优劣。余光中认为：朴素，忠厚，平淡，可以说是朱自清散文的本色，但是风华、幽默、腴厚的一面似乎并不平衡。朱文的风格，论腴厚也许有七八分，论风华不见得怎样突出，至于幽默则更非他所长。朱文的心境温厚，节奏舒缓，文字清淡，绝少瑰丽、炽热、悲壮、奇拔的境界，所以咀嚼之余，总有一点中年人的味道。20世纪20年代初期，朱自清发表过不少新诗，1923年发表的长诗《毁灭》虽也引起文坛的注意，可是长诗也好，小诗也好，半世纪后看来，没有一首称得上佳作。朱自清本质上是散文家，在诗和散文之间，朱的性格与风格接近散文。通常说来，诗主感性，散文主知性；诗重顿悟，散文重理解；诗用暗示与象征，散文用直陈与明说；诗多比兴，散文多赋体；诗往往以小见大，以简驭繁，故浓缩，散文往往有头有尾，一五一十，因果关系交代得明明白白，故庞杂。

　　《荷塘月色》属美文，或称小品文、抒情散文。这类文体不能像论文那样将事件的来龙去脉交代得一清二楚，分析也不能过于切实，以免分散感性经验，破坏形象思维。余光中举《荷塘月色》的第三段为例说明这一观点：

---

① 香港《明报月刊》，1977年10月。

路上只我一个人，背着手踱着。这一片天地好像是我的；我也像超出了平常的自己，到了另一世界里。我爱热闹，也爱冷静；爱群居，也爱独处。像今晚上一个人在这苍茫的月下，什么都可以想，什么都可以不想，便觉是个自由的人。白天里一定要做的事，一定要说的话，现在都可不理。这是独处的妙处；我且受用这无边的荷香月色好了。

余光中对此评论道：无论在文字上或思想上，这一段都平庸无趣。里面的道理，一般中学生都说得出来，而排比的句法，刻板的节奏，更显得交代太明，转折太露，一无可取。删去这一段于《荷塘月色》并无损失。朱自清忠厚而拘谨的个性，在为人和教学方面固然是一个优点，但在抒情散文里，过分落实，却有碍想象之飞跃，情感之激昂，"放不开"。朱文的比喻虽多，却未见如何出色。接着余光中又再以《荷塘月色》为例说明朱自清用比喻，大半浮泛，轻易，阴柔，在想象上都不出色。

朱自清散文里的意象，除了多用明喻而趋于浅显外，还有一个特点，便是好用女性意象。前引《荷塘月色》的一二句里，便有两个这样的例子。余光中认为这样的女性意象实在不高明，往往还有反作用，会引起庸俗的联想。"舞女的裙"一类的意象对今日读者的想象，恐怕只有负效果了吧。"美人出浴"的意象尤其糟，简直令人联想到月份牌、广告画之类的俗艳场面；至于说白莲又像明珠，又像星，又像出浴的美人，则不但一物三喻，形象太杂，焦点不准，而且三种形象都太俗滥，得来似太轻易。用意草率，又不能发挥主题的含义，这样的比喻只是一种装饰而已。类似的比喻在《桨声灯影里的秦淮河》中也有不少：

那晚月儿已瘦削了两三分。她晚妆才罢，盈盈地上了柳梢头……岸上原有三株两株的垂杨树，那柔细的枝条浴着月光，就像一支支美人的臂膊，交互的缠着，挽着；又像月儿披着的发。而月儿也偶然从它们的交叉处偷偷窥看我们，大有小姑娘怕羞的

227

样子……电灯的光射到水上，蜿蜒曲折，闪闪不息，正如跳舞着的仙女的臂膊。

小姑娘、处女、舞女、歌妹、少妇、美人、仙女……朱自清一写到风景，这些浅俗轻率的女性形象必然出现在笔底，来装饰他的想象世界；而这些"意恋"（我不好意思说"意淫"，朱氏也没有那么大胆）的对象，不是出浴，便是起舞，总是那几个公式化的动作，令人厌倦。朱氏的田园意象大半是女性的，软性的，他的比喻大半是明喻，一五一十，明来明去，交代得过分负责："甲如此，乙如此，丙仿佛什么什么似的，而丁，又好像这般这般一样。"这种程度的技巧，节奏能慢不能快，描写则静态多于动态。朱自清的写景文，常是一幅工笔画。

余光中虽不是专业批评家，但他对朱自清散文的批评超越了同行的研究成果。他对朱自清散文的另一批评是伤感滥情。早期新文学的作品常爱滥发感叹，《绿》就有这样的句子："那醉人的绿呀！仿佛一张极大极大的荷叶铺着，满是奇异的绿呀。我想张开两臂抱住她；但这是怎样一个妄想呀。"其后尚有许多咿咿呀呀的句子。有佳作之誉的《背影》，其实仍有瑕疵，其一便是过于伤感。只有千把字的小品，作者先后流了四次泪，这有点煽情。时至今日，一个 20 岁的大男孩是不是还要父亲这么照顾，而一旦别离是不是会这么容易流泪，这使人怀疑。余光中认为，今天的少年应该多读点坚毅豪壮的作品，不必再三诵读这么哀伤的文章。

为什么朱自清的散文会出现如此多缺陷呢？余光中从"艺术人格"的角度做出诠释。每一位作家在自己的作品中都扮演着或战士，或隐者，或浪子，或情人的角色。所谓风格，其实也就是艺术人格。艺术人格愈饱满，对欣赏者吸引力也就越大。艺术人格是作者人品的放大和升华，也可理解为补偿。从这种观点来看，朱自清的散文是矛盾而有趣的。"一方面好用女性意象，另一方面又摆不脱自己拘谨而清苦的身份。"余光中辩证地看这种问题："朱自清在散文里自塑的形象，是一位平凡的丈夫和拘谨的教师。这种风格在现实生活里也许很好，但出现在'艺术人格'里却不见得动人。"

在重评新文学名家名作的系列文章中,《论朱自清的散文》是写得最有分量的一篇。此文不像抽样评郭沫若的诗满足于对照,而是升华出一段关于现代审美的妙论:

> 一位真正的现代作家,在视觉经验上,不该只见杨柳而不见起重机。到了70年代,一位读者如果仍然沉迷于冰心与朱自清的世界,就意味着他的心态仍停留在农业时代,以为只有田园经验才是美的,所以始终不能接受工业时代。这种读者的"美感胃纳",只能吸收软的和甜的东西,但现代文学的口味却是兼容酸甜咸辣的。

余光中熟谙中国古典文学,又有外国文学之素养,视野开阔,思辨力强,所以能提出文学批评和欣赏不能停留在农业时代、不能满足于传统口味这样重要的问题。余光中批评《荷塘月色》,有人认为是砸了中学教师的饭碗,因而在内地中学语文教学刊物上,发表了一些语文老师批驳余光中的文章。可他们不知道或不愿知道,朱自清散文确实存在着历史的局限性。作为散文大师,朱自清还未达标。"只能说,朱自清是20年代一位优秀的散文家:他的风格温厚,诚恳,沉静,这一点看来容易,许多作家却难于达到。他的观察颇为精细,宜于静态的描述,可是想象不够充沛,所以写景之文近于工笔,欠缺开阖吞吐之势。他的节奏慢,调门平,情绪稳,境界是和风细雨,不是苏海韩潮。他的章法有条不紊,堪称扎实,可是大致平起平落,顺序发展,很少采用逆序和旁敲侧击柳暗花明的手法。他的句法变化少,有时嫌太俚俗繁琐,且带点欧化。他的譬喻过分明显,形象的取材过分狭隘,至于感性,则仍停留在农业时代,太软太旧。他的创作岁月,无论写诗或是散文,都很短暂,产量不丰,变化不多。"

余光中评朱自清的文章不同于眼下文坛上流行的用语尖酸、刁刻的酷评,而是出于作者一以贯之的严谨态度以及对文本的深入分析。《论朱自清的散文》最后说:置于近三十年来新一代散文家之列,他的背影也已经不高大了,在散文艺术的各方面,都有新秀跨越了前贤。朱自清仍是一位重要的作家。可是作家的重要性原有"历史的"和"艺术的"两种。例如胡适之于新文学，重要性大半是历史的开创，而不是艺术的成就。朱自清的艺术成就当然高些，但事过境迁，他的历史意义已经重于艺术价值了。他的神龛，无论多高多低，都应该设在二三十年代，且留在那里。今日的文坛上，仍有不少新文学

余光中与卞之琳于北京卞府

的老信徒，数十年如一日那样在追着他的背影，那真是认庙不认神了。

有人敏感，认为余光中重评朱自清、戴望舒是要否定内地新文学，以扬中国台湾文学。这种推测没有根据。余光中一直认为，要做一个中国作家，必须认识两个传统，一是《诗经》以来的大传统，二是"五四"以来的小传统。早期的新文学正是余光中的小传统，也是余氏少年时吸收的养分。余光中说："我并未否定朱、戴的成就，只是想调整他们应享的地位。指责我的人似乎忽略了我对沈从文、徐志摩、卞之琳、冯至、辛笛、陆蠡、梁实秋等等的肯定。朱光潜是我的启蒙良师，他论诗谈文时那种清明的思路、优雅的气度、深入浅出的功力、文白交融的语法，都是我钦佩的典型，至于钱锺书，真正是学贯中西的大师，不作第二人想。"①

余光中的评论文章，不似学院派喜欢掉书袋，以炫耀自己博学；

① 余光中:《向历史自首？——溽暑答客四问》,《羊城晚报》2004 年 9 月 21 日。

230

也不在文章的末尾附上长长的注释，以表示语语有来历。对这种学院派的化妆术，余光中很不以为然，他虽然人在学府，却希望论文也能像创作那样别具一格：学问之上要求见识，见识之上更求文采。他的《评朱自清散文》，便是有学问、有见识、有文采的以批评为创作的出色实践。

剪掉散文的辫子

余光中左右手写散文和诗，还有可疑的第三只手写文学评论。他的评论与他的创作同样受到人们高度重视，尤其是他在《左手的缪斯》《逍遥游·后记》《我们需要几本书》《剪掉散文的辫子》等文章中对散文的看法，为中国台湾现代散文的理论建设做出了贡献。

还在20世纪60年代初，余光中对"五四文学"就有与众不同的评价，并写过《下五四的半旗》那样虽有失偏颇但极富鼓动性的文章。同时期写的《剪掉散文的辫子》，则是台湾散文向"现代散文"迈进的宣言。他认为，当诗歌、音乐、小说都在接受现代化的洗礼，作脱胎换骨的蜕变之际，散文仍跟不上现代化的步伐，还舍不得剪掉它那根小辫子。这类有"辫子"的散文可分为三种：一是花花公子散文，病在太浓，太花和伤感做作，犹如华而不实的纸花；二是食古或食洋不化的酸腐的学者散文，包括半生不熟的洋学者的散文和咬文嚼字不文不白的国学者的散文；三是浣衣妇的散文，病在太淡，太素，写这种文章的人，犹如有洁癖的老太婆，总把衣服洗了又洗，结果污秽当然向肥皂投降，可衣服上的花纹刺绣也统统给洗掉了。

当时余光中正忙于创作现代诗和参与现代诗争议，对散文的现代化只是以左手兼顾。他从一个诗人对艺术的敏感出发，对现代散文提出讲究弹性、密度和质料的要求：

"所谓'弹性'，是指这种散文对于各种文体各种语气能够兼容并包融和无间的高度适应能力。文体和语气愈变化多姿，散文的弹性当然愈大；弹性愈大，则发展的可能性愈大，不至于迅趋僵化。"这里讲的"兼容并包"，从语言角度来说，除以"现代人的口语为节奏基础"外，在情境所需时，也不妨使用欧化句或文言句，乃至掺杂些方言俚语。

余光中讲的"弹性"，从文体角度来说，是不主张文体之间有绝对的界限。只要适合内容表达和作者风格的需要，作者尽可放手写，哪怕打破了文体分类的条条框框也不要紧。余光中是这样说的，也是这样做的。他的散文，通常是诗的延伸。他的论说文，也往往抒情色彩浓厚和意象繁复。他有些文章，"散文不像散文，小说不像小说，身份非常可疑。颜元叔先生认为，《伐桂的前夕》两皆不类，甚以为病。其实，不少交配种的水果，未见得就不可口吧。……任何文体，皆因新作品的不断出现和新手法的不断试验，而不断修正其定义，初无一成不变的条文可循。与其要我写得像散文或像小说，还不如让我写得像——自己"①。余光中的这段话，正可看作是对"弹性"文体理论的诠释。

"所谓'密度'，是指这种散文在一定的篇幅中（或一定的字数内）满足读者对于美感要求的分量；分量愈重，当然密度愈大。"这里讲的密度，不能光理解为句法，也应包含思想，"不到一 CC 的思想竟兑上十加仑的文字"，他是坚决反对的。不过，对"密度"本身，余氏并未做具体说明。对此，郑明娳做了极好的补充："要增高散文的密度，文字的稠密，意象的繁复及结构、运笔的变化似不容忽略。"

"所谓'质料'……指构成全篇散文的个别的字或词的品质。这种品质几乎在先天就决定了一篇散文的趣味甚至境界的高低。譬如岩石，有的是高贵的大理石，有的是普通的砂石，优劣立判。"为说明这个观点，余光中举了两个例子："她的瞳子溢出一颗哀怨"与"她的秋波暗弹一滴泪珠"。余氏评论道：这两句意思虽相差无几，"但是文字的触觉有细腻和粗俗之分"。在《左手的缪斯》后记中，余光中十分希望散文家们能"提炼出至精至纯的句法和与众迥异的字汇"。这种"句法"和"字汇"，不妨看作是他讲的"质料"的重要组成部分。

在句型设计方面，余光中曾说过一段有名的话："我倒当真想在中

---

① 余光中:《焚鹤人》，212 页，纯文学出版社 1972 年版。

国文字的风火炉中,炼出一颗丹来……我尝试把中国文字压缩,捶扁,拉长,磨利,把它拆开又拼拢,折来且叠去,为了试验它的速度、密度和弹性。我的理想就是要让中国的文字,在变化各殊的句法中,交响成一个大乐队,而作家的笔应该一挥百应,如交响乐的指挥杖。"余光中接着坦率地指出:"只要看看,像林语堂和其他作家的散文,如何仍在单调而僵硬的句法中,跳怪凄凉的八佾舞,中国的现代散文家,就应猛悟散文早该革命了。"[1]余光中的作品就是这种理论的极好注脚:他不时调整句法,扣紧节奏,不时用名词作动词来挥舞,有时又以动词作形容词来描绘;有时把长句拆成短句,有时又把短句联成气贯长虹的长句。这说明:他在身体力行实践革新现代散文的艺术和"散文早该革命"的诺言。

既然要革新,自然不能停留在前人的成绩上睡大觉。就是对前人的成绩,也不能盲目迷信,而必须用现代的眼光加以审查:该肯定的肯定,不该肯定的不肯定,肯定过头的坚决纠正过来。对但求"流利痛快"的胡适散文观,余光中认为肤浅而且误人;对长期以来被视为"散文大师"的朱自清,余光中也不以为然。当然,对朱自清,余氏并不是想踩前人一脚而后快,只是他认为把朱自清说成"散文大师",未免过誉了。

如果称余光中首先揭起散文艺术革新的旗帜还不至于牵强附会的话,那余光中所从事的主要是散文的语言与文体的革新工作,尤其是在诗质散文的建设上,他下的功夫尤深。余光中曾不无感慨地说:"翻开一本诗选,里面不见多少散文家。但是翻开一本散文选,里面却多诗人。在这种场合,诗人往往抢了散文家的风头。"[2]诗人"抢风头"的拿手好戏不是写作应用的散文、"相对的散文",而是"诗质的散文"。这种散文,其描写和抒情的功用已与诗相同,所不同的只是形式与技巧。余光中正是写这种"诗质的散文"的高手。本来,余光中的气质更接近诗而非散文,即是说,在诗与散文之间,余光中的性格与风格更近于诗。"一般说来,诗主感性,诗重顿悟,散文重理解,诗用暗示

---

① 余光中:《逍遥游·后记》,文星书店 1965 年版,第 214 页。

② 余光中:《分水岭上》,纯文学出版社 1981 年 4 月版,第 251 页。

与象征，散文用直陈与说明，诗多比兴，散文多赋体，诗往往以小见大，以简驭繁，故浓缩，散文往往有头有尾，一五一十，因果关系交待得明明白白，故庞杂。"余光中这种比较，不仅是他也是其他散文家创作经验的总结。这里还应弄清楚的是，诗质的散文仍不能等同于诗，它和诗仍有一些相对性的差异。"它比较现实，诗比较想象。对于一种情景，它是渐入的，因此不免要交代细节与过程。诗是投入的，跳接的，因此不须详述这些。它比较客观，因此对读者多少得保持对话的姿态，诗比较主观，因此倾向于独白，不须太理会读者。"余光中有关诗与散文区别的论述以及对"诗质的散文"艺术规律的探讨，不像过去的评论家过多地停留在战斗性、时代性、实用性的论述上，而是将散文理论的建设引导到审美特征的探讨上，从而使现代散文的理论建设提升到一个更高的层次。

余光中的散文理论还不够系统，有时只点到为止，未能展开更深入的论证。但它也不是古代诗话、词话那种吉光片羽式的评点，更无学院派的烦琐与脱离创作实际的弊端。如果我们研究台港的当代散文理论而忽略了余光中在改写新文学史的同时对变革散文艺术的呼唤，"那真是认庙不认神了"。

第九章

井然有序

受序人有点像新郎，新书有点像新娘，写序人当然就是证婚人了。喜筵当前，证婚人哪能不带笑祝福呢？但是贺客满堂，又有几个人记得他的陈腔客套呢？

温健骝：早逝的英才

余光中经常收到海内外文朋诗友寄来的著作，其中有文友向他索序，以为自己的著作增光。

余光中为他人写序是从中年时期开始的。他的书桌上常常放着七八种等待他写序的文稿。这对忙得恨不得有九条命的余光中来说，无形中成了负担。

一旦答应为文友写序，余光中决不会敷衍地奉上一篇不痛不痒又无文采的文章。他力求做到见解高超，文字生动。这样不但有助于读者了解该书，而且还可促进文学批评的发展。

向余光中求序者，其作品一般都达到相当水准，另一方面与余氏也有一定的交情。只要答应写序，余光中总是牢记心上，但常常出现意外情况，如参加某项重要活动，或学校有事腾不出空，因而按时交稿就不太可能。这时，索序者就成了债主，常打电话催问，这使余光中感到尴尬和不安，他常发牢骚说："奇怪了，我又没跟人借钱，怎么一下子冒出这多债务，永远都还不清呢？"急了，他就咬牙切齿地说："政府真该定一条法律，禁止出书写序这种不良风俗。你自己出书就出吧，为什么要拖别人一起下水呀？这真是不道德的行为！"

索序人形形色色，其中有诗友，有散文家，有画家；有过从甚密的朋友，有只见过一面的作者；有同代人，更多的是后起之秀。多半仍活跃在文坛，也有个别的过早地离开了人间。温健骝就是这样一位早逝的英才。

余光中认识温健骝，是三十多年前的事。那时余光中在台湾政治大学西语系兼课，温健骝是外交系的香港侨生，跨系选修余光中的《英诗选读》。他的中英文基础扎实，对诗尤其有锐敏的感觉，而一口标准的普通话，简直令人不敢相信他是粤人。他曾获耕莘文学院举办的"水晶诗展"征文比赛冠军。余光中看见自己的学生获奖，作为评判的他当然分外高兴。

余光中为《温健骝卷》作序，源于温氏逝世后的 11 年，香港三联书店出版古苍梧和黄继持合编的温氏作品集，郑树森要余光中为台湾允晨版温健骝诗集作序，其理由是"你不但是他的老师，更影响了他早期的创作，对他了解较深"。

要为温健骝这样一位后来"左倾"，与余光中的政治理想、文学观念背道而驰的学生作序，远非像郑树森说的那样简单。余光中在《征途未半念骕骝》中回忆道：在美国西部教书时，温健骝带着他的美国女友玛莲到丹佛来看他。这时，老师发现这位学生受保钓运动的影响，思想激进，文学观念也做了大幅度更新。他留下一卷手抄诗稿向老师索序。显然，这时的温健骝早已不是耽于锦囊妙句的唯美诗人，却像一位忧国忧时的志士了。

再过了三年，余光中从台湾回到香港，出任中文大学教授。这时温健骝也离美返港，两人又在维多利亚谈诗论文。但这时见面的气氛比上次显得严峻。以私来说，他们是师生关系，温健骝见到余光中也执弟子礼甚勤。以公来说，温健骝不再盲从老师，自己另开辟了更宽阔的天地。这时他心仪的是普罗文学，是鲁迅的投枪般的杂文，是当时中国大陆流行的浩然写阶级斗争的小说和严阵的政治抒情诗，而所扬弃的是有颓废情调的李贺、徐志摩、康明斯的作品。在思想上，温健骝向往内地的社会主义而否定台湾的资本主义，认定中国文学的前途不在台港，而在轰轰烈烈进行"文化大革命"的内地。在他看来，台港及海外作家再怎样努力，所写的总是孤芳自赏的个人主义文学，而不可能像内地的工农兵文艺可以走向亿万人的心灵。

温健骝曾在信中向余光中述说自己思想、艺术上的这种转变，希望老师也要跟上时代的潮流。作为老师的余光中是不会轻易改变自己信仰的，他认为内地虽然广土众民，按理应为中国文学主流之所托所依，但是实际上其时正当"文革"末期，主流文学是歌颂"文革"和斗走资派，故海外的作家完全用不着妄自菲薄而甘居末流。余光中在一篇文章中这样追述此事：

> 我不禁想起十年以前，正在"文革"末期，有一位颇具才华的青年诗人从美国写信来港，说像我这一辈的人，今日仍在海外写其孤芳自赏的个人作品，对于整个中国文学根本无关紧要，因为今日的文学史当然是由大陆来写，我们的努力不过徒劳。他信里的"今日"指的是1974年。当时他的意识形态仍以毛泽东思想为准，认定普罗文学才是真理，海外的作家只属于没落的阶级，早已游离于历史潮流之外。也就因此，他的博士论文写的是浩然。在台湾，他曾经是我英诗班上的高才生，后来写这封信给我，颇有"吾尤爱真理"的苦谏精神。我们在信上辩论了三两个回合，当然是没有结论。不久他以英年病逝于香港。

温健骝在生命的后期认为文学不但要谈主义而且还要实行，文学理所当然地应为政治服务，应为阶级斗争呐喊，应该表现"我们"而不应该写小我。如果他不是生命如此短暂，而能看到内地今日不再提文艺为政治服务，文坛也不再是"鲁迅走在金光大道上"，许多高校不再视台港文学为洪水猛兽，还成立了研究台港文学的众多机构，他也许又会"觉今是而昨非"了。

古代作家为友人出书作序，着眼都在人本。序中难免交代与索序者的交往，这就是所谓忆旧，此外还会在后半部分展望未来，其精神在人本则一。苏东坡这些作家认为，只要把评述对象交代清楚了，其文就包含在里面了。余光中继承了中国序跋的这种"人本"传统，但又不囿于这个传统。他常常从作者其人引到其文，从人格的背景引到风格的核心，务求探到作者萦心的主题、着力的文体或诗风。如余光中论述温健骝早期作品《苦绿集》时，从书名说起：苦绿者，惨绿也，令人有惨绿少年之想。书名的意象，绿而云苦，通感的感性有李贺的味道。健骝早年最嗜昌谷，他的少作也往往在强烈而浓丽的感性中表现出凄苦酸刻的心境。《苦绿集》里头颇有一些作品，或通感，或散句，或隐约，或显明，看得出是与李贺的古锦囊相通。

对余光中来说，写序不但是阅读文友作品的过程，而且是一种创造性的劳动。序言本是一种被动的文章，原不在写作计划之内。受序人往往是文友，对你颇尊重，深具信心，相信你的序言对他有益，说得轻些，可以供他参考，说得重些，甚至为他定位。余光中用比喻说明这一点：这种关系之下，受序人有点像新郎，新书有点像新娘，写序人当然就是证婚人了。喜筵当前，证婚人哪能不带笑祝福呢？但是贺客满堂，又有几个人记得他的陈腔客套呢？于是，余光中不把序言写成庆贺开张大吉的花篮，而是写成带学术探讨的文学评论。他这样比较自己与受序者的差异：

> 三联版的《温健骝卷》在阐述作者生平时，明确指出"早年诗风颇受余光中作品的影响"。如果这是褒语，则我不敢照单全收，一概"掠美"。如果是贬词呢，则不免有点"冤枉"。健骝留台期间，正当《莲的联想》集的尾韵，受我影响是难免的，但即使在当时，他的中、英文造诣已自不弱，甚至诗学也已不浅：英诗之学虽云出我门下，对于中国古典诗的研读恐怕只有比我广泛。我必须指出，政大外文系的主修生温健骝，折冲樽俎未必有何心得，但是在文学上已经是一位不可轻估的小学者了。当时我刚在《文星》上发表了长文《象牙塔到白玉楼》，正津津乐道李贺，很自然地也感染了健骝。日后他熟读李贺，用功之深，更甚于我，追摹昌谷冷艳风格之勤，也比我持久。他这种昌谷风的基调，可说回旋于整部《苦绿集》里，一直持续到1969年底。我对于昌谷诗境的低回，只到60年代的中期为止。1964年秋天我去美国教书，一时之间还摆不脱那位多病的中唐少年骑驴的背影。但是两年后的夏天，回国的前夕，在慷慨的情怀中完成的那首《敲打乐》，无疑已是我挥别李贺的手势。等到我再回国，《在冷战的年代》便开始了，中唐已远。

这里尽管是在说理，但加入了情趣；尽管是以长辈身份发言，但绝不嫉妒青出于蓝。

古之序文，虽然简洁浑成，但对所序者为文着墨不多，分析不够，更罕见举例，余光中和这一做法相反。他举温健骝《十四行》的前两段证明温诗确实存在凄怆苦涩的心境，加上对于时间压人而来的无助感，就一位 24 岁的青年来说，也未免太早熟太自伤了。这种例证，不仅是为了落实论点，而且也是为了满足读者欣赏之需。

在台湾，有一小批深受余光中影响的所谓"余派诗人"，温健骝正是其中之一。《苦绿集》在经营感性、使用典故、酌采文言辞藻、追求古典风格方面均可看出余"腔"。《夜未央》这一首也确实近于《莲的联想》体。美文《星焚夜半》亦有《逍遥游》的味道。但余光中公正地指出：温健骝并没有亦步亦趋，如温氏并未采用《莲的联想》集中惯用的格律段式，也少见自己惯用的古今对比。温健骝所写的形式，大半仍是自由诗。此外，温健骝还受痖弦、叶珊、郑愁予及内地诗人卞之琳、辛笛的影响。余光中这样全面地评论温健骝的人品和文品，所写的就不是一般的序言，而简直成了论文。由此文的构思与主旨，气势与韵味，可看出余光中写序绝非是应酬的祝福和免费的广告，而是综述作家的生平道路，为受序者做文学史的定位。就这点而言，余光中颇有爱写长序的夏志清之遗风。

梁锡华：小梁挑大梁

余光中认识梁锡华，是 20 世纪 70 年代中期在香港中文大学任教期间。那时，余光中从台湾到香港已满两年，系里来了两位新同事，一是余光中的崇拜者后成为研究家的黄维樑，另一位是从加拿大来的梁锡华。

梁锡华又名梁佳萝，广东人，伦敦大学博士，他的专长是研究徐志摩。1979 年起在台北出版过《徐志摩新传》《徐志摩英文书信集》，另有《且道阴晴圆缺》《祭坛佳里》《己见集》《梁锡华选集》等等。

《徐志摩新传》是梁锡华最重要的一本书，它"新"在结构别致，他人已说过的情节少提或不提，反之则广加征引及细加叙述；"新"在提供了不少新史料，如《从出生到留学》一节，详述了徐志摩在各学校选修的课程、各科分数以及在哥伦比亚大学所写的学术论文《中国妇女的地位》。"新传"还具有新颖的史识。过去的文学史把徐志摩描绘为一位热情活泼的公子哥儿，是颓废没落的资产阶级文人。可梁锡华的看法与内地学者不同。他认为徐志摩也有严肃的一面，乃至有相当浓厚的政治兴趣。正因为此书比过去的研究有所超越，故内地20世纪80年代出版的徐志摩研究论著，不少都参考或引用过梁锡华的研究成果。

　　梁锡华研究徐志摩曾得到余光中的提携。他最初在文坛露面的几篇文章，是余光中帮其推荐在台湾报纸副刊发表的。余光中那时只知道梁锡华写论文时，常在末尾附上长长的注释，是典型的学院派，他却未料到梁氏也能写得一手诙谐风趣的散文。在余光中的香港同事中，以写散文著称的有陈之藩和蔡思果，现在又加入了梁锡华这样的文坛新秀。

　　一篇序文之所以有声有色，来自作者对被序者较深入的了解。如果没有这层关系，写起来便容易隔；若只有这层关系而不能从人品深入到文品，写出来的文章就会一般化。余光中对梁锡华虽然谈不上完全了解，但他对梁氏的朦胧直觉，是准确而有趣的：

　　　　锡华为状，文雅清瘦，额发斜覆，常带微笑。锡华为人，谦逊揖让，随和克己，广座之间，因缘乘势，更少独据筵首，争揽话题。五年下来，我们的交往不疏不密，真正是其淡如水。他不是一个自我中心的水仙花人物，谈笑之间很少"自传性"，所以相识多年，纯以神遇，对于他的"身世"所知不多。中大群彦之中，真假"太空人"之多，难以分辨。我只朦胧直觉，锡华不是单身汉，但也从未见他双身过，急得我这位好奇的太太不断向我打听，但我又怎么知道呢？偶尔锡华席间乘兴，也会自述身世一二，却又语焉不详，令人禅机莫测。后来思果写沙田人物及于锡华，就因资料不足，下笔欠准，而引起小小的"茶杯风波"。说真的，我对锡华身世的了解得知于他笔下的这本《挥袖话爱情》的，竟多于得知锡华之口。

笔者也曾和梁锡华在司徒拔道的岭南学院共事两月。和余光中一样，我和他的交往也是淡如水。我曾为一本辞典撰写梁锡华的小传，对他的生年经多方考证，仍把握不准，后来听说余光中曾亲自见过梁氏填表写"生于1928年"，这才解除了梁锡华身世的神秘色彩。

余光中为人写序，不像有些人那样大而化之、不重细节，而是把书稿从头至尾细读一遍，每页差不多都用红笔勾住，然后复读勾出来的部分加以整理、组织，就成为一篇序文。他读梁锡华的《挥袖话爱情》，就是这样做的。根据自己的阅读经验，余光中将梁锡华的文章分为内篇与外篇两种。所谓内篇，是第一辑所述，或为作者的学业、工作、爱情，或为山居闲逸之情，夜游之趣，较重内心世界。所谓外篇，多为游记，足迹远及印度、尼泊尔、菲律宾、巴黎、香港，偏重外在的描写。在余光中看来，梁锡华的内篇深入心灵，自传性自然颇浓，外篇虽然琐述旅途种种，但因小见大，也可以看出作者的个性。然则从这些散文里，余光中能看到怎样的一个受序者呢？他看到的是一个克己待人、能屈能忍、雅俗相忘的谦谦君子，偃塞而不愤世嫉俗，狼狈而能豁达自宽，所以人生的失意，行旅的差错，到了他温柔敦厚的笔下，刺人者少，自嘲者多，反而味之津津，几成赏心乐事。几篇游记里面，旅途的不便不快、进退两难，似乎和他特别有缘，他却都能逆来顺受，窄里求宽，优游自得。其实旅途即世途，能安旅途即能安世途，这么说来，作者竟也有点哲人气度了。但在另一方面，作者诙谐恣肆的笔调背后，有时也自有严肃的命意，或是悲寂的胸怀。内篇的后三篇，最能窥识作者的真情:《怀念与感谢》的温厚，《博士"真腻拖"》的放达，读来最为感人。尤其是《博士"真腻拖"》一篇，一气呵成，动人如小说，逼真似电影，读到"坟地班"那一段，令人真要徒唤奈何，这时重门危厦，阴影深长，真有黑白电影的压迫感了。

大凡写序高手，不但风格独具，而且兼擅书评、作家论。在余光中的序文中，有长达万字的，也有介于"短篇"与"长篇"之间的。序梁锡华的《挥袖话爱情》，属后者。虽然难免有"文被催成墨未浓"之感，但能超越那种"表扬稿"的俗套，而深入精警可诵的境界，有时还具有幽默家的风度：

> 大体上，锡华运笔行文，流露的多是谐趣，其中境界，从露骨的滑稽到藏锋的讽喻，不一而足。这一点，倒和他专门研究的徐志摩路数不同。我只觉得，谐趣之于文章，宜似风行水上，自然成文，却不宜处心积虑，刻意追求，否则予人纹多于水之感。幽默文章之中，挖苦的对象若是作者本身，则不但可免伤人，更有去伪存真，为幽默而自贬的慷慨气度，最能赢人同情。真正的幽默必能反躬自嘲，所以像鲁迅那样刺人而不刺己，也未免太紧张了点。锡华的幽默笔锋，刺人少而自嘲多，固然由于谦逊的天性，但也望他适可而止。盖幽默文章，虚实交错，常用反语来衬托正言，以达形影相证之功。但天下三分，反语最多一分，如果反语太多，则正亦似反，到了正反难分之际，就难反正了。过分自嘲，为幽默所作牺牲也未免太大，所以也希望锡华手下留情。

余光中一再希望对方"适可而止""手下留情"，温婉中饱含着对受序者的爱护和批评。

无论为谁写序，余光中总为被序者所取得的文学成就而高兴。他俯仰文坛，亲近作家，流连文本，投入写作，对天下一切充满妙趣的妙文，他都击节赞赏。在余光中看来，梁锡华全书最好的叙事文章，应推《我看香港》之中《平民"夜总会"》那一整段。这种市井文学在梁氏笔法下，可谓大放异彩，真想不到半生远托异国的洋博士胸中，竟有这么多章回小说的江湖杂学。余光中特举下一段为例，说明不但陈之藩与思果难以插手，就连高阳也要点头：

> 我印象最深刻的是一位法号"定前知"的"夜总会"居士。他头戴瓜皮小帽，御玳瑁眼镜，黑袍玄履，标准的先知气派。他

发预言时，把衣袖捋起，长长的瘦指在看相者的脸上东窜西舞，他那些带油烟味的伟论我印象最深的是"拿！拿！拿！你四十岁交眉运，苦境已过，艰难全消；到那时，哎呀，狮子滚球嫌地窄，大鹏展翅恨天低，内有妻妾儿女，外有生意行壮。一帆风顺日，实至名归时，我定前知如不应验，你即管破招牌，蹋档口，报差馆；但老哥你发达之后，勿忘登报送匾，多积阴功，至理名言，就此为止。"这些雅驯的文辞，一下子就抹上我的小心头，比之由父亲戮力恶补的《论语》《孝经》的教训还铭心刻骨，至今半字不漏，真是奇迹。某夜有好事者对先知说："你看这小家伙怎样？他常来这里的。"定先生向我笑了一下，提起食指，悠然侧首道："小儿无定相。"我虽然觉得万分遗憾，但以后想起那五字名句，也感到是已获异人一言之赠了。

梁锡华的现代中国文学研究，影响最大者是对"与抗战无关论"的重新评价。为这个问题，梁实秋背黑锅，被加上一些莫须有的罪名。梁锡华不受成见的束缚，最早起来为梁实秋翻案。他在1980年6月赴巴黎参加抗战文学研讨会时，提供了一篇用英文写成的专讲梁实秋抗战时期散文的论文《风暴之眼》，提到了"与抗战无关"的论争，认为梁实秋并没有反对写抗战的作品，而是主张抗战时期也可以写一些与抗战无关的作品。这是在提倡题材和风格的多样化，左翼文人批判他是出于一种误会和曲解。为此在会上引起不同意见的交锋。有人猜想梁锡华有意与流行看法唱反调，是受了某方的金钱和利用而持矛飞往巴黎存心冲刺闹事；也有人怀疑他是梁实秋的亲属，奉命替同宗前辈上阵厮杀。会后回到香港，亦有人在报上向他施放暗箭，但梁锡华不顾个人荣辱，站在客观公正的立场上评说历史，这就是夏志清在研讨会上对记者说的"小梁挑大梁"这一典故的由来，也是余光中序题的由来。

桥畔闲眺的金圣华

1991 年，香港翻译学会庆祝成立 20 周年的时候，举办了一连串活动，其中一项为颁授学会的荣誉会士衔予余光中。那时，金圣华正好出任该会会长。

金圣华毕业于香港中文大学英文系，1972 年回母校翻译系工作，后任该系教授兼系主任。还在少女时代，她就迷上了余光中的诗。远赴加拿大英属哥伦比亚大学进修时，她在图书馆发现了余光中的《莲的联想》等众多诗集，犹如在沙漠中发现了清泉。于是，兴冲冲地把余氏著作抱回小楼上，不分日夜地啃读起来。

余光中在香港中文大学执教十一年，曾一度执掌中文系翻译组。一位仰慕已久的文坛前辈，竟然变成了日常可见的同事，金圣华感到无比高兴。还在 1957 年，余光中就翻译出版过《梵谷传》《老人与海》。他历年发表的译作，无论是质还是量，均获得大家的一致好评。多年来，他不但教翻译、改翻译、做翻译、评翻译，还讨论翻译、组织并参加种种有关翻译的研讨会。从 20 世纪 80 年代中期开始，金圣华多次聆听余光中的精彩演讲。1995 年，当金圣华把自己谈翻译的专栏文章结集为《桥畔闲眺》时，余光中便为其写了序言《译话艺谭》。

在有限的序文中谈翻译艺术，当然难求系统性。不过，只要经营得当，咫尺之间仍可迴天缩地，把自己对翻译的看法用最精练的文字写出：

> 鸠摩罗什曾喻翻译为嚼饭喂人。这妙喻大可转化为译文的"生"与"烂"。译文太迁就原文，可谓之"生"，俗称直译；太迁就译文所属语言，可谓之"烂"，俗称意译。有人说，上乘的译文

看不出是翻译。我担心那样未免近于"烂"。反之，如果译文一看就是翻译，恐怕又失之于"生"。理想的译文，够"熟"就好，不必处处宠着读者，否则读者一路"畅读"下去，有如到了外国，却只去唐人街吃中国饭一样。其实，原文的"地方色彩"就是译文读者的"异国情调"，正为翻译文学的动人之处；如果一律加以"消毒"，就太可惜了。

余光中这一妙喻，系由金圣华讨论译文应否保留原文的"地方色彩"的一篇文章所引发。这个问题很重要，它涉及阅读译文，甚至接受外国文化的态度。在余光中看来：

> 读一本译书，不仅是看故事、找资料、了解其内容，也是接触一国的文化，包括熟悉该国的语文特色，心态应该是积极主动的。如果把 Helen of Troy 意译为西施，把 just bread and cheese 意译为"只有粗茶淡饭"，那未免太保护读者了，反而有碍他的嚼力与消化。

论翻译，有人采取学院式，长篇大论谈原则演绎，或归纳现象，条分缕析；另一种方式为用随笔娓娓道来。金圣华的《桥畔闲眺》，便采用后一种方式：作者多从实例说起，微言中含有大义，点醒译梦中人。余光中把《桥畔闲眺》的前半部分称之为"译话"，与传统的"诗话"一样，属"骚人之利器，艺苑之轮扁"。

余光中在序《桥畔闲眺》时，不仅对翻译理论时有灼见，而且对专栏文章的特点，也论述得颇为精到。他认为天天写专栏的作家不值得羡慕，因为即使才思茂盛如一树月桂，也经不起旦旦而伐，而且不论笔锋是否顺畅，情绪是否饱满，也得按时成文交稿，平时就如战时，未免太紧张了。但余光中佩服他们的敏才与毅力：没有敏才，就不能信手拈来皆成题目，信笔写来皆成文章；没有毅力，就不能及时出作品，持之以恒。也因此，余光中曾为报纸副刊写专栏，虽是每周一次，都感到难以维持。以投稿方式来看，专栏作家不愧是批发商，余光中谦称自己只能做零售贩。

专栏文章按传统的分类属于杂文，这种文体由于受字数的限制难成佳构。一般是六至八百字，最多也不能超过千字，伸缩余地有限，因而余光中认为：这种文体的主题只能点到为止，见好便收，不宜尽情发挥。一篇杂文有声有色，是因为有作者一生的阅历与才学在背后支持，没有说的比说出来的显然更多，乃令读者觉其举重若轻，游刃有余。至于风格，一般杂文多介于知性与感性之间，也就是所谓"夹叙夹议"。如果太强调知性，太驰骋议论，就接近论文了。反之，如果太强调感性，太耽于抒情，又变成美文了。杂文若毫无知性，则太软，若只有知性，则太硬；一般的好杂文常是"软硬兼施"，不但言之有物，而且读来动人。

金圣华的译话涉及面甚宽，余光中只是择其要而谈之。金氏在讨论英文不定词难译时，曾引如下一句，说明看来浅显的不定词反而难有定译：When everybody is somebody, then nobody is anybody，这四个body 为尾语的不定代名词，译成中文，还真不容易在字面上彼此交叠，联成一气。余光中想了半天，勉强得到下列三种可能译法：一、如果人人都有来头，那就没人能够出头；二、如果人人都有名堂，那就没人特别风光；三、如果每人都是名人，那就没人真是要人。另一句是Freedom is not everything, but only thing。这也是不定词似易而实难之例。余光中想或可勉强译成"自由非万有，自由乃仅有"。论到译名时，金圣华举法国喜剧家 Molie`re 中译为例，惋惜它竟然被译成了"莫里哀"，简直乐极生悲。无独有偶，余光中倒想起了瑞士的高山 Alps 竟然叫作"阿尔卑斯"，真是尊卑不分。"莫里哀"的问题倒不难解决，只要改成"莫理哀"，就可以苦中作乐了。余光中如此亦庄亦谐论译名，其中"莫理哀"竟成了文学史上的一个注脚、一个坐标，这就是所谓以小见大。

长期从事翻译工作的余光中，他的视野辽阔。在他的极目之下，我们看到的是一个整体的翻译文学风景，而且他慧眼独到的选择，切中要害的分析，使我们接触到翻译家最真实的心灵面貌。常言道"文如其人"，其实，不见得如此，如在金圣华的心目中，余光中该是"昂藏七尺"的巨匠，倜傥洒脱的才子，谁知一见面，才发现余光中身材并不伟岸，且不苟言笑，像严肃的学者更多于像浪漫的诗人。对此，余光中在序中引王尔德以解嘲。记得年轻时，曾听王尔德如此大言："你想知道我这一生的这出大戏吗？那就是，我过日子是凭天才，而写文章只是凭本事。"余光中的看法正相反：写文章不妨高调，过日子却宜低调；天才，应该省下来奉献缪斯，至于生活，凭本事也就够了。

潘铭燊：天地一书囚

潘铭燊，广东中山人，在香港出生长大。香港中文大学毕业后赴美国深造，先后获硕士和博士学位。他从1973年至20世纪80年代末任教于中文大学中文系，后为香港教育学院中文系首席讲师，现移居美国。从1988年起，潘铭燊开始写杂文。他的文学观和余光中等人接近，又有沙田学者的中西文化兼有的教育背景，因而黄维樑称潘铭燊为"后沙田帮时期"的健将。

潘铭燊不仅数次留学美国，而且还于1989年初移居加拿大温哥华，从事图书馆工作有三年之久。这种海外求学、工作的经历，使潘铭燊成为不拘一隅的"东南西北人"。他以丰富的藏书和目录学、文献学、图书馆学的教学与研究的成绩，在海外获得"书痴"和"书王"的称谓。用他自嘲的话说，实乃"天地一书囚"。

潘铭燊可称为"沙田作家"的另一根据是：他在《星岛日报》副刊和另两位"沙田帮"成员梁锡华、黄维樑合写《三思篇》专栏。这三位作家，余光中用五行分析道：梁锡华金木水兼备，黄维樑木德独盛，潘铭燊却五行齐全。田之为物，原就是土；田之为字，也包含了土。有趣的是，齐全的五行之中，火德特旺，而且是由木而起，偏偏铭燊其人其文，皆非玉石俱焚的一型，所以有点名不符实。火德太浪漫、太烈、太快了。潘铭燊的哲学是以柔克刚，以缓待急。他在文章里采取的，多半是低姿态，有所讽喻，也常见自嘲。不过自嘲往往是自信的倒影,真有自信的人才会自嘲,也才经得起自嘲。《倚马可待不足珍》,单看题目,就得知潘铭燊手中握的,是一支慢而必达之健笔。

文学史上有些作家,才思敏捷似惊飙掠地,奇思喷射有如疾电掣空,如七步成诗的曹植。但文学史上也有另一类悲吟累日,仅能成篇的作家。对这两种写作速度,潘铭燊不赞成前一种。他认为"作文又不是赛跑,为什么要追求速度?"他宁可慢工出细活。在《文章需要从容写》一文里,他如此叙述自己作文前的准备工夫:

> 写文章快不得,因为它是大事,不沐浴也要更衣,换一件干净舒适宽松衣裳;然后收拾书桌残乱局面,整理出至少二尺长三尺阔的明净空间;然后摊平光洁稿纸,用纸镇约束住它;然后选一支轻重均匀出墨畅顺的笔;然后摆齐改字水之类辅助工具;然后……

如此布阵以迎接缪斯,该是很有诚意的了,余光中相信黄维樑甚至梁锡华都不致如此,而赶稿若车衣的某些快笔更不可能这么好整以暇。潘铭燊却隆重其事,烹小鲜如治大国。这"烹小鲜如治大国",是全篇之警策,也准确地抓住了潘铭燊作文的特点。的确,与其笔快而不能传后,何如效法杜甫"新诗改罢自长吟"。

专栏小品,在报纸副刊出现时常用花边围起来,因而又称"方块"。就它触及现实和时事而言,另称杂文。这种文体由于字数的限制,不能要求面面俱到,只要见好就收即可。如果能处理好小与大、少与多的关系,小品的格局在高手的处理下便另有乾坤。余光中在为另一位作家董崇选的杂文作序时,就把杂文的艺术比喻为"一面小旗,满天风势",意即一面旗子虽小,要使它招展多姿却需要长风吹拂。余光中进一步引申说:

> 潘铭燊的这面小旗迎风招展,颇有可观,因为喂旗的长风吹拂不断。若问风从何来,则大致有三个方向:广泛的人生体验、当代的社会观察、中西文化尤其是文学的修养。他的人生体验主

要是在婚恋，对此事的态度采"围城"观，相当悲观，却也颇为认命；《泊车启示录》一篇，语带双关，写得相当含蓄。至于他的当代社会观察，则以香港与美、加为主；难得的是，当代的社会纷纭如此，他观察得最透彻的，竟是不入文人雅趣的两件俗事：保险与纳税。更难得的，是这种俗事到了他的笔下，竟然情、理、趣三者并胜，读来令人绝倒。换了是我，根本想不到以此为题，即使勉强写来，也不会有趣。可见题材大可开发，而趣味也可以创造，只等豪杰之士率先而已。潘铭燊出身于中文系，引证古人的名言轶事，固然是当行本色，但是援用西学来开端、作结，或充旁证，也都左右逢源，驱遣得当。例如《眼镜之益》一篇，先说这"灵魂之窗"如何保护我们的眼睛，不许李贺的"东关酸风射眸子"，终谓秀才不是造反的料，而引美国作家贺姆斯之言"革命不是由戴眼镜的人推动的"以为呼应。

潘铭燊的杂文在不少方面直追现代中国学者钱锺书。他不仅多次表示自己对这位"文化昆仑"的景仰，而且不避"狗尾续貂"之嫌，数次以钱氏文体续写同题文章。敢于袭用钱锺书《人生边上的补白》的整体框架与书名、篇名，是潘铭燊这位"书王"的自信与博识。余光中由此联想到钱锺书与梁实秋，并将两人进行对比。他认为：钱锺书的小品文集兼有理趣和情趣。他博学深思，又好作翻案文章，说理有如煎鱼，正正反反，两面夹攻，务必煎透，理趣当然就爽脆可口。另一方面，他不但善引妙语趣事，旁加印证，而且敏于譬喻，巧为形容，所以情趣也层出不穷。相比之下，梁实秋的小品文不很着意说理，又喜欢叙事、抒情，兼且摹状人物世态，所以较钱侧重情趣。这么一对照，就显得钱锺书侧重理趣了。梁氏下笔常写到自己，有时更坦然自嘲，而一般语气常是自谦。钱氏的笔阵就布得严密多了，除了在文集的短序里，绝少写到自己；其实他在序里的自谦，也只是礼貌而已，言外之意仍然是奥林帕斯的卓然岸然。余光中这段文字，以"煎鱼"喻翻案文章，读来自然"爽脆可口"。至于谈梁实秋与钱锺书的差异，比学术论文少约束而具感性，同时比抒情散文较多见解而具知性。

书卷气是潘铭燊杂文的一大特点。作者喜欢借恒久的积累、广博的记忆旁征博引，以壮声势。余光中对此有所保留。他认为：

> 学者腹笥充盈，下笔不免引经据典，或借古人撑腰，或找圣贤抬扛，于是论兼正反，文多波澜。不过小品文毕竟不是论文，不宜引述太多，否则喧宾夺主，会轻重倒置。何况七八百字的斗室不比钱梁二千字的敞轩，实在容不得许多古人穿进穿出，还不如一次只招待一两位贵宾，更能静聆高论。

潘铭燊虽敢扬起与钱锺书"竞争"的旗帜，但他毕竟与钱锺书有巨大的差距，尤其是在"烹小鲜"时还有火候不到之处，因而余光中指出作者提到达·芬奇、蒙田、济慈、丘吉尔等等，却仅举西文原名而不用现成的中译，是另一种不规则。至于有些译名，不采定译，也易生误会：例如将德国诗人海涅（Heinrich Heine）译成韩恩，声音也不对了。将法国作曲家拉维尔（Maurice Ravel）译成拉菲尔，也与意大利文艺复兴的大画家 Raphael 混为一谈。美国女诗人桃乐赛·派克（Dorothy Parker）在书中先后被译成柏多露与柏卡儿，更为混乱。这位女诗人的诗句先后出现在《眼镜之累》和《此事痛极》两文中，中译虽然整齐，可惜没有比照原文押韵，仍功亏一篑。

罗青：70 年代新现代诗的开启者

罗青原籍湖南湘潭，1948 年生于青岛，襁褓去台。台湾辅仁大学英文系毕业后，于 1972 年到美国西雅图华盛顿大学攻读比较文学，获硕士学位。回台湾后任教于辅仁大学外语学院，后为台湾师范大学英语系教授，退休后改在明道大学任讲座教授。

1972 年，罗青出版了处女诗集《吃西瓜的方法》。本着奖掖年轻人的精神，余光中破例写了长文《新现代诗的起点——罗青的〈吃西瓜的方法〉读后》，称罗青的诗为"七十年代新现代诗的开启"：

近两年来，罗青在台湾诗坛的出现，多多少少象征着六十年代老现代诗的结束，和七十年代新现代诗的开启。在罗青的身上，我们多少看得出中国的现代诗运如何运转，如何改向，如何在主题和语言上起了蜕变。没有宣言或论战，罗青的革命是不流血的。这么一阵无痛的分娩，似乎尚未引起诗坛普遍的注目，可是这件事情，或多或少，注定要改变六十年代老现代诗的方法论，甚至本质。在这一点上，痖弦、叶珊、王文兴和我的看法是一致的。

在 20 世纪 60 年代，由创世纪诗社刮起的超现实主义诗风及其纯粹经验之说，几乎左右了台湾诗坛，而罗青不仅没有因袭，反而向其做出超越和挑战。试读他的《茶杯定理》之一：

设圆圆茶几上
有两杯茶
设一杯是热
一杯是冷

则圆圆房间里必会
有两个人
一个还少
另一则老

上述定理
圆圆地球上的任何一人
只要泡一杯茶
安安静静，定可证明

余光中分析说：令纯粹经验论者不悦的是，这样的一首诗，不但比喻确定，而且思路清晰，更可恼的是，全诗发展的过程，简直就是一则数理习题的演算。这样的一首诗，算不算诗呢？当然算，而且是一首好诗，虽然我不准备这样写，也不鼓动大家都这样写。人生不过是一盏茶的工夫，从少到老，恍如热茶变冷，人犹此人，茶犹此茶，一切变化，都是时间促成，不信，你只要泡杯茶，冷暖自知。表面上是"泡杯茶"，实际上暗示投入生命，去体验生老病死。这首诗有哲理，有悲悯，但说来"安安静静"，不动声色，张力含蓄，意象极少。

罗青写诗的时间并不长。余光中评他的诗时，其诗龄不过三年，可在这短短的时间内，罗青的艺术成长非常迅速，以至于能苦思出前人所未想到的游戏规则与形式表现。余光中认为：罗青的作品，打破了老现代诗习用已久的某些"定律"。譬如说，老现代诗认定诗的语言必须有所谓"张力"，张力一失，垮作一堆，便成了散文。这话很有道理。不过，张力虽然见于语言的安排，却不能不符合主题的需要。把张力从主题之中抽离出来，然后在绝缘之中加工经营，很可能引起一种病态的现象：那便是，不必要的紧张、急促，甚至做作。过分经营张力，往往会牺牲整体去完成局部，变成了所谓"有句无篇"，不然便是句句动人，字字争先，效果互相抵消，结果是一句也不可爱。罗青一出现，竟轻轻松松跳过了张力的障碍。在他一些较为成功的诗里，我们一点也不觉得张力的逼人。如他的《捉贼记》：

> 洗完天天要洗的澡
> 洗天天要洗的内衣裤
> 诗人把洗净的衣裤
> 安排在冷凉的星空间
> 把洗好的自己
> 安置在整洁的眠床上
> 准备睡觉——
> 书卷破旧陪侍一旁，抖擞肃立，毫无倦意
> 书架之后厨灶之前，蚊蝇老鼠隐隐走动

此外，空气祥和抚慰万物
万物安静，相互守望
在诗人刚睡着的时候
子夜的时候

突然！风吹，门动，窗响
响似刀剑交击
家具惊醒，影子逃散
散成骇人的鬼魅
乍明乍暗之间，似有小偷潜入
诗人刷的挺腰翻身，口中喊打提笔便扔——
但见笔飞如矢，铿然做声，击中一物
诗人箭步上前，探手抓来
坚冷浑圆，却是闹钟
刹那，万物又复安静如常
但闻滴嗒之声，震动屋瓦充塞宇宙
在诗人手握闹钟的时候
夜深的时候

事后——
诗人检视门窗，不见异样
细查箱柜，不见短少
左清右点，方才恍然察知
失窃须发数十把，乱梦十数堆
壮志十数页，岁月数十年
而老鼠蚊蝇，依旧隐隐走动
大地旋转如常，不问是非黑白
而书卷若无其事，依旧静立一旁
星星垂查一切，欣然暗夜放光
在小偷偷诗人的时候

在诗人捉小偷的时候

在残夜与黎明相互追逐的时候

如果要说张力，此诗的张力不在一字一句，而布满全诗。此诗另一特点是充满谐趣，动作极富戏剧性。谁读到"探手抓来""却是闹钟"时，都不能不忍俊不禁。"挺腰翻身""提笔便扔""笔飞如矢""铿然做声，击中一物"，用语亦俏皮，且带有反讽意味：时间老人要"偷"走你的时间，偷走你的须发，偷走你的壮志，这是谁也阻挡不了的。因为年龄不饶人。但诗人不愿虚度光阴，不愿再看到这个世界不分是非黑白，不愿再看到老鼠蚊蝇横行，于是恍然察光阴之宝贵，再不能糊里糊涂地在"洗完天天要洗的澡／洗天天要洗的内衣裤"中混日子，而应振作起来，实现年轻时立下的驱走"老鼠蚊蝇"的壮志，趁自己须发还未完全被窃，趁"残夜与黎明相互追逐的时候"。

此诗由于是写洗衣、就寝这些日常生活琐事，所以在许多地方采用了大众化的口语。其中有多处还用了散文化的语言，但这不妨碍诗的意味。在结构上，局部与局部之间有呼应，不似老现代诗整体无高潮。一位二十刚出头的年轻人，能注意结构的紧凑和完整，实在难能可贵。

谈到结构，台湾诗坛上有"罗青式结构"之说。余光中指出：《吃西瓜的方法》属一题数奏，奏出相反的许多组诗。他的作品有一种近乎几何图形的抽象美。他常在选好一个主题后，因题生题，就句引句，正正反反，侧侧斜斜，交交错错，构成一个多元空间的存在。最成功的例子，当推《柿子的综合研究》那一辑作品。这一辑用柿子做中心意象，虚虚实实，明明暗暗，投射到许多圆的、红的、香的意象上去；而最饶意义的叠合，是柿子和太阳，因为柿子之为果实，正如一枚具体而微的太阳。《吃西瓜的方法》虽不算上乘之作，但此诗结构十分独特，吃西瓜有六种方法，已经生动有趣，而其次序也很别致；第六种不说，也许即指"倒啖"；第五种从瓜形想到地球与星；第四种把死而入土的人和生而出土的瓜两相对照；第三种表现西瓜自给自足的精神和中庸之道；第二种表现瓜的完整和绵绵不绝；但吃西瓜这回事不仅是哲学，更是一种经验，所以第一种的"吃了再说"当然也是一种方法，一种好方法。

罗青的诗不是"有句无篇"，而是充满了秩序感，余光中在这篇长文的末尾称赞罗青是"一位肯想，能想，想得妙，想得美的诗人，二十年前的主知运动，到他才算找到了真能实行的诗人"。这里讲的"想得妙"，也包括理论上罗青的"诗想"之说："从灵感的产生到主题的浮现，这段过程，我们称之为诗想过程，简称诗想。诗如果要写得新颖动人，必须要有新鲜的诗想。"《摇树术》等诗，正以"新鲜的诗想取胜"。罗青以后的发展，的确没有让余光中失望，由此成了台湾当下诗坛最前卫的语言实验家之一。他的创作与理论并驾齐驱，像叶维廉那样以自己的理论印证创作。他的画，和他的诗成为"新现代诗的起点"一样，也有人誉之为"新文人画的起点"。他总是追求创新，努力去开创新的纪元。尤其是他引领潮流，对后现代诗的研究及其创作上的率先示范，在台湾现代诗的发展史上，具有特殊的意义。

为缪斯清点孩子

20世纪末的台湾诗坛，在两岸争夺文学诠释权和在典范更替的驱动背景下，张默与萧萧联手编了《新诗三百首》，企图以此描绘中国"新诗的谱系与新诗的地图"。

这部诗选的意义在于：

受制于既定的时空分割现实，而使分裂的时空成为共享空间的初步尝试；在两岸三地诗歌分流的情况下，扮演整合者的角色，这对加强华文诗学交流，有一定的积极意义；指引一条新诗发展的艰难之路，启发后人企图寻觅经典认同、重建历史记忆的契机；代表台湾诗坛对经典评选的自觉和争夺20世纪中国文化结算权的焦虑。其评选的标准，明显偏袒台湾一方。

对于当代同类体裁的文学选集，任何人编都难以做到绝对客观公正：不可能完全摆脱权力意志,斩断复杂的人事关系和利害纠葛。何况,许多大牌诗人还健在,有的甚至位居要津,管控着文坛。即使编选者有胆有识不畏强权,不考虑诗坛的权力再分配,也不一定就能编出超然的诗选集。故所谓公正,只能相对而言。这就不难理解,台湾不论出哪一类哪一派的诗选,事后都会有许多不同的意见发表,有的甚至言辞激烈地进行攻讦,故余光中在为《新诗三百首》写序谈到 20 世纪初梁启超等人的旧体诗时,清醒地认识到该"诗选"的局限性:

> 我实在不能确定这些古典作品的传后率必然不及新诗,更不能确定这三百首新诗都可以传后。诗选的编者原是时间之"代办",负责"初审"而已。至于"决审",仍然有待无情的时间。

《新诗三百首》涵盖的时间为 1917 年至 1995 年,故这本诗选也可以看作是 20 世纪中国新诗回顾大展。当代人选当代诗,正如唐人选唐诗,未经时间筛选,当然较难取舍,而且这本"三百首"碍于情面,未免会多选些人。人选多了,每人名下的作品当然也就相对减少,因此,《新诗三百首》中大多数作者只选一首,而选得多的也只限五首,有僧多粥少之憾。《唐诗三百首》由 76 人来分,每人平均 4 首,所以李白 28 首,杜甫 36 首,王维 29 首,李商隐 22 首,孟浩然 15 首,白居易虽只有 6 首,却包括了两首长诗,都能呈现各自的风格和体裁。国外的《诗歌金库》的轻重比例也有分寸,所以华兹华斯竟有 44 首,雪莱 20 首,而米尔顿、史考特、济慈也都在 10 首以上。相比之下,《新诗三百首》人多诗寡,就难以表现重要作者的多元成就和整个诗坛发展的轨迹。

《新诗三百首》真正的局限性,是褒中国台湾贬中国大陆。如果以入选最多的五首者为一等诗人的话,那清一色是台湾诗人:洛夫、余光中、郑愁予、痖弦、白萩。选四首者为二等诗人的话,那也几乎是台湾作家周梦蝶、罗门、商禽、林泠、夏宇,内地只有顾城。这就是说,在 20 世纪中国新诗发展史上,一等、二等的诗人都产生在台湾。在强势的台湾诗坛面前,只入选两首的艾青、臧克家,只好成为三流诗人。

编选者把顾城凌驾在艾青、臧克家之上，把朦胧诗的首席诗人北岛和舒婷放在顾城之下，这样的编选标准无论如何均难以让人接受。余光中也初步感觉到了这一点，在非正文的附注中指出"臧克家才逾百行的佳作《运河》未选，只收了两首小诗，也'小看'了他"，但他未能从根本上指出这一局限，这大概是"当局者迷"的缘故。

中国新诗从萌芽到苗壮成长有 80 年的历史。在岁月的沉浮中找出一些优秀诗作汇编成一部《新诗三百首》，不仅可以为新诗研究者提供方便，而且对普及新诗以及提高读者的欣赏水平，均有莫大的助益。余光中肯定编者的做法，认为九歌版的这本"通选"有不少优点，例如经过编者遍读细选，某些素来少人注意或是未及得人青睐的作品，得以出现在我们的眼前，像苏金伞的《头发》，便令人有新发现的惊喜。余光中一向认为苏金伞是早期诗人中虽无盛名却有实力的一位，却未料到他能写出像《头发》这样踏实有力、捣人胸臆的好诗，其撼人的强烈，不亚于鲁迅的小说。同样，要是沈从文能读到匡国泰的《一天》，也会承认湘西并没有被他写完。在体例上，"三百首"在每位诗人作品后面，都附有"鉴评"，其内容除作者生平、诗风综述外，更对入选之作提供了简要的赏析。这两百多篇鉴评兼有参考资料与提示导读之功，读者据此可以进一步去探讨他偏爱的诗人，这样的编者真可谓"服务到家"了。一篇鉴评少则近于千字，多则更达千余，加起来足有四百多页，成为本书的一大特色，也是重要资产。

新诗谱系的研究由于立场不同标准各异，因而很难取得共识。但有一点可以肯定：谱系的研究必然会从地理的分布中体现出来。萧萧在"三百首"的导言中将新诗谱系即新诗地图初分为：中国台湾、中国大陆、海外三个版图。如愿细分，则宝岛可以有台北与"台湾"两系；大陆可能形成北京、成都、上海、东南海域等大小不同的新诗文化带；海外则可以有美加、欧洲、纽澳、东南亚（含港澳）三图。[①] 这里把"港澳"放在海外，对萧萧来说，是意识形态挂帅的结果，而余光中却认为这两位编辑有其苦衷，因为"海外"的定义不明，而"海外"的身

---

① 　张默、萧萧编：《新诗三百首（上）》，九歌出版社 1995 年版，第 78 页。

份也有变化。例如中国大陆前期的李金发，后半生客居他乡长达三十年，殁于纽约，可谓海外诗人了，却未列入"海外篇"。北岛旅居欧洲，去国多年，顾城甚至死于南半球，却名列中国大陆篇的后期。编者大概考虑到李金发的名字应该和戴望舒同时出现，才能看出流派的意义，而北岛、顾城也不应和舒婷分开。既然如此，纪弦又是何以排在海外呢？纪弦到中国台湾已入中年，晚岁定居美国也已经很久，但他的诗人生命和影响却在中国台湾，而"美国居"的意义并不重要。他的名字天经地义在覃子豪、钟鼎文之间。问题是将他归位之后，方思、夏菁、林泠等又怎么办呢？他乡之客若皆召回国来，"海外篇"虽不至于取消，恐怕也只剩下周粲等几个人了。郑愁予、叶维廉、杨牧、张错、非马等又不同，因为他们的美国经验与后期作品不可分割。余光中在这里说的海内外如何区分，也是中国大陆学者经常碰到的问题，如纪弦，中国大陆出的某些诗选也是把他放在海外。

从1949年起，由于政治上的原因，两岸诗人老死不相往来，互相"失踪"达三十年之久。由于消息闭塞，对岸作家竟以为胡风派的绿原早已过世了，而此岸作家对宝岛诗人状况更是一无所知。彼此误解太深，中国大陆认为中国台湾无诗，如有也是没落颓废的资产阶级文艺，而中国台湾也认为中国大陆无诗，如有也是政治的图解。当时，谁也没有想到把两岸三地的诗作汇合在一块。面对这部《新诗三百首》，面对缪斯清点自己失散多年的孩子时，余光中感慨地说：

> 史家纵论历史的发展，常说什么"分久必合，合久必分"，其间似乎十分玄妙。其实简而言之，当可发现，使人分开的，是政治，而使人融合的，是文化。所以两岸交流，最自然的是文化，而最复杂的是政治。像《新诗三百首》这么一部巨著的编写与出版，若无艺术上的共识与默契，而斤斤计较意识形态的正误，将全不可能。不要说"文革"期间了，就算早在50年代初期，要把两百多位诗人并列在同一张封面之下，都是不可思议的事。

即使这样，仍有人斤斤计较自己的作品在选集中占多少篇幅。在台湾岛内虽未见文字交锋，但意见还是不少。有一位资深的旅美作家只有一首诗入选，便打了一个多小时电话向编者老友"抗议"。内地诗评家古继堂则写了一篇言辞激烈的《回答萧萧兼谈〈新诗三百首〉》，认为该书最突出的问题是"三不"：不准、不公、不实。不准表现为收入的作品许多不是诗人的代表作；选家的绳墨不准，轻重不当。编选者没有超越流派、超越小团体、超越意识形态、超越自我喜好，因而这本诗选不像是中国新诗选，倒像是加了一些点缀的台湾现代派诗选。古继堂的这些意见有过激之处，像要求对方"超越意识形态"，这是很难做到的。但他说的"不准"也不是完全没有道理。诗人多战事，散文领域则从未出现过这种现象。余光中碍于朋友的面子，只是委婉地提及这本书的局限性。

序言对历史的书写不仅需要道德勇气，而且还应具备现代的批评眼光。对于两岸新诗发展的描述，余光中的努力和苦心处处可见。序言含溯源、比较、诠释等几个层面。作者先从两岸的诗歌发展史谈起。作者对台湾诗坛的熟悉远胜于对内地诗坛的了解，故内地部分参考了洪子诚和刘登翰合写的《中国当代新诗史》，并重点批判了文学的工具论，对在政治运动中受迫害的七月派、九叶派的作家，余光中表示了深切的同情。他认为，诗人应该是文坛的个体户，不妨自我言志，而不应该提倡集体主义去加入"文坛的公社"，必须为某一阶级，其实是为某一政党去载道。这样的转变对于诗人何止言不由衷，其结果无补于政治，却有损于缪斯：郭沫若、何其芳，甚至卞之琳的某些后期作品，便常有这种"变而不化"的现象。

余光中在对台湾诗坛做宏观价值判断时，一再强调对现代诗不能一锅煮，而要从广义与狭义上加以区分。狭义的现代诗以追求西方的现代主义为目标，凡波特莱尔以降的西方诗派均为其取法的对象，至于诗体，则强调用散文来写自由诗。其间心灵用力的方向，早期则强调反浪漫的主知主义，后期却转而热衷于解放潜意识的超现实主义。至其末流，不幸每沦于晦涩与虚无。广义的现代诗则无意自囿于如此的"横的移植"，却想在现代与古典，主知与抒情，超现实与写实之间有所取舍，另加融合。广义的现代诗似乎欠缺"前卫性"，但今日回顾，却也较少"后遗症"。这里讲的广义现代诗,主要是指蓝星诗社同仁写的诗作。蓝星不像现代派、创世纪激进得像刚出炉的钢铁,炽热炙人。覃子豪们的作品欠缺放逐抒情的前卫性,今天读来却有较强的艺术魅力。

如果说,余光中有的评论文章"像是探险的船长日志",那这篇序言就像"海洋学家在发表研究报告"。这篇"研究报告"有关台湾诗坛部分,显然比对内地诗坛的剖析更为精到。如他对当年的台湾诗人为何热衷向西天取经的分析,就简直使人感到是在读台湾诗坛的病历表、X光片,其指纹与脚印,投影与回声,全落入了他的论述之中:

> 台湾地促岛孤,当时的政局塞困、社会保守、资讯闭塞,诗人们易患文化恐闭症,自然想追求世界潮流。加以当局只解鼓吹反共文学,尤其是所谓"战斗文艺",青年诗人乃引"外援"以为对抗。同时对岸的意识形态所厉行的那种普罗文学,强调什么阶级斗争,更令人感到莫大的压迫,那威胁对于刚刚渡海过来的外省青年诗人,尤为真切。至于本省诗人熟悉的日本现代诗,原就深受西方现代主义的影响。一迎一拒之间,西化自有其心理背景。

第十章

努力发展『旅游事业』

无出尘之胸襟，不能赏会山水；无
济胜之肢体，不能搜剔幽秘；无闲
旷之岁月，不能称性逍遥。

人在旅途，乐在其中

古人说："读万卷书，行万里路。"这两者其实不能完全区分，因行万里路也离不开读书，比如出游前，要做些准备工作，这就包括读有关历史、地理的书。从另一方面看，大千世界是另一本正在书写着的大书，它同样像磁铁一样吸引着作家的眼睛。许多不知道的人和事，众多未到过的名山大川，同样也是对过去读书不够乃至读死书的一种弥补。余光中正是这类人在旅途，乐在其中的行走诗人。

自早年赴美讲学以来，余光中的出访机会每年俱增，足迹遍及五大洲。与其问他去过哪些国家，不如问他哪些地方还没有到过。自1976 年出席国际笔会后，他几乎每年都要去不同国家参加年会。公派出国的机会自然不能错过，休假期间自助旅行，同样是赏心悦目的事。

余光中不喜欢参加旅游团。在他看来，"观光客不足于言游记，要谈游记，先得做一个认真的旅人"。他对古代徐霞客的才学和毅力十分赞赏，并做过专门研究，常以其为榜样。

不管到什么国家，余光中在旅行前首要的工作是买张地图，仔细阅读后才决定旅行路线。交通工具多为租来的车辆。这带点冒险精神，因不知下站会到什么城镇和村庄，不知在路途上是否会碰到野兽或劫匪，还有住宿的地方是否安全舒适，这均新奇有趣，带有刺激性。

余光中懂得享受生活情趣，生活不可能限于书斋，出门时总是带着有关旅游的人文地理书籍，有时在家中先读为快，有时又边走边翻。

他出身外文系，对语言敏感。他充分利用这个长处，在可能的条件下尽量去学习当地的语言。据傅孟丽说，有一年去西班牙，余光中早早就把西班牙语学入了门，并且笑对妻子说："想跟我去，就得先学一点 Espanol 哦！"

余光中在巴黎凯旋门前留影，1978 年

余光中自称是旅人，而非观光客。他无论是游欧洲，还是北美洲、南美洲，均视之为读书生活的一种补充，如探访作家和艺术家的故居，考察作品产生的背景，参访城堡、教堂以及美术馆、博物馆，以尽量弥补图书馆中所学之不足。

余光中的游记在其散文中占的比重大，仅从《左手的缪斯》到《日不落家》，就有 46 篇。另还有对传统游记的论述，如《杖底烟霞——山水游记的艺术》《中国山水游记的感性》《中国山水游记的知性》《论民初的游记》。由此可见余光中对游记的偏爱。

余光中的旅游散文笔触遍及世界各地及中国大陆。仅写到异国风光的篇什，据余光中研究专家黄维樑的介绍，就有下列数种：

写于 1958 年底的《石城之行》。作者赴美国爱荷华大学进修，此文写他乘着当地友人的汽车，从爱荷华城风驰电掣奔向石城。文中"正午的太阳以四十余度的斜角在南方的蓝空滚着铜环，而金黄色的光波溢进玻璃窗来……我深深地饮着飘过草香的空气。让北美成熟的秋注满我多东方回忆的肺叶"等句，十分富于地方特色。

写于 1961 年 5 月的《塔阿尔湖》。作者到马尼拉讲学，闲暇之余观看湖光山色。余光中极力写此湖那万顷的蓝色："如果你此刻拧我的睫毛，一定会拧落几滴蓝色。"他又以印象派绘画做比喻，写那种原始而性感的美。

写于 1963 年 1 月的《重游马尼拉》，追记上一年圣诞前夕之游。此文写"亚洲作家会议"中的人事多于风景。《碧瑶之行》一节对山色较多描绘，其中运用了不少绘画上的名词。

写于 1964 年 11 月的《落枫城》，当时作者在美国任布莱德利大学的客座教授。此文在写教学情形的同时，描绘了异国他乡的情调，其中写伊利诺伊州皮奥瑞亚城的天气，文字鲜活妥帖，颇具特色。

写于 1965 年 4 月的《四月，在古战场》。此文记述作者在美国讲学之余寻幽访古。文中提到的盖提斯堡战役，是美国内战时极重要的一场战斗，战情激烈，死伤者无数。余光中在凭吊亡魂之际，想到自己的国家和爱妻范我存。全文在许多地方用了意识流手法，其主题似乎在"宁为春季的一只蜂，不为历史的一尊塑像"。

写于 1965 年 5 月的《黑灵魂》，讲述在巴尔铁摩城访美国作家爱伦·坡的故居和墓地的经过。气氛阴森，甚有爱伦·坡和李贺的鬼气："看到坡(的墓地)，你就会联想到李贺的名句：'秋坟鬼唱鲍家诗'。坡与鲍，Poe 与 Pao，只是一字母之差吧。"余光中旅游时常借作家故居以寄其隔代情怀。

写于 1966 年 9 月的《咦呵西部》，记作者夏天驱车在美国超级公路上奔驰的经验，是一篇写公路、写湖光山色的充满动感的现代游记。"太阳打锣太阳擂鼓的七月"，使人想起李贺"羲和敲日琉璃声"的通感式佳句。"一过米苏里河，所有的车辆全撒起野来，奔成嗜风沙的豹群……霎霎眼，几条豹子已经窜向前面，首尾相衔，正抖擞精神，在超重吨的卡车的犀牛队。我们的白豹追上去，猛烈地扑食公路。"这些描写，想象力丰富，动感极强。余光中夫妇这次超级公路上的西征，虽然气候炎热，但基本上不是苦旅而是甜旅。

写于 1966 年 9 月的《南太基》，记作者南太基岛之游。此岛在美国麻州，作者着重写独游时的落寞与海天的茫茫之感，现实世界与艺术世界浑然成为一体。风浪涌起，作者觉得在蓝色之中，沦为"海神一夕之囚"。作品写得幽默风趣，可读性强。

写于 1966 年 10 月的《登楼赋》，记该年 5 月的纽约之游。作者驾着"道奇"汽车，独自东征，终于来到纽约："一只诡谲的蜘蛛，一匹贪婪无厌的食蚁兽，一盘纠纠缠缠敏感的千肢章鱼。"余氏如此善于运用博喻，增强了文章的气势。他还以兽群比喻车队，使人闻之丧魄："车队咬着车队咬着车队的尾巴，机械的兽群争先恐后，抢噬每一块空隙每一秒钟。谁投下一块空隙，立刻闪出几条饿狼扑上去，霎眼间已经没有余尸。"此文的高潮是登楼——登纽约的帝国大厦。余光中花了许多笔墨，把纽约形容为"最热闹的荒原"，表示了他对现代文明爱憎交织的态度。和《咦呵西部》一样，《登楼赋》为余氏游记的代表作。

写于 1966 年 10 月的《望乡的牧神》，追记前一年秋天在西密歇根州立大学任教时与美国学生劳悌芬在乡间打猎、闲谈，体验农村生活的经过。

仅 20 世纪 60 年代就写了以上这多游记，有时是一个月写两篇。

余光中在布拉格

每游览一个国家，余光中都会把旅行途中收集到的地图、导游资料、外国钱币和纸币、车票，乃至签证上的印鉴戳记，当作他写游记时唤起美好回忆的最好参考资料。

20 世 纪 70 年代写的有：

《 丹 佛 城 —— 新西域的阳关》，写作者在美国担任客座教授时所经历的丹佛城的一秋一冬。文中有许多篇幅写雪景，为的是渲染那万里雪飘银装素裹之美丽。雪景固然壮观，可它阻碍交通，造成灾难，是所谓"白祸"。作品写大雪飘飘的同时，还写科罗拉多的山。作者形容落基山是史前巨恐龙的化石，蟠蟠蜿蜒，犹有回首攫天吐气成云之势，使读者读来兴趣盎然。

《南半球的冬天》，记 1972 年 7 月在澳大利亚悉尼访问时的所见所闻。其中写到首都坎贝拉："神造的全是绿色，人造的全是白色。"坎贝拉是余光中见过的城市中，最清洁最整齐的一座白城。

《不朽，是一堆顽石？》，记录英国西敏寺之游及其冥想，娓娓道来，详尽而又生动。

《卡莱尔故居》，记参观英国文豪卡莱尔故宅及其感慨，表现了作者丰富的想象力和精细的观察力。

《从西岸到东岸》，写美国的游踪，有繁复的视觉经验。

余光中之所以每游必记，一方面是为了在情感上做个纪念，另一方面也是为了把国外的印象重新整理，把当时匆匆一瞥没有充分消化过的东西重加咀嚼，重新加以认识。

黄维樑最后评论道：余氏的游记，不以场面的惊险吸引人，而以想象的奇特动人迷人。他擅长铸词造句，动词甚多，其他语汇也极丰富。余光中古今知识广泛，风趣的对话使人解颐，加上他每具慧眼，紧扣现代文明的脉搏，有个人的抒情，感性与知性兼具。凡此种种，使他的游记成为古今游记文学中的奇峰峻岭。[1]

最爱开车去旅游

余光中在寂静或郁闷时，排遣方式之一是放松自己，走出书斋，到户外旅行。

---

[1] 黄维樑：《文化英雄拜会记——钱钟书、夏志清、余光中的作品与生活》，九歌出版社 2004 年版，第 187–198 页。

余光中耽爱山水与他人不同，欣赏风景时喜欢步行，友人戏之为"暴走族"。当然，长途旅行不能光靠双腿。为节省时间，一般人选择坐飞机，那样既迅捷又显得有气派。但对看风景的人来说，这种方式并不佳。因飞机外的风景不外是一层层飘飞的白云，地下的锦绣山河看不清，不可能做到"游目骋怀，极视听之娱"。更何况国际机票昂贵，不是一般人所能承受。

另一种方式是坐火车，但火车外的风光浮光掠影，稍纵即逝。这对讲究卧游坐观、探胜寻幽的人来说，远不解渴。至于骑自行车周游列国，这种"持久战"对一般人来说，体力上难以胜任。风吹雨打，风餐露宿，途中还可能遭劫，更使人视为畏途。

飞机、火车、单车都不行，那只有选择汽车了。汽车有两种，一是大巴，二是小车。大巴人多，空气不好，而且速度又慢。最好是坐小车出发，但不是计程车，而是租来的车，余光中认为这更有利于观赏山石林泉：

> 我最喜欢的还是自己开车，只要公路网所及之处，凭一张精确而美丽的地图，凭着旁座读地图的伴侣，我总爱开车去游历。只要神奇的方向盘在手，天涯海角的名胜古迹都可以召来车前。[1]

余光中在台湾有私家车，旅游时无法携带只好改为租车。"在家千日好，出门半朝难"，外出租车会碰到驾驶座方向是朝左还是朝右的问题。如果租来的车子与自己的开车习惯左右相悖，便会觉得难以驾驭，开起来拘谨，且易出问题。好在余光中在香港中文大学教书时，前后开车八年，右座驾驶早已习惯，因而在欧洲租车时碰到不同方位的驾座，再不会感到束手无策。此外，租车还得车主至少要有"小康"以上的收入。国外租车价格不菲，这在西欧尤为突出。

租车应按日计价才较合理，如英美两国，就只计日而不算走了多少公里。这样开起车来，心情颇为舒畅，而不会斤斤计较车程而影响

---

① 余光中：《凭一张地图》，九歌出版社 1988 年版，第 126 页。

游览的兴致。西班牙人大概不似英国人富有，所以显得较小器。他们租车除按日计外，还要加算里程。以排放量 2000CC 的中型车为例，在西班牙 1985 年的价格是每天租金 5000 西币（Peseta，每 20 西币值港币 1 元），每开一公里再收 45 西币，另加上汽油和保险，就会使人感到价格过于苛刻。20 世纪 80 年代中期在法国同样租一部车，每天收费 200 法郎，折合港币约 170 元，每公里再加收 2 法郎，比起西班牙略为优惠。问题在于按里收费，开车时就会犹豫不决，该去的地方不敢去，以免被宰。如果像美国人那样开长途车，平均每天 300 英里，相当于 480 公里，余光中核算了一下：单以里程计算，这个数字就很可观，接近每天 1000 法郎了。

凡是旅游业发达的地方，都有租车服务。像伦敦的租车业非常繁荣，做广告做到电话簿上，余光中翻开一看，好家伙，竟有一百多家车行。如果你不会开车，或觉得路不熟不便开，还可连司机带车一起租上。如果你钱包鼓胀，就可牵着昂贵的丹姆勒或劳斯莱斯潇洒走一回。西欧各国不像中国那么幅员辽阔，开车日夜兼程可从这一国走到那一国。英国服务周到，可在异国预约租车。一下飞机你预约的车就在那里等着，不必再去坐的士，这辆车这几天就属于你了。余光中在《凭一张地图》中自述：有一次，在英国租了一辆快意，八天内车程 130 英里，只收 230 英镑，比法国和西班牙均优惠，更合算。

在资讯发达的年代，租车可以预约，火车还有月票出售，且可在异国购买。像余光中去巴黎之前，便在香港买好了西欧的火车月票。这些月票本身不便宜，一般人都望而止步。但高消费带来的回报，也很可观：除可坐头等车厢外，还可在西欧各国随时搭不同方向的车，而且不计路程的远近。买这种票还有年龄的差异，如 26 岁以下的小伙子买长期票可以打折，只不过这样就不能享受头等车厢的待遇了，故余光中在法国和西班牙旅游时，少坐飞机多坐火车。有些景点火车到不了，便租车奔赴目的地。对旅行家兼写作人来说，不能光游大都市，还要逛偏僻的村镇，这样才能获得全面的印象。在西欧，并不是所有的国家都加入这种长期票组织，因而在英国旅游时，余光中不乘火车改为自己开车。

伦敦租车行的工作人员并不都是男士，有时还可看到靓女。靓女为了多赚钱，建议余光中开车出伦敦时最好能带上一位导游，以免迷路。天下并没有免费的午餐，导游实行的是有偿服务，每位收5英镑。余光中不是不愿掏这笔钱，而是觉得旅游时旁边坐着一位陌生人会话不投机，如果导游滔滔不绝背诵旅游常识则会使人感到索然寡味。因而余光中拒绝了这位女士的建议。靓女见生意没有做成，便"威胁"道："哪，这是伦敦！大街小巷两千多条，弯的多，直的少，好多还是单行道。至于路碑嘛，只告诉你怎么进城，不告诉你怎么出城。你瞧着办吧，开不出城把车丢在半路的顾客，多的是。"

　　无论在纽约，还是在芝加哥，均不会迷路、进出自由的余光中，听了上面这番话怔住了。也许这位女士不是为了赚钱，而是好心地劝告？于是他答应了她的条件。次日车行派人来交车，余光中琢磨着来人很可能是一位彪形大汉，可来者竟是另一位亭亭玉立的中年女士。余光中无法掩饰自己的"失望"心情，可那位女士说："有异性做伴，不更可增添点情趣吗？"

　　余光中的《凭一张地图》，是一幅感性的导游图，有人物，有对话，有情节，还有明码实价。凡去西欧旅游的人，不妨先看此文，以免走弯路。余光中在此文的结尾所写就很值得人们旅行时借鉴："在西欧开车，许多地方不如在美国那么舒服。西欧纬度高，夏季短，汽车大半没有冷气，只能吹风，太阳一出来，车厢里就觉得燠热。公路两旁的休息站很少，加油也不太方便。路碑矮而小，往往是白底黑字，字体细瘦，不像美国的那样横空而起，当顶而过，巨如牌坊。英国公路上两道相交，不像美国那样豪华，大造其四叶苜蓿的立体花桥，只用一个圆环来分道，车势就缓多了。长途之上绝少广告牌，固然山水清明，游目无碍，久之却也感到寂寥，好像已经驶出了人间。等到暮色起时，也找不到美式的汽车客栈。""好像已经驶出了人间"，这大概就是余光中为什么喜欢亲自驾车旅游的原因。在许多时候，如果坐火车，就无法获得这种体验和享受。

引徐霞客做知音

余光中有本书叫《从徐霞客到梵谷》，其实书中并没有专论徐霞客的文章。他之所以标出徐霞客的名字，一是他在论游记的长文《杖底烟霞》中，对这位烟霞半生的徐霞客评价极高，称其为"华夏山水的第一知己"。二是余光中总是觉得，既然引徐霞客为知音，可至今未用诗为其塑像，好像欠了他的债。在他的心目中，要写就不应该是短章，而应该是一部长诗。

余光中的崇拜者、编外"女学士"陈幸蕙在一篇论文中，用新新人类的述语称余光中为"徐霞客的粉丝"。

有人认为余光中狂妄自大，目中无人。其实，不少有成就的作家都有点傲气、狂气。有狂做资本的作家，其实他心目中还是有人的，如余光中对新文学先驱胡适、梁实秋，海外的夏志清以及同时代人杨牧，就非常尊敬。李白、杜甫、苏轼、辛弃疾，也是令他怦然心动的对象。在古代山水游记中，他推荐远祖谢灵运、游记的奠基人柳宗元，但他认为，集地理学家、探险专家、登山专家、旅行家与游记文学作家于一身的徐霞客，其成就超过任何古人。

古人认为，旅游离不开三个条件："无出尘之胸襟，不能赏会山水；无济胜之肢体，不能搜剔幽秘；无闲旷之岁月，不能称性逍遥。"余光中以现代人的眼光补充道：有"闲旷"还要加上有闲钱。徐霞客这些条件都不缺，更重要的是他在乱世中不求功名，游山玩水纯出于对大自然的向往和探索人文地理的热情。"在所有冒险犯难、跋山涉水的行程里，不论面临何种困境、挫境与险境，诸如：天气恶劣、道路断阻、绝粮挨饿、遭劫遇匪、途穷金尽、性命堪忧、投宿与牛马同卧、涉急湍几致灭顶等,也从未稍改其一往直前的坚定意志,中途而废。"① 这自然是有理想有抱负有毅力的旅行家。在《杖底烟霞》一文中,余光中对徐霞客推崇备至,他认为徐氏有三点过人之处:

一是文采出众,美景奇观在他笔下不但显得鲜活灵动,而且洋溢着作者的豪情与逸兴,加以白天游览完后当晚即记,景犹在目,情犹在胸,不假雕饰,已天然有趣。如在《游黄山日记》中,徐霞客这样写冬天来临的景象:

> 松石交映间,冉冉僧一群从天而下,俱合掌言,阻雪山中已三月,今以觅粮勉到此,公等何由得上也。

这里不写众僧从山而下,而写"从天而下",道出了山被积雪覆盖,以至天与地白茫茫一大片分不清的壮观。这种超现实笔法,"既充满美感,也举重若轻地呈现了天地酷白、大雪封山的壮阔诗意,的确是善用奇笔的高手"。

徐霞客在《游黄山日记后》中,也有从上看下的妙句:

> 扶杖望朱砂庵而登,十里上黄泥岗,向时云里诸峰,渐渐透出,亦渐渐落吾杖底。

云峰落到杖底,暗示攀登的高度不同一般,这样不仅有动感,还增添了情趣。正如"不到长城非好汉"一样,不登名山也难成为名士。从另一种意义上来说,名山不经名士攀登和题咏,也就难以出名,故余光中说:"所以中国的名山,无一不经古人品题,不但画家比绘,作家更是争咏竞叹。黄山之美闻于海内,为文记游者不可胜数,最有名的古有徐霞客、钱谦益、袁枚,今人则有季羡林。"这四人的作品篇幅不相同,余光中在比较他们对悬崖上的异松、怪松的描写后,得出这样的结论:徐霞客的作品经得起历史的检验和时间的筛选,比袁枚、

---

① 陈幸蕙:《徐霞客的粉丝》,台湾"《中央日报》"2005 年 7 月 3 日。

272

钱谦益乃至比现当代作家郁达夫、季羡林均毫不逊色，甚至可以说"胜出许多"。

在奇笔方面，余光中本人深受徐霞客的影响。陈幸蕙曾举例说：《龙坑遇雨》一文中，余光中出人意表地指称龙坑海岸的狰岩狞石，是一场"噩梦大展"；《桥跨黄金城》一文，说流连桥上、欣赏风景的人是"以桥为鞍，骑在一匹河的背上"；《圣乔治真要屠龙吗？》则更以南瓜、洋葱、荔枝、仙人掌等瓜果植物，摹状莫斯科红场八座教堂圆顶的形、色、线条、纹路等——类此效果突出的酷笔、奇句，固亦是矢志"在文字风火炉中炼出一颗丹"来的余光中贯彻其散文创作理念的实际做法，但徐霞客的个人典范，当更强化、坚定了余光中将"奇笔主义"奉为游记创作圭臬的信念。

二是学富五车，徐霞客自谓"髫年蓄五岳志"，早就"博览古今史籍，方舆地志，山海图经，以及一切冲举高蹈之迹，每私覆经书下潜玩，神栩栩动"。所以到他真正登山涉水，尤其是晚年入滇之游，乃能就胸中之所知之所疑实地探讨，穷山脉而究水源，不但条理分明，观察精细，更旁及途中所历的关梁阨塞、风土人情和罕见的植物。所著《盘江考》及《江源考》等专文，按之现代知识，亦十九翔实无误。足见徐霞客的游记兼有文学的感性和地理的知性。

在旅人兼学者那里，"行万里路"与"读万卷书"一体两面，不可分割。徐霞客行万里路之前，读了万卷书，余光中也是把书斋得到的知识当作行走经验的纸上蓝图和印证基础。在他那里，"书"和"路"同样是对立的统一，有着美妙的融合。

三是徐霞客的无畏精神，使他的文才地学得以充分发挥。世上作家和地理学家不少，却很少人像他那样烟霞成癖，嗜游如狂，为了一窥究竟，往往不避艰险，不畏风雨，不计程期，露宿之余，还要吃生果充饥，途中屡次遭窃，进退不得。最长的四年西游，一同出发的有僧人静闻和王、顾二仆，静闻病死途中，二仆不堪劳苦，也先后逃逸，顾仆逃走时更把箱中所有一齐偷走。徐霞客远游时，常须步行，有时遇困，还要和仆人分负行李。通常他清早五时起身，六时出发，午饭往往下午才吃，有时忙于攀涉，甚至不吃。累了一天，晚饭之后还要

余光中夫妇于长白山天池

写日记，少则数句，多则三四千字。这种以全生命来求美求知的伟大精神，使徐霞客成为中国游记文学的巨擘，更成为中国文化倾慕自然的象征。[1]

余光中本人也是以超强的毅力跋山涉水，无论是凭吊古迹，还是赏玩烟霞，均不畏弯多路险，不畏山高水深，才成为华夏山水乃至西欧各国的山水知音。

余光中在一篇文章中感叹道：

> 像徐霞客那样饕山餮水餐烟宿霞的癖好，已经不可能求之于今人。

其实，余光中本人就是"以山水为性命"的壮游客。他是徐霞客的传人，是餐烟宿霞的健将，是游记作家谱系里的"今人"巨匠。

---

[1]　余光中:《从徐霞客到梵谷》，九歌出版社1994年版，第16—17页。

览不尽的青山绿水

余光中的山水游记，写外国尤其是写美国的居多，写台湾香港较少。一来台港是作者的工作之地，二来这是中国而非异域，故既少游，记亦稀。其中《沙田山居》，算是例外。

此文写作者的工作地中文大学，虽不是典型的游记，但它写学校旁边的吐露港及八仙岭，笔酣墨饱，放在山水游记中也毫不逊色。如开头一段：

> 书斋外面是阳台，阳台外面是海，是山，海是碧湛湛的一弯，山是青郁郁的连环。山外有山，最远的翠微淡成一袭青烟，忽焉似有，再顾若无，那便是，大陆的莽莽苍苍了。日月闲闲，有的是时间与空间。一览不尽的青山绿水，马远夏圭的长幅横披，任风吹，任鹰飞，任渺渺之目舒展来回，而我在其中俯仰天地，呼吸晨昏，竟已有十八个月了。十八个月，也就是说，重九的陶菊已经两开，中秋的苏月已经圆过两次了。

开头两句用顶针格式写环境的幽美，从而把书房、阳台、大海、山峦紧密地联系在一起。另还有对偶句和叠字加强作品的节奏感。后面两句用了陶渊明与苏东坡的典故，使文章显得典雅。本来，余光中青少年时浸润于中国古典文化，后来又到西天取经，可他并没有洋化，故其写香港山水仍有鲜明的民族特色。

余光中的游记感性多于知性。他充分领略了大自然的景色，然后用奇笔去摹写沙田的山水：

海天相对，中间是山，即使是秋晴的日子，透明的蓝光里，也还有一层轻轻的海气，疑幻疑真，像开着一面玄奥的迷镜，照镜的不是人，是神。海与山绸缪在一起，分不出，是海侵入了山间，还是山诱俘了海水，只见海把山围成了一角角的半岛，山呢，把海围成了一汪汪的海湾。山色如环，困不住浩淼的南海，毕竟在东北方缺了一口，放樯桅出去，风帆进来。最是晴艳的下午，八仙岭下，一艘白色轮渡，迎着酣美的斜阳悠悠向大埔驶去，整个吐露港平铺着千顷的豪碧，就为了反衬那一影耀眼的洁白。起风的日子，海吹成了千亩蓝田，无数的百合此开彼落。到了夜深，所有的山影黑沉沉都睡去，远远近近，零零落落的灯全睡去，只留下一阵阵的潮声起伏，永恒的鼾息，撼人的节奏撼我的心血来潮。有时十几盏渔火赫然，浮现在阗黑的海面，排成一弯弧形，把鱼网愈收愈小，围成一丛灿灿的金莲。

　　余光中朝朝暮暮，日起日落，月望月朔，全在此中度过，因而他成了"仙人"——不，是山人。"山居"，在古人的著作中属洗去尘世喧嚣，回归大自然的一种行为，其含义有清贫、遁迹、与世无争般的清静无为，它会使人想起"悠然见南山"的陶渊明，及古代隐士孙登、许由及其他佛门高僧。余光中当然不是隐士，他"山居"只是取其安静、洗去尘世喧嚣的一面。当有人问他何事栖碧山，他笑而不答，因为山已经代他答了。其实山并未回答，是鸟代山答了，是虫，是松风代山答了。山是禅机深藏的高僧，轻易不开口的。有如此美的山景，难怪余光中把沙田山居看作是自己一生最安定最自在的时期，是生命的棋子落在一个最静观的位置上。

　　余光中在沙田看山，所看的不只是香港的青山，还有青山背后他日夜思念而无法回去的祖国大陆。祖国大陆，"壮士登高叫它做九州，英雄落难叫它做江湖"[①]。幽居十年，恨这些青山挡在门外，把那片朝北

---

① 　余光中:《春来半岛》,香江出版公司 1985 年版,第 54 页。

的梦土遮住，所有这些，均为了孩童时候那点不可磨灭的记忆。十年过去，那离港回台的前夕，这片青青山色便梗塞在喉际。他日在西子湾面对大海，只怕这一片苍青——凌波的八仙，覆地的大帽，镇关的狮子，昂首的飞鹅更会化为幻梦。在这题为《十年看山》的文中，余光中感性十足地把香港的青山绿水召唤在自己的笔下，做动态的演出，使寸山寸水成立体的呈现。余氏由此从不同角度在状写山光水色上下功夫，师法王维诗中有画、画中有诗的段落处处可见：

> 千山磅礴的来势如压，谁敢相撼？但是云烟一起，庄重的山态便改了。雾来的日子，山变成一座座的列屿，在白烟的横波回澜里，载浮载沉。八仙岭果真化作了过海的八仙，时在波上，时在弥漫的云间。有一天早晨，举目一望，八仙和马鞍和远远近近的大小众峰，全不见了，偶尔云开一线，当头的鹿山似从天隙中隐隐相窥，去大埔的车辆出没在半空。我的阳台脱离了一切，下临无地，在汹涌的白涛上自由来去。谷中的鸡犬从云下传来，从夐远的人间。我走去更高处的联合书院上课，满地白云，师生衣袂飘然，都成了神仙。我登上讲坛说道，烟云都穿窗探首来旁听。

如此讲究文字的弹性、密度和质料，以及"师生衣袂飘然，都成了神仙"的浪漫主义想象，充分满足了读者的审美需求。这种水光山色，纤毫悉在镜里，不愧为渲染十足的感性文字。

作为东方明珠的香港，不仅有利于余光中北望东瞻，左顾右盼，而且沙田山居"又给他仁山智水，最安定的栖枝，最自在的岁月"[1]，这使他摇笔国恨乡愁之余，还能大写山水景物。作者在香港这个借来的地方，时常惊艳祖国大陆河山的壮丽。对着黄河照片设辞的《黄河》，正如流沙河所说：下面写黄河中游，历史登场，场面热闹。改朝换代，"多少旗号""顺风扬起，逆风又倒下"。"岸上的怨妇"送走"波上的征夫"。贾客、迁客、侠客，渡口等船。洪水溃堤，百姓"浮沉无主"，

---

① 黄维樑编：《璀璨的五彩笔》，九歌出版社1994年版，第138页。

死者"恨发飘飘",冲走了"槎筏和骡马"。"刺客南来,宫人北去","一渡就回不了头",令人临河生悲。异族入侵,吹羌笛和胡笳,唤得住牛羊,唤不住洪水。"二十六次的改道,一千多遍的氾滥"。统计数字入诗,不怕犯忌。水灾一过,儿女健忘。战乱一平,伤痕失忆。诗人悲叹:"谁能向苍劲的渤海叫回黄河,见证古来的天灾,人祸?"又问河水:"那带剑的燕客,抱琵琶的汉姬,都何处去了?数风流人物,还看今朝么?无数的今朝,又去了何处?"历史上的热闹场景随波漂去,"只剩下照片里""船夫弯腰独摇单桨",载一捆柴。他未读过李白,不知道"黄河之水天上来",也未学地理,不知道黄河发源于青海;他"只知道他生来与黄河同在",黄河的命运也就是他的命运。诗的结尾,"白发上头的海外遗孤"怔对照片,忽然感到了"断奶的痛楚",用仄声字终篇,似了犹未了,这是余光中的惯技。四十年来,写黄河的新诗不少,流沙河认为没有一首能超过《黄河》,尤其是在"纵的历史感"上。限于当时两岸互不往来的环境,《黄河》作者从未到过黄河,此事耐人寻味,或当对我辈有所启发欤?

控诉一支烟囱

　　余光中在阅读欣赏大好河山时,常常痛感大自然美景被机械文明割裂乃至戕杀,馊水油、戴奥辛、核能发电厂、黄霉素造成的一类公害污染,不利于旅游事业的发展,成了令人头疼的问题。他以自己的艺术敏感,很早就体会到环境污染和自然生态的破坏对人类生存所造成的威胁。本着社会关怀,关心民间疾苦和更好地吸引外来旅客的心情,他不忍见美丽的天空被污染,而用文字向制造环境污染者提出控诉。《控诉一支烟囱》,是他声讨空气污染的经典之作:

　　　　用那样蛮不讲理的姿态

翘向南部明媚的青空
一口又一口，肆无忌惮
对着原是纯洁的风景
像一个流氓对着女童
喷吐你满肚子不堪的脏话
你破坏朝霞和晚云的名誉
把太阳挡在毛玻璃的外边
有时，还装出戒烟的样子
却躲在，哼，夜色的暗处
向我噩梦的窗口，偷偷地吞吐
你听吧，麻雀都被迫搬了家
风在哮喘，树在咳嗽
而你这毒瘾深重的大烟客啊
仍那样目中无人，不肯罢手
还私自掸着烟屑，把整个城市
当做你私有的一只烟灰碟
假装看不见一百三十万张
——不，两百六十万张肺叶
被你熏成了黑恹恹的蝴蝶
在碟里蠕蠕地爬动，半开半闭
看不见，那许多噇噇的眼瞳
正绝望地仰向
连风筝都透不过气来的灰空

这首诗通篇是历诉烟囱各种"罪状"，诸如流氓罪（"像一个流氓对着女童 / 喷吐你满肚子不堪的脏话"）、诽谤罪（"破坏朝霞和晚云的名誉 / 把太阳挡在毛玻璃的外边"）、欺骗罪（"还装出戒烟的样子 / 却躲在,哼,夜色的暗处 / 向我噩梦的窗口,偷偷地吞吐"）、伤害罪（"麻雀都被迫搬了家 / 风在哮喘,树在咳嗽"）、毒气扩散罪（"还随意掸着烟屑,把整个城市 / 当做你私有的一只烟灰碟"）、屠杀生灵罪（"两

百六十万张肺叶 / 被你熏成了黑恹恹的蝴蝶")①。总之，"烟囱"简直是罪大恶极，不枪毙似无法平民愤。也许有人会辩解说，"烟囱"也有好的一面。如果没有它，就没有城市文明，工业现代化就完不成。但诗人在这里并不是写工业讲义，而是用诗人的方式控诉环境污染。如此庄重的主题用风趣的笔调写出，不能不使人佩服诗人构思的奇巧和想象力的丰富。

这首诗发表后，高雄市议员曾把它当作质询有关部门将港都弄成烟囱林立、天空灰蒙的重要文本。

具有高度忧患意识的余光中，还与许多诗人在高雄许愿池畔举办"许愿之夜"，并带领众人一起朗读他的"许愿"：

> 让所有的鸟都恢复自由
> 回到透明的天空
> 不再怕有毒的云雾
> 和野蛮的烟囱
>
> 让所有的鱼都恢复自由
> 回到纯净的河川
> 不再怕肮脏的下游
> 和发酵的河岸
>
> 让所有的光都恢复自由
> 回到热烈的眼睛
> 不再怕僵硬的面孔
> 和冷漠的表情

高雄和台湾各地一样，几乎年年都有选举大战。多年对选战冷感的余光中，实在无法忍受宣传车高音喇叭发出的号叫声，更看不惯用

---

① 吴奔星主编：《中国新诗鉴赏大辞典》，江苏文艺出版社1988年版，第1015页。

钱买选票的丑恶,于是写了《深呼吸——政治病毒—患者的悲歌》和《拜托,拜托》,以表示他"退掉报纸,关掉电视"的抗议。余光中另有为"木棉花文艺季"写的主题诗《让春天从高雄出发》:

> ……
> 让春天从高雄登陆
> 这轰动南部的消息
> 让木棉花的火把
> 用越野赛跑的速度
> 一路向北方传达
> 让春天从高雄出发

此诗谱成曲后由中山大学合唱团演唱,意在将高雄纯朴的民风乘着文化的春风传播到台湾各地。

后来余光中搬进的西子湾大学教工宿舍,虽仍有山有海,但是住宅前的山道,无论是白天还是黑夜汽车都川流不息,噪音加上废气,

余光中夫妇在西子湾

严重破坏了他阅读大自然美景的兴致。好在高雄有相看两不厌的木棉花树，可以忘掉这一不快：

> 木棉是亚热带与热带的常见花树，从我国的岭南一带一直燃烧到印度。南海波暖，一到三月底，几场回春的谷雨过后，木棉的野烧便一路熊熊地烧来，烧得人颊暖眼热，不由得染上了英雄气概……
>
> 这种乔木先绽花后发叶，满树亮橘色的繁花，不杂片叶，那种剖心相示的血性，四周的风景都为之感动。①

这里与其说是写树，还不如说是写人——写那些立场正直、肝胆照人的"英雄"。

正是在余光中的建议下，高雄市政府把1986年的"艺术从高雄再出发"改为形象鲜明、色彩动人的"木棉花文艺季"。这盛大的春之庆典，余光中在其中扮演了策划角色。

登泰山而小天下？

在20世纪90年代前，余光中的旅游散文写遍世界各地，可唯独中国大陆在他的旅游地图中严重缺席。虽然他的国外游记处处有文化中国的影子，但毕竟无法满足读者尤其是台湾读者了解祖国壮丽山河的需求。

自1992年余光中到北京参加学术活动以来，他频频访问祖国大陆各地。2001年春天，乘载着余光中的客机降落在齐鲁大地。访问山东，对余光中来说实在是梦寐以求的一程文化甘旅。能站在黄河与泰山之间，对孔丘与孔明的后代诉说自己对于中文的孺慕与经营，他深感荣幸。

---

① 余光中:《木棉花文艺季》,《台湾新闻报》西子湾副刊1986年4月1日。

登泰山令余光中十分兴奋。这主要不在于它海拔之高，而是因为它地位之高；不是因为它磅礴之广，而是为它名气之大。余光中事先读了不少有关泰山的文史书籍，知道泰山论体魄之魁梧，在五岳之中只能算第三。不过，山能成名，除了身高之外，还要靠历史、神话、传说等来引发想象、烘托气氛，才能赋风景以灵性，通地理于人文。故刘禹锡说："山不在高，有仙则名。"余光中凭着他丰富的中外地理知识，把泰山与欧洲第一高峰高加索山脉的厄尔布鲁士峰、西欧的尖顶和白峰、希腊奥林匹斯山相比，认为泰山有自己的风采，更能引动炎黄子孙的遐思。

泰山最令余光中瞻仰出神的，不是烟雾缭绕的香火或对仗工整的长联，而是木德可敬的参天古木。与其读那些卷帙浩繁、字迹难辨的匾联碑字，他宁可仰观古树，或摩挲树身，从淡淡的木香里去领悟古人的高标与清誉。他深情地写道：屹然峭起的古柏，刚劲的巨干如柱，把虬蟠纵横的枝柯，和森森鳞集的细叶，挺举到空际去干预风云。这些矍铄自强的老柏、老松阅历之深，岂是匆促的游客能望其项背？喋喋不休的导游小姐，只像是绕树追逐的麻雀罢了。"那许多秦松汉柏，满腹的沧桑无法倾诉，只能把霜皮拧扭成脾气，有些按捺不住，竟然发作成木瘤满身，狞然如狰狰的怪兽，老态可惊。"[1] 这里化丑为美，对那些被扭曲的秦松汉柏注满了同情心。

山水再美，也需要人文发挥，需要传说来画龙点睛。余光中引用杜甫的《古柏行》，写古树"霜皮溜雨四十围，黛色参天二千尺"，认为这是修辞的夸张，不能作实解。就算加州海边的巨杉，最高拔的也不过三百六七十英尺。"加州海边的怪松，天长地久，被太平洋的烈风吹成蟠屈百折的体态，可称'风雕'，而以奇石累累为其供展的回廊，神奇也不下于泰山之松，只可惜奇石怪松独缺名士品题，总觉得有景无句，不免寂寞。"有了这借来的"风雕"美誉，这里的奇石怪松也许就不会再有缺名士品题的遗憾了。

余光中的《山东甘旅》一文，运用自己丰富的文史知识，论证泰

---

[1] 《余光中集》第九卷，百花文艺出版社 2004 年版，第 411 页。

山为什么会成为政权继承的阳刚图腾。他说：在中国哲学里泰山占了如此的优势，难怪历代帝王都要东巡来此，祭祀天地。政教相辅，儒家和道家的宗教景观相互辉映，从山下的泰安城一路攀登到山顶。从平地的神府岱庙到山顶的碧霞祠、青帝宫、玉皇庙，多为道观，但中途的普照寺、斗母宫却是佛寺，而红门宫则释道合一，并祀弥勒佛与碧霞元君。"至于儒家文化，则登山起步不久就有坊门巍巍，纪念孔子当年登临故事，到了玉皇顶前又有孔庙。"这里畅论大自然对人文精神的提升之功，说明作者考察史迹的动机是因，宣扬儒家文化是果。

《山东甘旅》的内容复杂而多元。就作者的身份而言，余光中和徐霞客一样，一身而兼诗人、地理家、攀山者之长。作者不满足于写实，常常辅以抒情。因其艺术个性不与他人雷同，故余光中笔下的风景与别人所写大异其趣，这真可谓是"横看成岭侧成峰"了。如他这样形容古来松柏：

> 古来松柏并称，而体态不同。大致而言，柏树挺拔矗立，松树夭矫回旋。譬之书法，柏姿庄重如篆隶，松态奔放如草书。泰山上颇有一些奇松，透石穿罅，崩迸而出，顽根宛如牙根，紧咬着岌岌的绝壁，翠针丛丛簇簇，密鳞与浓鬣蔽空，黛柯则槎丫轮囷，能屈能伸，那淋漓恣肆的气象，简直是狂草了。

这里以殊相来印证共相，以书法艺术来比喻松柏体态，显得逸兴遄飞。

泰山地位的崇高，和历代名士题咏以及"登泰山而小天下"的流传分不开。可具有怀疑精神的余光中，对儒家的至圣与亚圣的用喻不完全认可。他写道：

> 但此刻令我们注目的，却不是山，而是人。踏在岱宗魁伟的肩上，俯瞰只见群山朝岳，磊磊错杂着嶙嶙的背后仍然是峥峥，郁郁苍苍，历齐鲁而未了，而收拾不了。不识法相，只缘身在佛头的颏下。登临到此，果真就能把世界看小吗？反倒是愈看愈多，

愈多愈纷繁，脚下凭空多出一整盘山岳……

　　1949 年以后，两岸的分隔使作家心目中的中国内化为形而上的永恒乡愁，成为文化上的中国。从小所受的中国文学教育，以及血管里流淌的血液，在余氏散文中全部化为充满民族特色的文字。在《山东甘旅》一文中，仅作品中引用过的古典文献就有李清照词、李璟的名句、杜甫的诗篇、刘禹锡的散文、司马迁的《史记》、管子的《封禅篇》、易经《说卦》、李斯的《谏逐客书》、马第伯的《封禅仪记》、姚鼐的《登泰山记》、唐玄宗的《记泰山铭》、白居易的《长恨歌》……应该指出的是，作者引用这些诗文时，不是掉书袋，而是自然地流露出来。如：

　　　　严整的成排金字在花岗绝壁上闪着辉煌，说的是开元十四年的事。那一年杜甫才十四岁，杨家的女儿还没有长成，《长恨歌》的作者还没有生呢，谁料到渔阳的鼙鼓会动地而来？

　　这里信手拈来白居易的诗句，毫无斧凿痕迹。征引的诗句尽管不少，但经过改造和诠释，故这篇游记还不是纯感性的美文，而是名副其实的游记。

　　余光中的游记总是这样将感性与知性相结合，语言典雅而又不失现代感，情理之外常常加入风趣的对话，如写自己成为失败的"拜日族"后：

　　　　山顶比人间总是要低七八度……众人戎装相对，怪异加上臃肿，互相指笑了一阵。……更糟的是建辉的苦笑，说外面已下雨了。　　……
　　　　雨虽停了，天也晓了，却未破晓。暗紫色的诡秘天帷转成了灰濛濛的雨云，除了近处的玉皇庙瓦顶俨然还盘踞在天柱峰头，远山深壑都只有迷茫的轮廓，也不闻鸟声、泉声。登泰山而小天下乎？不但看不到日出，也看不见天下，连泰山也几乎看不见了。
　　　　"孔夫子的豪语变成了空头支票。"我只能苦笑。

能否流露出一种高雅的幽默情趣，是判断作品是否具有高品位的一个重要条件。余光中是一位充满风趣和机智地思考问题的作家。他的《山东甘旅》和《我的四个假想敌》一样，散发出幽默的芬芳，增强了作品的艺术魅力。

作品还写到济南市中心的泉城广场。这个文化长廊是余光中在山东所看到的最有生气、最为动人的现代建筑："三层楼高的空阔廊道上，每隔十米供着一尊山东圣贤的青铜塑像，连像座有二人之高。十二尊塑像由南而北，依年代的顺序排列。"这十二位圣贤是：大舜、管仲、孔丘、孙武、墨翟、孟轲、诸葛亮、王羲之、贾思勰、李清照、戚继光、蒲松龄。每尊铜像余光中对他们都有言简意赅的评价。其中写得最风趣的是没有髭须的李清照（参看第二章第六节）。余光中在李清照像前流连很久，心底宛转低回的都是她美丽而哀愁的音韵。作者用如此锦心绣笔，写李清照晚年寂寞的心境，显得异常动人。

登完泰山从济南北上，直奔黄河。在余光中的诗文里，不知多少次高呼低唤它。在山东大学演讲时，他朗诵自己写的《民歌》，诵到第二遍五百听众就起身来和他："传说北方有一首歌 / 只有黄河的肺活量能歌唱。"这次他终于看到了黄河：

> 古老的黄河，从史前的洪荒里已经失踪的星宿海里四千六百里，绕河套、撞龙门、过英雄进进出出的潼关一路朝山东奔来，从斛律金的牧歌李白的乐府里日夜流来，你饮过多少英雄的血难民的泪，改过多少次道啊发过多少次泛涝，二十四史，哪一页没有你浊浪的回声？几曾见天下太平啊让河水终于澄清？流到我手边你已经奔波了几亿年了，那么长的生命我不过触到你一息的脉搏。无论我握得有多紧你都会从我的拳里挣脱。就算如此吧，这一瞬我已经等了七十几年了绝对值得。不到黄河心不死，到了黄河又如何？又如何呢，至少我指隙曾流过黄河。
>
> 至少我已经拜过了黄河，黄河也终于亲认过我。

炎黄子孙对母亲河的感情，正像胎记一样难以磨灭。流沙河曾告诉余光中，他坐火车过黄河时读余氏的诗作《黄河》，十分感动。他奇怪余光中当时没有到过黄河，怎么会写得如此活灵活现？余光中回答说："其实这是胎里带来的，从《诗经》到刘鹗，哪一句不是黄河奶出来的？黄河断流，就等于中国新诗断奶。"

《山东甘旅》一文，写出了在泰山绝顶所抛下的一整座空山的仙人与古人，传说与轶事，配上许多飞瀑、奔溪、盘道、绝壁，绝壁上危攀不坠的蟠蟠孤松，及其所抛下的满山满谷的顽石、灵石，加上石上刻画的成语、名句、隆重其词的纪铭，使这篇游记成了余光中写祖国大陆壮丽山河的珍品。

八闽归人

"下面就是你家了！"一句话令我全身震颤，心头一紧。"下面果真是我的家吗？"泪水忽然盈目。忽然，我感到这一带隐隐青山、累累果林，都为我顾盼所拥有，相信我只要发一声喊，十里内，枝头所有的芦柑都会回应。骤来的富足感一扫经年的乡愁。[1]

自台湾当局开放探亲以来，余光中回祖国大陆有二十多次，有时一年多达八次。两次回到福建，都是到厦门为止，未能到福建各地尽兴地观光。

2003 年 9 月，经福建省文联邀请，余光中便有了十天的八闽之行。他游福州，登武夷，访泉州，回永春，兴奋之情难以言表。他自认为是"八闽归人"，称这次故乡行"一偿半生夙愿"。笔者有幸和李元洛等著名学者一起，全程追踪这位诗人的足迹。

余光中飞抵榕城时，正值中秋前夕。9 月 11 日晚上，主办单位在

---

① 余光中：《八闽归人》，《明报月刊》2003 年 11 月，第 72 页。

福州郊外海拔九百多米的最高峰鼓岭，为余光中举办了一场别开生面的诗文吟诵会。余光中与福建省文艺界人士、海内外参加"海峡诗会"的嘉宾以及众多的诗歌爱好者一起，沐清风，赏明月，吟诗酬答，共叙乡情，度过了他有生以来在故乡的第一个中秋之夜。①

9月14日，笔者和余光中同乘一趟火车到武夷山。当晚，余光中到武夷学院演讲。那天天气闷热，余光中便朗诵了自己的诗作《雨声说些什么》以作"降温"用。无巧不成书，余光中讲完后先是下起小雨，后是电闪雷鸣，大雨滂沱。当地两个月没有降雨，是余光中的"雨声"一诗引来了甘霖。第二天，天气仍然炎热，这使人感到有伤武夷山的仙气，但文友们的豪气仍然高涨，和余光中伉俪一起登天游峰。在山上，人们争相和余光中合影。有人说，余老本来是来看风景的，没想到却成了一道风景。参加诗会的学者与他合影时，说是要沾一点余的文气、才气。余光中突然冒出一句"还有喘气"，逗得人们大笑不止。②

余光中虽然白发斑斑，但精神状态仍然年轻。20世纪80年代他

余光中的泉州之行

---

① 田家鹏:《半个世纪跨越海峡》,《台湾文学选刊》2003年第4期, 第49页。
② 田家鹏:《半个世纪跨越海峡》,《台湾文学选刊》2003年第4期, 第53页。

在香港中文大学执教鞭时，十分钟爱大自然风景，常和梁锡华等文友一起发展"旅游事业"，像古人谢康乐那样郊游登山。这次原乡行也不例外，他一级级向天游峰顶仰攀上去。虽说只有88级，但山灵扯后腿的后劲愈来愈沉，他不禁感叹道："就算英雄也不免气短。"路回峰转，风景渐渐匍匐在脚下，回首惊艳，九曲溪水那么娴静地在谷底流过，像万山私隐的纯蓝色午梦泄漏了一截，竟然被凡眼偷窥。

在余氏的游记中，《八闽归人》虽不是代表作，但该文记叙自己回乡的经过，仍亲切有味：

> 当天下午转劳为逸，苦尽甘来。碗口粗细的长筒巨竹，两头烤弯，十六根并排扎成的竹筏，绑着三排六个座位，前后都有船夫或船娘撑篙。我们乘筏从九曲到二曲顺流而下，让一溪清浅用涟漪的笑靥推托着，看雄奇而高傲的山颜石貌一路将筏客迎了又送。经过上午的苦练，益显得下午的逍遥。山不转，水转。水真是智者，人随着水转。人转时，峰头起伏也跟着转了。所以说，万静不如一动。①

泉州之旅不到一天，活动却安排得异常饱满。余光中只好忙里偷闲去开元寺，放慢脚步跨过唐代高高的门槛，去菩提与老桑的密叶绿荫下，对着地震不塌的石塔悠然怀古。第二天清早，在华侨大学演讲完后，余光中踏上了寻根之旅的最后一程。

余光中以"乡愁诗人"著称。多次回祖国大陆后，他对乡愁有了新的理解。他说："所谓乡愁，原有地理、民族、历史、文化等层次……它应该是立体的。""地理的乡愁要乘以时间的沧桑，才有深度。"他又说："两岸开放交流以来，地理的乡愁固然可解，但文化的乡愁依然存在，且因祖国大陆社会的一再改型而似乎转深。"② 由于解构了乡愁，使思念故乡不再成为创作的热点。这次回到老家，乡愁成了一种可摸可触的现实：它就是用闽南方言吟唱山歌身穿青布长衫的老者，它就是具有

---

① 余光中：《八闽归人》，《明报月刊》2003年11月，第71页。
② 徐学：《火中龙吟：余光中评传》，花城出版社2002年版，第293页。

浓郁地方特色的提线木偶、高甲戏及南音表演，以及脚下肥得流油的土地和身边的父老乡亲。

9月17日上午，一去七十年的余光中，终于回到了祖屋，回到他童年爬树掏鸟窝的地方。他一辈子都等着这一天，等着自己有生之年能祭祖归根，省亲怀乡。

永春县桃城镇洋上湾，是一个离县城约三公里的古朴山村。由泉州到永春不到一百公里，路面不像1949年以前那样坑坑洼洼，显得宽坦平整，但余光中的心头一直起伏不定。他写道："在记忆幼稚的深处，久蛰的孺慕与乡情，蠢蠢然似在蠕动。'头白东坡海外归'，东坡何曾归得了眉山？我又何幸，竟然有满车知音从福州一路伴我回头，只为了溯源而上，溯晋江的东溪而上，一窥究竟是怎样的一座山县，怎样的灵山秀水，默化出他们青睐的诗人。"①

乡亲们为迎接余光中，不是舞狮奏乐，就是鸣炮擂鼓。这是他们村史上绝无仅有的一次重大的节日。在到达永春县前，经历过地势偏高的南安县，途中多为石矿与窑厂。一过富于诗意的诗山，就快到永春县境了：永春在县境的东南，桃溪从青山簇里蜿蜒东来，将县城分为两岸，北岸人烟稠密，是辐辏的市区。

余光中这一代作家与内地作家不同的地方在于：有双重放逐的经历。从中国大陆到中国香港再到中国台湾，这是第一次放逐；后又数次到美国教书，这是第二次放逐。到遥远的异域教书，不仅远离了故土，也远离了第二故乡台湾，因而余光中浓浓的思乡情怀，只有在回家祭祖时才得到彻底化解：

> 第二天上午车队迤逦，由县城向北出发，去洋上村的余氏祠堂祭祖。出得城来，车道渐高，一线蜿蜒没入远山丛中。已过中秋六日，天气仍如盛夏，亮晴的艳阳下四围山色，从近处的稻田到远峰的林荫，无际旷野满目青翠，名叫故乡。像虫归草间，鱼潜水底，我的心感到一种恬静的倦意。一生漂泊，今天至少落一

---

① 余光中：《八闽归人》，《明报月刊》2003年11月，第71页。

次锚，测童年有多深吧？

余光中常常用诗为中国文化造像。他在《隔水观音》后记中说，这类诗"是对历史和文化的探索"，"一种情不自禁的文化孺慕，一种历史的归属感"。这种强烈的民族文化归属感，深深渗透在他这次的回乡行动中。随行记者田家鹏写道：

> 祭祖仪式后，余光中偕夫人来到他儿时住过的祖屋。这是一幢典型的闽南土角厝，飞檐翘角，古色古香。1935 年，余光中随父亲余超英回乡为祖父奔丧，住的就是这幢老屋。那时他才六岁。70 年过去了，老屋依旧，而当年在屋里欢蹦的孩童如今已成了耄耋老人。在老屋门口，他郑重要求人们给他 20 分钟时间，让他安静地绕着屋子走一圈，但记者们太想知道他此刻的心情，这个微不足道的愿望竟然不能兑现。他穿过堂屋来到屋后，这里有五棵大荔枝树，当年和他一起玩耍的堂兄余江海在这里等着他。为了迎接余光中，余江海这些日子忙个不停，反反复复不知把这座老屋的里里外外打扫了多少遍。一见面，余江海就用闽南话对余光中说，小时候我们经常一起在这里玩爬树，五棵树我们都上去过，还一起用弹弓打鸟。余光中说，我们现在来比赛爬树好不好？余江海说好。在一旁的余光中夫人范我存接话说：我看他能爬上去，你未必能爬上去呢。说得大家都笑了。

比赛爬树这一细节描写，显然是一种乡愁的具体化。祖祠大厅里供的全猪全羊等祭品，以及"五千年深的古屋"传来的呼叫，则是历史的呼唤，也是文化的呼唤。中华民族就这样代代相传，源远流长，这就难怪余光中要求记者给他拍照留念，画面的上方要有一点树叶，远景是老屋后面的两座山，近景是老屋的房顶。他还坐在荔枝树裸露的树根上让记者拍照，把他和根留在一起。他动情地说："我的父亲一生都在想念永春老家，他活到九十七岁去世，和母亲一起葬在台湾。我也是代表他们还愿来了。以后我在台湾上坟的时候，会把故乡的经历和见闻告诉他们。"①

　　和余光中的乡愁诗一样,《八闽归人》也具有丰富、宏阔的内涵。作者把寻根问祖的焦虑与渴望,提高到一个民族的理性境界。回祖屋,不仅是地理的,更是精神的、历史文化的。文中的一些描写具有超越地域、超越时代的意义。无论是余光中的寻根散文还是诗,所发掘的是一种人类共有的经验,所体现的均是悠悠不绝的对文化生命之根的追寻,其作品的意义正在于此。

---

① 田家鹏:《半个世纪跨越海峡》,《台湾文学选刊》2003年第4期,第55页。

后　记

　　余光中是蜚声海峡两岸三地乃至海外的重量级作家，创作生涯超过半世纪。百花文艺出版社曾隆重推出的九卷本《余光中集》，便是他这位诗坛祭酒、当代文坛重镇创作实绩的最好证明。

　　多年前接触台港文学时，我就喜欢上了余光中的诗和散文，后来便萌生起写余光中传记的念头，还向有关部门申报了课题。这次长江文艺出版社了却我多年前的夙愿。

　　长江文艺出版社开始向我约稿时，我面有难色，因两岸至少出版过四种不同的余光中传记，再翻新不易。正像一位作者所引的余光中《中国结》所说的那样：

　　　　　你问我会打中国结吗？
　　　　　我的回答是苦笑
　　　　　你的年纪太小了，太小
　　　　　你的红丝线不够长
　　　　　怎能把我的
　　　　　遥远的童年啊，缭绕
　　　　　也太细了，太细
　　　　　那样深厚的记忆
　　　　　你怎能缚得牢？

　　的确，写余光中传记有如打中国结，我的红丝线不够长，且过细，怎能把余光中"深厚的记忆"缚得牢？好在此书的定位在"读书生活"，而读书又不限读有字书，还可以读无字书，这样更能体现传主丰富多彩的读书情趣。不过，由于传主读书范围广，本书的构架还无法容纳他的全部读书内容。如读者有兴趣，可以此书为线索探幽入胜，认真翻阅那九大本《余光中集》。

余光中曾说他的传记均写在作品中，因而笔者在写作过程中，除大量征引《余光中集》的有关诗文外，另广泛吸收余光中传记作者和研究者傅孟丽、黄维樑、流沙河、徐学、杨景龙等时贤的研究成果。为了减少误差，笔者很想写信向传主请教有关他读书生活的一些问题。我1995年到过高雄中山大学传主的书房，但毕竟浮光掠影。后又想到传主最怕别人为自己写传记。对他纷繁而漫长的一生，他不敢蓦然回顾，"更不肯从实招来"。在他看来，写传人是读者的代表，甚至是读者派来的户口调查员、心理医生，有的则像私家侦探，而传主和家人，当然"要保密防谍"。更何况传主本人现在已成了"余光中的秘书"，无法集中全部精力写作，因而写信给他的念头也就打消了。不打扰他，也不把写好的书稿请其审订，这也可保持自己"户口调查员"中性的客观立场。这样有利于读者看到光环之内和光环之外的余光中。内地读书界正有许多"余迷"——这种情况很令大骂余光中到内地"招摇撞骗"的李敖无可奈何，笔者的想法是使他们知道更多余光中的读书生活，不止于做不具备起码台港文学知识的"追星族"。有了各方面的知识准备，了解到两岸三地对余光中的不同评价，自然不怕别人说自己参与了制造所谓"余光中神话"。

我写书从来是自己确定选题，写完后再找出版社，这次却颠倒过来，是出版社给我定选题，这是好事，但也是"坏"事，因一旦出版有望，便容易赶进度而忽视质量，好在我还不至于此。我深知这本书是我治台港文学研究多年结出的一颗果实，必须尽量使它硕大和丰厚。尽管有些章节使用了编著写法，但仍认真核对引文，其他部分也是磨了又磨，改了又改。能否使读者满意，就只好听天由命了。